# *O Estado fraturado*
### Reflexões sobre a autoridade, a democracia e a violência

Denis Rosenfield

# *O Estado fraturado*
### Reflexões sobre a autoridade, a democracia e a violência

*Copyright* © 2018 Denis Rosenfield

EDITOR
José Mario Pereira

EDITORA ASSISTENTE
Christine Ajuz

REVISÃO
Cristina Pereira

PRODUÇÃO
Mariângela Felix

CAPA
Miriam Lerner | Equatorium

DIAGRAMAÇÃO
Arte das Letras

CIP-BRASIL. CATALOGAÇÃO NA FONTE
SINDICATO NACIONAL DOS EDITORES DE LIVROS, RJ

R726e

Rosenfield, Denis
　O Estado fraturado: reflexões sobre a autoridade, a democracia e a violência / Denis Rosenfield. – 1ª ed. – Rio de Janeiro: Topbooks, 2018.
　273 p.; 23 cm.

　ISBN 9788574752754

　1. Democracia – Brasil. 2. Brasil – Política e governo. 3. Ciência política. I. Título.

18-49196 　　　　　　　　　　　　　　　　　CDD: 320.981
　　　　　　　　　　　　　　　　　　　　　　CDU: 32(81)

TODOS OS DIREITOS RESERVADOS POR
Topbooks Editora e Distribuidora de Livros Ltda.
Rua Visconde de Inhaúma, 58 / gr. 203 – Centro
Rio de Janeiro – CEP: 20091-007
Telefax: (21) 2233-8718 e 2283-1039
topbooks@topbooks.com.br / www.topbooks.com.br
Estamos também no Facebook e Instagram.

À memória de Moyses Lerrer, "Onca",
com reconhecimento e saudade.

# SUMÁRIO

I – DEMOCRACIA E AUTORIDADE..................................................11
   A Igualdade cultural na perspectiva moral......................14
   Direitos humanos ...............................................................19
   Distributivismo social.........................................................32
   A dissociação social-democrata .......................................41
   Problemas envolvidos.........................................................45
   A democracia totalitária ....................................................52
   Corrupção, política e moralidade ....................................62
   Democracia e Estado .........................................................69

II – AUTORIDADE ESTATAL E RETÓRICA......................................77
   A refração das ideias ..........................................................89
   Política silogística.............................................................. 104
   Mazarin: mestre do discurso .......................................... 108
   O efeito retórico do positivismo .................................... 117
   Constant e Laffitte: O homem de Estado e o
      Grande Padre da Humanidade................................. 127
   A ortodoxia política.......................................................... 135
   A biografia crítico-religiosa do biografado .................. 146

III – O POSITIVISMO E A POLÍTICA CIENTÍFICA......................... 155
   Persuasão e política científica ........................................ 166
   A unidade dogmática....................................................... 174
   Os dissidentes filosóficos ................................................ 181
   A liberdade, a ciência e a economia .............................. 188
   O autoritarismo positivista ............................................ 194
   A ditadura castilhista ....................................................... 207

CONCLUSÃO – A QUESTÃO DEMOCRÁTICA ............................... 223
   Democracia, minorias e representação......................................... 230
   Retrógrada segundo qual perspectiva? ....................................... 236
   Moral e política ............................................................................. 243
   Democracia e Bem-Estar Social ................................................... 254
   Desafios .......................................................................................... 264

# I
# DEMOCRACIA E AUTORIDADE*

Problema. A democracia moderna, tornada uma democracia de massas, defronta-se com um problema cada vez mais agudo no que diz respeito ao exercício da autoridade. Cidadãos exigem de seus governantes o atendimento imediato de suas demandas, por mais absurdas ou irrealistas que sejam, contando, para isto, com que a sua autoridade seja debilitada. Ou seja, exige-se que os seus governantes tenham uma autoridade relativa, devendo, neste sentido, seguir os ditames mais diretos da opinião pública.

A democracia já é identificada com um governo da opinião pública. Governantes que dela se dissociam correm o sério risco de não poderem se reeleger, o que é, para quem tem a conquista e a preservação do Poder como seus objetivos maiores, uma questão da maior importância. Governantes pautam-se por pesquisas de opinião que são, por mais afinadas que se apresentem, retratos de um momento, imagens que somente retratam o que a sociedade pensa e percebe em um espaço temporal determinado em função das ideias que têm à mão.

---

*Uma primeira versão deste capítulo foi publicada como artigo na *Revista da Escola da Magistratura do TRF da 4ª Região*, ano 4, Porto Alegre. Agradeço ao desembargador Thompson Flores pelo convite.

O que ocorre, porém, se as ideias disponíveis são as do desejo imediato, sem nenhuma consideração com o orçamento disponível do Estado? É fácil clamar por um Estado de Bem-Estar Social, como sendo algo intrinsecamente justo. Mais difícil, no entanto, é financiá-lo. Políticas públicas, ditas de direita ou de esquerda, estão baseadas no distributivismo social, como se o Estado fosse um grande provedor com recursos ilimitados à sua disposição. Ora, os recursos estatais pertencem aos cidadãos que, por meio de impostos e contribuições, financiam as atividades estatais. São recursos privados transferidos para a esfera estatal.

Mais especificamente, a democracia moderna, de fundo essencialmente social, termina por obscurecer ainda mais a questão da produção, da criação da riqueza, sem a qual nenhum distributivismo é possível, senão a preço de inflação e déficits públicos crescentes que, a longo prazo, levam qualquer Estado à bancarrota.

O mesmo problema pode ser colocado em uma perspectiva moral. A democracia nasce e desenvolve-se sob a égide de princípios de universalidade ética. Seus valores estão embasados em valores que procuram ser universalizados. Embora nascidos de uma cultura particular, a ocidental, de corte judaico-cristão, a sua pretensão é a de valer para qualquer comunidade humana. Passa, aliás, a avaliar qualquer regime político e cultura particular à luz destes princípios, tidos por superiores, na medida em que resistem a um teste de universalidade.

Foi, assim, que uma democracia masculina terminou por incorporar as mulheres, pois a igualdade que a orientava não poderia conviver com tal desigualdade de gênero. Mulheres progressivamente conquistaram o direito ao voto, passando, então, à condição de cidadãs. O abade Sieyès[1], um dos grandes atores e também teórico da Revolução Francesa, reconhecia naquele

---

[1] Sieyès, Emmanuel. *Qu'est-ce que le Tiers Etat? Essai sur les privilèges*. Paris, PUF, 1982.

direito, então, em um célebre debate na Assembleia de Deputados que então se constituía, que a igualdade das mulheres era meramente uma questão de tempo, visto que, na perspectiva dos princípios, a desigualdade não tinha nenhuma sustentação.

Diferenças raciais foram sendo progressivamente abolidas, tornando irrelevante a cor dos cidadãos, pois tal tipo de diferença não resiste moralmente a nenhum teste de universalização. O mesmo vale para as diferenças religiosas, porque diferenças de credo são irrelevantes do ponto de vista civil, sempre e quando permaneçam na esfera privada e não atentem contra os valores universais dos cidadãos. Hobbes[2], confrontado às guerras de religião, já dizia que o credo religioso não poderia ser uma razão de discórdia civil. Na esfera do Estado, todos são cidadãos. Hegel[3], por sua vez, sustentava, na mesma linha, que independentemente do credo, não importava a identidade religiosa, contanto que a pessoa fosse membro do Estado e acatasse a sua autoridade.

A questão da universalidade moral, própria dos princípios mesmos da democracia, ganha outra significação vista à luz da crise moral que perpassa as sociedades democráticas contemporâneas. Ou seja, como conciliar a universalidade moral de um regime político, esteio de seu exercício da autoridade, com o relativismo moral? Como conciliar o exercício da autoridade com valores mutantes, cujo fundamento, se é que essa palavra é adequada, reside na contestação desta mesma autoridade?

O politicamente correto termina por afirmar um relativismo cultural, como se todos os valores fossem alternativamente válidos, ao sabor de circunstâncias que primam pelo jogo de poder

---

[2] Hobbes. *De cive*. Tradução de Samuel Sorbière. Paris, Sirey, 1975. Há tradução brasileira pela Editora Vozes.
[3] Hegel, Friedrich. *Princípios fundamentais da filosofia do direito*. Frankfurt am Main, Suhrkamp Verlag, 1977, capítulo I. Há tradução brasileira: Editora Unisinos, Universidade Católica de Pernambuco e Edições Loyola.

dos mais diferentes atores políticos. A autoridade democrática deverá, então, de um lado, estar atenta à opinião pública e, de outro, poderá ver-se obrigada a seguir valores que contestam o exercício desta mesma autoridade.

A questão ganha contornos ainda mais problemáticos se atentarmos para o fato de que o multiculturalismo veio a se tornar um valor predominante, como se todas as culturas fossem de igual valor, sendo, efetivamente, apenas diferentes. Ora, embora o multiculturalismo seja um produto ocidental, ele termina atentando contra os fundamentos mesmos da democracia. Levando-o a sério, isto equivaleria a dizer que a democracia seria somente, do ponto de vista dos princípios, um sistema de governo ao lado de tantos outros, todos sendo moralmente equivalentes. A democracia estaria, do ponto de vista de seus fundamentos, destruída. Sua autoridade estaria destituída, assim como a de seus governantes e representantes.

## A Igualdade cultural na perspectiva moral

A atribuição valorativa de igualdade entre as diferentes culturas, também denominada de multiculturalismo, veio, aparentemente, para resolver um problema europeu em relação ao seu passado colonial. Trata-se de uma espécie de mea-culpa filosófico, voltado para a reparação de um erro, ou melhor, de um crime histórico de destruição de outras culturas. Terminou ganhando dimensão teórica com o estruturalismo, que afirma a igualdade cultural, todas as sociedades e comunidades sendo valorativamente equivalentes.

- Ora, um outro meio de reparação dos danos sofridos pelas comunidades coloniais poderia ter sido também a reafirmação dos valores morais da cultura ocidental, demonstrando que tais atos não condiziam nem correspondiam aos princípios universais por ela afirmados. Haveria uma contradição entre a universalidade dos princípios e a prática da colonização. O mea-culpa seria uma confissão e uma reparação por este tipo de contradição, que afetava a própria cultura dominante. Como pode, com efeito, uma cultura dizer-se universal se a sua prática contradiz os seus próprios valores?

Tomemos dois exemplos para melhor colocarmos a nossa questão, a da ablação do clitóris em mulheres da África muçulmana e o infanticídio indígena em tribos do Norte do Brasil.

É uma prática cultural aceita em certos países da África muçulmana que as crianças do sexo feminino devem sofrer a ablação do clitóris. As mulheres não têm direito de escolha, sendo-lhes recusada a possibilidade do prazer sexual, sendo esse reservado aos homens. Mulheres não possuem lá nenhuma dignidade, tratando-se de um fato culturalmente aceito e, mesmo, valorizado. Logo, se o multiculturalismo é válido, tal dano físico e moral infligido às mulheres deveria ser valorado por ser tão somente uma prática cultural diferente.

Ayaan Hirsi Ali[4], autora do livro *Infiel*, mostra todos os horrores de tais práticas, que, para ela, passaram a ser vistas sob a ótica da condenação, uma vez que abandonou os princípios religiosos e culturais dos quais fazia parte. Hoje, vive sob proteção, primeiro na Holanda e, posteriormente, nos Estados Unidos, sendo inimiga jurada dos fundamentalistas islâmicos. Sua estadia no Brasil, poucos anos atrás, passou quase desapercebida por uma cobertura midiática que primava pelos valores do multiculturalismo em sua vertente lulopetista de então.

Na Europa dos anos 1970 e 1980, mais especificamente na França, tornou-se um caso da maior relevância o destino de meninas, que, submetidas caseiramente a tais práticas por seus pais, chegavam com hemorragias e danos físicos graves na região genital aos hospitais públicos. Tal prática cultural viu-se confrontada aos valores democráticos segundo os quais ela era vista como um crime a ser julgado. Em uma

---

[4] Ali, Ayaan Hirsi. *Infiel*. São Paulo, Companhia das Letras, 2007.

perspectiva, tratava-se de algo normal, em outra expressava uma anormalidade. Deveriam os médicos e as autoridades públicas compactuar com tais práticas em nome do multiculturalismo? Devem eles hoje compactuar com tais práticas em nome da igualdade das culturas, em que anormalidades, sob uma ótica, passam a ser vistas, em outra, como simplesmente normais?

Sob uma perspectiva moral, não é outra a situação de uma prática cultural de indígenas do Norte do Brasil que tem no infanticídio um costume, algo tido por normal. Ele é praticado por tribos que, por alguma "razão", matam recém-nascidos. Isto ocorre seja por serem bebês gêmeos, seja por enfermidades ou outro motivo qualquer. A morte é levada a cabo pela própria mãe, que esmaga a criança com os pés. Será que o Estado brasileiro que proíbe e pune o infanticídio deve simplesmente acatar tal prática por ser culturalmente diferente? Há, então, brasileiros que não precisam se submeter à proibição e condenação do infanticídio? As leis do Estado passariam a não valer por serem culturalmente relativas?

Religiosas cristãs confrontam-se a tais práticas em seus trabalhos missionários, condenando-as e procurando salvar os recém-nascidos. Estão diante de um problema real colocado pelo multiculturalismo e, convictas da universalidade de seus princípios, reagem ao que consideram como um assassinato. Contudo, a Funai e certos antropólogos partem do princípio de que tais mortes são simples costumes culturais que devem ser meramente aceitos. Considerando que temem a discussão pública, à luz dos princípios universais da democracia brasileira, procuram abafar essa questão, relegando-a à obscuridade, ou, melhor dito, à obscuridade de tais práticas culturais.

A questão que se coloca é, então, a de como julgar. Dito de outra maneira, quais são os critérios de juízo, os parâmetros que permitem dizer que um costume, um ato, uma prática cultural são bons ou maus? Ou ainda, de um ponto de vista jurídico, quais são os critérios e parâmetros que permitem definir que um ato é crime?

Os critérios de juízo podem ser, *grosso modo*, de dois tipos, os dados pelos costumes, tradição e ancestralidade e os dados por parâmetros que se pretendem universais, válidos para qualquer cultura.

Os primeiros são necessariamente particulares, por estarem ancorados em histórias específicas, em costumes de tipo religioso, em hábitos da tradição, que não possuem outra justificativa senão a sua própria particularidade, ancorados que estão em uma certa consideração de sua ancestralidade. Isto equivale a dizer que teremos tantos critérios quanto histórias particulares, que correspondem aos modos de vida de diferentes comunidades ao longo do tempo e em espaços geográficos distintos.

Logo, os critérios morais deste tipo só são válidos no interior de tais comunidades, por corresponderem aos seus costumes. Quem deles se afastar pode ser considerado imoral, herege ou criminoso, tudo dependendo da especificidade de tais práticas culturais. Não podem elas ter, portanto, a pretensão de valerem para outras comunidades, salvo se o fizerem sob a forma da força, a exemplo, atualmente, do Estado Islâmico impondo violentamente a Lei da Sharia em seus domínios. Se não houvesse a imposição pela violência, teríamos, simplesmente, uma convivência entre diferentes culturas, diferentes práticas, a exemplo de formas de vida e jogos de linguagem, para utilizar conceitos de Wittgenstein, que se justapõem[5]. Elas são moralmente incomunicáveis.

Os segundos são necessariamente universais, tendo a pretensão de elevar uma cultura particular a um patamar de outro tipo que se caracteriza por sua universalidade. Embora sejam produtos de uma história específica, repleta de contradições e

---

[5] Rosenfield, Denis. *Retratos do mal*. Rio de Janeiro, Jorge Zahar Editor, 2003.

violências, surgem eles como expressão de uma sociedade de outro tipo, fundamentada na liberdade de escolha, na tolerância religiosa, na igualdade racial e de gêneros, e, dizendo de outra forma, nos direitos individuais. Teríamos aqui uma história da liberdade em suas diferentes facetas, vindo a se concretizar, mais recentemente, desde uma perspectiva histórica, na ideia e na prática da democracia.

Isto equivale a dizer que esses princípios da liberdade vieram constituindo-se historicamente, perpassando diferentes culturas e tempos históricos, tendo, portanto, a pretensão de serem produto de diferentes culturas particulares, que terminaram se plasmando em uma ideia compartilhada de universalidade. Ou seja, histórias particulares terminaram por ultrapassar seus limites históricos, suas particularidades culturais, em função de uma ideia de humanidade que passaria – ou deveria passar – a reger as relações humanas. A ideia de uma humanidade moral, eticamente elevada, só tem sentido à luz de uma cultura que se pretende universal. Sem essa, na verdade, nem se poderia ter ideia de humanidade, mas tão somente histórias particulares de grupamentos humanos.

Partindo dos critérios das comunidades tradicionais e religiosas, não poderíamos ter propriamente juízos morais, senão, como assinalado, no interior de tais costumes. Partindo dos critérios de sociedades livres, coloca-se como da maior pertinência a questão do juízo moral, aplicável a qualquer cultura e grupamento humanos, pois residem seus parâmetros na universalidade. Trata-se aqui de uma questão da maior relevância, pois o relativismo cultural e o multiculturalismo levaram à renúncia da capacidade de julgar, por considerarem todos os valores como equivalentes.

Ora, isto significa também dizer que há culturas superiores a outras, por veicularem a ideia de universalidade e os testes práticos de universalização. Diremos, então, que uma prática cultural é boa ou não se resistir a este teste, o que significa dizer que ela corresponde ou não ao valor de uma humanidade moral. Talvez seja Kant[6], em sua *Fundamentação da metafísica dos costumes* e em sua *Crítica da razão prática*, que melhor tenha colocado essa questão.

Contudo, por ser uma ideia de superioridade cultural de um ponto de vista moral, nenhuma sociedade ou Estado que a reivindique pode se achar no direito de destruir uma outra cultura por considerá-la moralmente inferior. A ideia de uma humanidade moral foi construída na perspectiva da universalidade, ou seja, na perspectiva do direito à diferença, à solidariedade e no respeito ao outro, o que significa no respeito a outras culturas. Isto não lhe confere, portanto, o direito ao uso da violência na destruição do outro, por ser simplesmente outro ou diferente. A ideia de universalidade moral é uma ideia includente e não excludente. Preserva ela, portanto, o direito ao juízo, ao uso de critérios que ultrapassam as particularidades, garantindo que a humanidade não soçobre às afirmações arbitrárias, às diferentes particularidades e aos seus padrões históricos específicos.

## Direitos humanos

A questão dos direitos humanos é uma daquelas em que a controvérsia sobre os valores ganha especial singularidade, pois, em sua formulação primeira, estava voltada para a elaboração de princípios verdadeiramente universais, sustentáculos, desta maneira, de Estados democráticos. Ocorre que essa sua formulação primeira, no transcurso do tempo, foi submetida ao que talvez se possa denominar de uma perversão de sua própria formulação, na medida em que foi capturada por agrupamentos políticos e ideológicos, que só se preocupam em afirmar a sua própria particularidade, os seus interesses mais imediatos. Isto é particularmente visível no cenário brasileiro, em que esta cap-

---

[6] Kant, I. *Fundamentação da metafísica dos costumes e Crítica da razão prática.* Frankfurt am Main, 1968. Há traduções brasileiras e portuguesas.

tura foi feita por grupos de esquerda, que se apropriaram dela segundo seus interesses políticos, senão partidários.

Historicamente, o problema veio a ser colocado a partir do Holocausto, na medida em que a experiência limite do ponto de vista da humanidade dos campos de concentração foi se tornando pública. O que era de conhecimento de políticos e estrategistas militares ganhou tal dimensão que perguntas de novo tipo surgiram: que humanidade é esta capaz de praticar e permitir atos que se caracterizam por uma maldade absoluta[7]? Onde ficaram as ideias morais de humanidade que, mal ou bem, vinham se afirmando historicamente? Como a Alemanha, país da mais alta cultura, representando valores culturais dos mais elaborados, pode ser o teatro de seu maior oposto, a maldade enquanto forma de exercício do Poder?

O significado da humanidade tornou-se uma questão central, fazendo ruir toda uma concepção que, proveniente da *Aufklärung*, acreditava em um curso histórico progressivo rumo a formas cada vez mais elaboradas de humanidade. O marco conceitual de conceitos tais como humanidade e direito esfacelava-se, sem que um outro tenha vindo para substituí-lo. Colocava-se o problema mesmo de como julgar, a partir de quais critérios e condições. O juízo era tanto mais necessário visto o horror dos fatos, porém esta necessidade apenas potencializava o problema de a partir de quais critérios julgar. Não bastava a indignação moral, mas o que estava em questão era a capacidade mesma de julgar, diante de uma humanidade que tinha praticamente desmoronado.

As próprias lideranças aliadas, vencedoras, tiveram de se colocar essas questões no Tribunal de Nuremberg[8], não querendo se impor simplesmente pela força das armas, mas pretendendo

---

[7] Cf. Rosenfield, Denis. *Retratos*, op. cit.
[8] Thompson Flores Lenz, Carlos. "O Legado do Julgamento de Nuremberg". In: *Revista da Escola da Magistratura do TRF-4ª Região*, 2015, ano 1, nº 2, pp. 99-102.

fazer face jurídica e filosoficamente a uma nova questão. Questões de tal importância eram resultado de uma experiência nova do ponto de vista histórico, pois provenientes de uma ruptura não apenas política, mas jurídica, teológica e filosófica. Nada mais seria como antes, tornando-se Auschwitz o símbolo de algo que deveria ser pensado segundo novos conceitos e princípios. A humanidade então conhecida estava desprovida de instrumentos teóricos. O conceito de crimes de guerra tornou-se claramente insuficiente e foi substituído pelo de crimes contra a humanidade. A obra de Hannah Arendt, sobretudo o seu *Origens do totalitarismo*[9], e a de Emile Fackenheim[10] são exemplos deste esforço político, filosófico e teológico.

Contudo, nas condições de penúria e necessidade do pós-guerra, a ONU, que então se afirmava, propiciou uma espécie de conciliação entre a necessidade de afirmação da nova noção dos direitos humanos e uma espécie de pacto entre as potências vencedoras, aí incluindo os Estados aliados, de tradição democrática, e a União Soviética, país comunista de Estado centralizado e policial. Neste sentido, a *Declaração Universal dos Direitos Humanos* da ONU, publicada em 1948, consiste em uma tentativa de unir os direitos civis e políticos próprios da tradição liberal com as ideias oriundas da tradição marxista, tal como se concretizou na Revolução Russa[11].

Assim fazendo, ela terminou por optar por um prisma propriamente marxista, pois fez sua a concepção que era a de

---

[9] Arendt, Hannah. *Origens do totalitarismo*. São Paulo, Companhia das Letras, 2016.
[10] Fackenheim, Emile. *Penser après Auschwitz*. Paris, La Nuit Surveillé, 1986. *The Jewish Bible after the Holocaust. A Re-reading*. Bloomington and Indianapolis. Indiana University Press, 1990. *Encounters between Judaism and Modern Philosophy*. New York, Basic Books, Inc., 1973. *What is Judaism?* New York, Collier Books, 1987.
[11] Hayek, Friedrich A. *Law, Legislation and Liberty*. The University of Chicago Press, 1973, volume II, p.103.

Lênin e Trotsky. Com efeito, ambos viam a Revolução Bolchevique como uma prolongação da Revolução Francesa, o que pode também ser lido como uma conjugação de direitos, que teriam sido usurpados e deformados pela burguesia. É bem verdade que a tradição bolchevique desprezava totalmente os direitos políticos e civis da tradição liberal, porém o fazia em nome de direitos superiores, como o de ditadura do proletariado, que seria a verdadeira democracia, mesmo se os termos antitéticos de ditadura e democracia aparecessem, assim, milagrosamente unidos. Não há por que se espantar, visto que a tradição marxista costuma criticar a democracia em nome da democracia, como quando administrações de esquerda procuram substituir a democracia representativa pela dita democracia participativa, que é, na verdade, uma apropriação partidária do Estado, feita em nome do "povo".

O texto mesmo da *Declaração* coloca como meta a união dessas duas tradições, sem se perguntar pela sua compatibilidade, ou seja, se o que é colocado junto possui condições de existir simultaneamente. Assim, passou a ser vendida a ideia de que os direitos sociais constituem uma nova geração de direitos, que se sobreporia às duas anteriores, civil e política, como se elas não implicassem contradições entre si, podendo conduzir a regimes políticos que, se aplicarem alguns desses direitos, deveriam renunciar a outros. Hayek salienta[12], aliás, que os representantes ingleses da Comissão de Especialistas, H. J. Laski e E. H. Carr, eram conhecidos intelectuais marxistas, tendo exercido influência, acrescentemos, tanto no Brasil quanto na França.

Consequentemente, tal contradição embutida nesta *Declaração* terminou possibilitando um uso particularmente demagógico do conceito de justiça social, atualmente em voga na maior parte da esquerda, consistente, inclusive, na defesa de interesses corporativos que se apresentam como se fossem conquistas de

---

[12] Ibid., II, p.184.

"direitos". O que chama particularmente atenção é o fato de interesses corporativos apresentarem-se como se fossem produtos de lutas sociais moralmente justificadas quando, na verdade, garantem privilégios para determinados grupos capazes de exercerem tal pressão política. A pressão política é a condição para que tais privilégios sejam concedidos dentro de uma lógica de interesses corporativos organizados. Acontece que tais "direitos", uma vez conquistados, terminam por ser considerados como "normais", nenhum governo, mesmo os que se opõem a eles, ousando contestá-los por medo da pressão política de que seria objeto. Cria-se uma teia de relações recíprocas de interesses organizados que excluem os que deles não fazem parte. Assim, por exemplo, os benefícios previdenciários dos funcionários públicos são muito superiores aos da iniciativa privada, por representarem, simplesmente, um setor melhor organizado e melhor respaldado partidariamente. A concessão desses benefícios não passaria por um teste de universalização, que os tornaria válidos para todos os cidadãos, e não somente para uma categoria. Isto faz com que tais benefícios, no sentido estrito, tornem-se privilégios.

Ainda no pós-guerra, um marco especialmente importante dos direitos humanos foi o da Conferência de Helsinque, de 1973 a 1975. Tratou-se de uma espécie de resgate da tradição liberal. Reuniu então os mais importantes países do mundo, aí incluindo os Estados Unidos e a União Soviética. Embora estivesse voltada para a *détente* da Guerra Fria, reconhecendo as novas fronteiras provenientes da Segunda Guerra e dos avanços soviéticos nos países do Leste Europeu, ela incluiu um importante capítulo sobre os "Direitos humanos e Liberdades Fundamentais". A própria União Soviética terminou por ser signatária de um documento que, a princípio voltado para defender seus interesses, terminou voltando-se contra ela própria. Doravante, os dissidentes passaram a ter um instrumento político-diplomático para contestar o regime comunista na URSS e nos países sob seu domínio, agrupados no Pacto de Varsóvia. Foi, parafraseando Hegel, uma espécie de "astúcia da razão".

Note-se que os "direitos humanos" então formulados tinham uma significação voltada para a liberdade de ir e vir, de livre expressão das opiniões e pensamentos de cada um, no interior de regimes ditatoriais na Europa Oriental e totalitário na União Soviética. Ou seja, os direitos humanos tornaram-se instrumentos de luta contra os regimes comunistas, mantendo a sua significação propriamente universal. Imersos nas particularidades das lutas políticas, não perdiam a sua universalidade, pois valiam e seguiam valendo para todo e qualquer país. Não se pode, portanto, dizer que os direitos humanos fossem de esquerda, na medida em que estavam direcionados à libertação dos países dominados pelo comunismo e pelo que se costumava também denominar de, para os países do Leste Europeu, "socialismo real". Em certa medida, poder-se-ia dizer que a esquerda, o marxismo e o comunismo tinham sucumbido aos direitos humanos, à sua significação propriamente universal, para além das fronteiras da Guerra Fria.

O exemplo do célebre físico, Sakharov, que se tornou um símbolo da luta pelos direitos humanos na União Soviética, mostra o quanto esse espírito dos direitos humanos vinha ganhando espaço político dentro dos regimes comunistas. Mesmo as lideranças comunistas não mais podiam utilizar as suas armas costumeiras de eliminação física dos seus dissidentes e opositores, devendo, de certa maneira, resignar-se a eles, confinando-os a prisões eventuais e à obrigatoriedade de uma prisão domiciliar. As liberdades de ir e vir e de expressão de opinião, assim como de contestação política, foram ferramentas importantes da posterior derrocada dos regimes comunistas, personificada pela Queda do Muro de Berlim e pela *glasnost* (transparência, liberdade de expressão) de Gorbachev. Os direitos humanos e a luta pela democracia foram cara e coroa da mesma moeda pela universalização das relações humanas em suas múltiplas dimensões. Ou seja, a abertura para Estados democráticos foi tributária da formulação e da luta por direitos humanos.

Ocorre que, com a Queda do Muro de Berlin e com a *glasnost*, a esquerda ficou politicamente e filosoficamente órfã. Não mais podia esconder a terrível experiência histórica que tinha produzido. Não podia mais se escudar atrás de filósofos a serviço do totalitarismo, como o tristemente célebre Sartre vendendo um jornal maoísta (*La Cause du Peuple*) pelas ruas de Paris, encobrindo as atrocidades que eram cometidas pelo maoísmo chinês e, também, albanês[13]. Mesmo o charme deste tipo de intelectual engajado (no crime, no caso) não era mais de natureza a mascarar a derrocada da esquerda no Poder. O marxismo começara a perder a sua atração, que foi, certamente, fatal para toda uma geração. A esquerda, teoricamente, perdeu a bússola. Desorientada, passou a errar (em sua dupla acepção) por todos os lados.

Alguns optaram por uma profissão de fé de natureza claramente religiosa. Reafirmaram a validade do marxismo e do socialismo, como se a experiência histórica da esquerda não fosse de esquerda, mas uma espécie sua de variante, uma deformação, uma perversão ou algo do gênero. Refugiaram-se em uma "Cidade de Deus" teológica, um ideal de significação absoluta, que seria resistente a qualquer experiência histórica. Mesmo Marx estaria rindo em seu túmulo, na medida em que defendia uma filosofia prática, que seria avaliada segundo os seus resultados. Das *Teses de Feuerbach* e do *Manifesto comunista* até *O Capital* e os *Grundrisse* encontram-se todas as formulações de uma filosofia que pretende se fazer no mundo presente, transformando as relações socioeconômicas e políticas rumo a uma sociedade sem classes e contradições, a sociedade comunista. A "Cidade de Deus" estaria, enfim, realizada historicamente.

---

[13] Burnier, Michel-Antoine. *Le Testament de Sartre*. Paris, Olivier Orban, 1982.

Note-se que, diante do horror produzido, do totalitarismo que eliminou milhões de pessoas e relegou todas a um estado de servidão, os "teóricos", valeria mais bem dizer os clérigos do marxismo e do socialismo, refugiaram-se nos ideais de uma sociedade perfeita, como se a história fosse um mero acidente a ser desconsiderado. Passaram a ter o seu próprio critério de medida, de juízo, o de uma perfeição socialista absoluta que continuaria a julgar as imperfeições do capitalismo. Criaram uma espécie de "superioridade moral", abrigada na ideia religiosa de perfeição, passando, então, a julgar o capitalismo, sempre criticado por suas imperfeições. Claro que jamais se dariam ao trabalho de comparar praticamente o capitalismo ao comunismo e socialismo, pois aí a sua superioridade econômica, social e política seria gritante. Comparem-se as democracias de economia de mercado e do direito de propriedade com a servidão e a pobreza dos regimes socialistas e comunistas. Comparem-se, historicamente, a Alemanha Ocidental e a Oriental, a Coreia do Norte e a do Sul. Mesmo povo, mesma língua, mesma cultura e resultados tão díspares!

Outros partidários da esquerda refugiaram-se nos "direitos humanos", em uma espécie de captura ideológica, concretizada na luta pelo que vieram a considerar como minorias ou excluídos de uma forma geral. Apropriaram-se de uma concepção de validade universal como uma espécie de tábua de salvação, voltada para lhes conferir uma nova bússola, capaz, de certa maneira, de garantir a sua sobrevivência. E o fizeram de um modo perverso, pois a acoplaram a um combate contra a economia de mercado, o direito de propriedade, a autoridade estatal e, em nome da democracia, visando a minar os seus fundamentos. Os direitos humanos foram sabotados por um marxismo vulgar, pervertidos em sua própria formulação, e capturados por uma concepção que mantém os mesmos objetivos do socialismo de antanho, embora com novas roupagens.

Se o Brasil é recalcitrante historicamente em relação à experiência efetivamente universal dos direitos humanos e da democracia, o mesmo não se pode dizer de suas formas perversas, que, nos últimos anos, e mesmo antes, vieram a tomar conta do cenário político. Até o capitalismo, ou seja, a economia de mercado, o direito de propriedade e suas formas democráticas de convivência foram substituídos pelo "capitalismo de compadrio", inclusive de comparsas, que tomaram de assalto, em eleições democráticas, os cofres públicos, tanto no orçamento da União quanto nas empresas estatais. Empresas que denominaremos de "vermelhas" violaram qualquer regra de mercado, não hesitando em fraudar contratos e pagar propinas e corromper qualquer relação política e institucional. São empresas, neste sentido, não capitalistas. O partido no Poder e seus partidos aliados urdiram toda essa "parceria", tendo como objetivo perpetuarem-se politicamente, usufruindo pessoalmente e partidariamente dos frutos da corrupção.

O discurso político de esquerda continuou enquanto fachada, como véu a encobrir as reais relações políticas e econômicas. Era a luta a favor dos excluídos, das minorias, dos direitos sociais e dos direitos humanos, dentro da luta mais geral contra os poderosos, a direita e o "capitalismo". Novas formas de democracia deveriam também ser inventadas para dar conta de uma realidade que era, nada mais, do que discursiva, ideológica. Na prática, o país tinha sido tomado de assalto. O maior mérito da Lava Jato, neste sentido, foi o de ter desvelado essa terrível realidade, expondo a toda a sociedade o estado em que estava o país.

Observe-se o modo de atuação das ditas Comissões de Direitos Humanos nos Poderes Executivo, Legislativo, Judiciário e no Ministério Público, em seus diversos níveis, assim como em diferentes ONGS e entidades que se espalham pela sociedade civil. Têm elas a mesma orientação ideológica assinalada, sendo normalmente representadas e, inclusive, reivindicadas como de esquerda. Voltam-se, então, via de regra, contra o lucro, o mercado e as autoridades públicas, como se pairassem acima de qualquer lei, inclusive determinando aquelas leis que vão ou não respeitar. É como se fossem a encarnação de uma espécie de metarregra à qual incumbiria julgar e condenar qualquer regra existente. Estabelece-se uma espécie de caos jurídico e institucional, como se leis pudessem ser simplesmente desrespeitadas ao bel-prazer de ditas "interpretações" por mais esdrúxulas que sejam. Tomemos alguns casos.

Criminosos são sistematicamente defendidos por "Comissões de Direitos Humanos", como se fossem meras vítimas sociais ou algo que o valha, não tendo nenhuma responsabilidade por assassinatos e estupros cometidos. São, de certa maneira, tutelados e irresponsabilizados, o que termina por criar uma situação de total impunidade. Não deveria surpreender que sejam logo soltos e voltem a praticar os mesmos crimes. Aliás, juízes, promotores e políticos que defendem tais políticas, como se o crime não devesse ser verdadeiramente punido, mas os criminosos tão somente ressocializados, deveriam levá-los para suas casas ou serem por eles controlados, assassinos e estupradores que são devolvidos indevidamente às ruas.

Chama, no caso, particularmente atenção que tais posturas sejam encobertas por uma concepção perversa dos direitos humanos. A experiência nazista, por exemplo, mostra que há pessoas que estão voltadas para a prática do mal e não são passíveis de ressocialização, devendo ser retiradas do convívio humano, seja pela reclusão perpétua, seja pela pena de morte. Há formas de maldade não ressocializáveis, como as de estupro e assassinatos sistemáticos. As formas mais altas de humanidade devem se contrapor às mais baixas, que devem ser enfrentadas pelo combate e não pela leniência e acomodação. Há comportamentos "humanos" que fogem do controle da humanidade e não podem ser por ela tolerados.

Quando um policial é assassinado, o que se tornou, infelizmente, algo corriqueiro no Brasil atual, não há Comissão de Direitos Humanos que se manifeste, sendo o silêncio a sua forma comum de agir. Cabe, aliás, a pergunta: são policiais "humanos"? Estaríamos diante de uma formulação restritiva, essencialmente particular, de "direitos humanos" que deveriam ser universais?

Às vezes são mortos pelos ditos "movimentos sociais", às vezes nos atos rotineiros de sua profissão. No primeiro caso, quando ocorre, a regra tem sido um silêncio sepulcral, pois os perpetuadores do crime são tidos por representantes das minorias, que seriam a personificação dos direitos humanos. A esquerda corre imediatamente ao seu socorro. A lei a eles não se aplicaria portanto. No segundo caso, seriam eles responsáveis por suas mortes por terem, de alguma forma, exorbitado de suas funções. Em São Paulo, chegamos a ter uma decisão judicial que proibia à polícia reprimir os que saqueavam lojas, bancos e prédios públicos. Armas não poderiam ser utilizadas, devendo a Polícia abdicar, na verdade, da sua função de reprimir a desordem pública.

O resultado é evidente: a dissolução da autoridade pública e o enfraquecimento do Estado Democrático de Direito. Ou seja, em nome da democracia e dos direitos humanos, a própria democracia e os direitos humanos são pervertidos. A autoridade pública, por sua vez, vem a ser identificada ao exercício arbitrário da força. A violência fica franqueada aos particulares que não estão mais obrigados a seguir nenhuma lei, enquanto o Estado deve renunciar ao monopólio do exercício da força. Chega-se, paradoxalmente, a uma situação em que policiais não podem reprimir e juízes não podem punir. Criam-se, assim, condições de dissolução do Estado e, por via de consequência, da democracia. O próximo passo é a própria captura do Estado pelo crime organizado, seja em suas formas políticas, seja em suas formas propriamente criminosas, com é o caso do Rio de Janeiro.

Outro caso interessante desde uma perspectiva jurídica, filosófica e política é o da questão indígena, por envolver assuntos que tocam no modo reinante de encarar os direitos humanos.

Quando do julgamento do caso da Raposa Serra do Sol, o Supremo adotou uma série de diretrizes visando a regrar conflitos que estavam – e estão – fugindo do controle. A Constituição ou não era respeitada ou apresentava lacunas que deveriam ser preenchidas. A partir do voto do falecido ministro Menezes de Direito, surgiu um novo regramento ou disciplinamento do anterior, mormente a proibição de ampliação de áreas já demarcadas, o marco temporal da Constituição de 1988, o exercício do direito de defesa dos lesados pelas demarcações e a possibilidade de que municípios afetados interfiram em todas as etapas de demarcações, sendo-lhes facultado apresentar sua visão dos problemas.

A AGU (Advocacia Geral da União), posteriormente, editou uma portaria, a 303, fazendo valer para toda a Administração Pública o que tinha se tornado a jurisprudência do Supremo, de modo a equacionar os parâmetros de tão controversa questão. Imediatamente após, suspendeu a portaria e, posteriormente, foi dito que ela valeria porém estava suspensa, em um limbo jurídico que não favorece ninguém, nem índios, nem produtores rurais, nem o Estado em suas várias instâncias. Hoje, voltou a vingar, porém encontra dificuldades de aplicação, seja pelas próprias autoridades do Executivo, seja pelo Ministério Público Federal. Observe-se que tal impasse só beneficia a multiplicação dos conflitos e termina por expor o país internacionalmente por intermédio de ONGS civis e religiosas especializadas em favorecer invasões e o desrespeito à lei.

Digno de nota é o fato de a Funai recusar-se a seguir a orientação da AGU, concretizada em um decreto presidencial e, de modo mais geral, a jurisprudência já estabelecida pelo STF. Não segue a lei e continua em seu trabalho como se ela fosse uma espécie de poder paralelo, encarregado de funções executivas, legislativas e judiciárias. Executa normas, elabora essas mesmas normas por Instruções Normativas e julga quaisquer recursos, sempre reafirmando suas próprias posições. O Ministério Público Federal, por intermédio de sua Sexta Câmara, já reiterou que não seguirá a Jurisprudência do Supremo, nem tampouco o decreto presidencial, que, para ela, carece de qualquer validade. Sempre recorre como argumento aos direitos humanos e à sua interpretação dos Tratados Internacionais dos quais o Brasil é signatário, como se esses fossem superiores às decisões de nossa mais Alta Corte. São, ademais, respaldados por ONGS nacionais e estrangeiras que contam com abundante financiamento, além de organizações religiosas, mormente a Igreja Católica no Brasil, por intermédio de seu Conselho Indigenista Missionário (Cimi) e sua Pastoral da Terra (CPT), que atuam conjuntamente. Aliás, é essa mesma pastoral que dá sustentação às invasões do MST, tendo-o criado[14].

Do ponto de vista das ideias, convém ressaltar que essas diferentes entidades procuram fundamentar-se em sua peculiar interpretação dos direitos humanos, como se fossem a concretização de uma espécie de instância supraestatal voltada para julgar os atos do Estado, escolhendo aqueles artigos e leis que deveriam ou não ser seguidos. Ou seja, estaríamos diante de uma oposição entre esta doutrina particular dos direitos humanos" e o estado de direito, como se a democracia fosse um mero instrumento a ser utilizado segundo os seus interesses particulares. Ainda segundo ela, o Estado não deveria exercer a sua autoridade, que veio a ser identificada à repressão ou à defesa dos interesses do agronegócio. Observe-se, aliás, a conjunção que se estabelece entre essa concepção peculiar dos direitos humanos e conceitos oriundos da tradição marxista, como os da demonização do lucro e da luta contra o direito de propriedade, enquanto males a serem erradicados do mundo. A leitura de textos destas ONGS e órgãos estatais bem mostra uma concepção voltada contra a economia de mercado, tornando os

---

[14] Rosenfield, Denis. *A democracia ameaçada. O MST, o teológico-político e a liberdade*. Rio de Janeiro, Topbooks, 2006.

indígenas um símbolo histórico desta resistência. A conotação religiosa vem a fazer parte deste tipo de concepção. A esquerda procura aqui reinventar-se, os indígenas vindo a servir como um pretexto.

Para evitar qualquer mal-entendido, não se trata de defender um grupo social contra outro, mas tão somente de evidenciar a parcialidade de certas formulações, que estão voltadas para o acirramento de conflitos em função de um resgaste de uma ideologia ultrapassada de esquerda. Se indígenas e empreendedores rurais têm reivindicações conflitantes de direitos, cada um com suas respectivas expectativas, cabe atendê-las com concessões de ambas as partes, no respeito à lei e às decisões do Supremo. Indígenas têm também o direito de escolherem os seus próprios porta-vozes, não devendo ficar limitados por ditos representantes que procuram, na verdade, veicular suas próprias posições e interesses. Não precisam deste tipo de tutela. A situação a que os indígenas foram relegados, com descuido para com suas condições de saúde, trabalho e educação, é mais um exemplo do reverso de uma deturpação dos direitos humanos, cujo verso é um discurso grandiloquente e religiosamente enaltecedor.

## Distributivismo social

A questão do distributivismo, do que fazer com os produtos da riqueza e dos critérios de sua distribuição, visando ao amparo de grupos sociais em necessidade, tornou-se central nas sociedades capitalistas, democráticas, sobretudo na Europa, e, no Brasil, a partir do governo Fernando Henrique e, posteriormente, nos governos Lula e Dilma. O estado de bem-estar tornou-se uma espécie de objetivo de sociedades que reclamam por melhores condições sociais, mormente de educação, saúde e habitação, além de sanitárias, como a do tratamento do esgoto.

O distributivismo possui uma forte conotação moral, por sinalizar o atendimento da coletividade, pôr acima dos interesses particulares dos que já possuem a satisfação dos seus carecimentos básicos. Coloca enquanto problema a transferência de recursos dos mais ricos e aquinhoados para os mais pobres e necessitados através do Estado, que se coloca como o lugar desta partilha conforme critérios por ele mesmo determinados. Pode, portanto, reivindicar para si uma partilha que, dos outros, por impostos e contribuições, passa a valer como fruto de sua própria escolha, segundo parâmetros políticos e ideológicos.

Estamos, assim, diante de duas perspectivas, a moral e a político-partidária. A moral fundamenta-se na ideia de justiça, apresentada como sendo de validade universal, pois voltada para atender a todos os cidadãos, principalmente os mais necessitados. Tem, neste sentido, um forte apelo social, passando a pressionar partidos e políticos que, de um ponto de vista eleitoral, procuram a sua satisfação, tendo como pressuposto a sua reeleição futura. Mais especificamente, principalmente no Brasil, o distributivismo enquanto política veio a ser considerado uma política de esquerda, embora tal apelação não corresponda à sua implementação no transcurso da história.

Na Inglaterra, por exemplo, as primeiras medidas de ajuda social, vindo depois a resultar no Estado de bem-estar, foram tomadas por Winston Churchill[15], no início do século XX, antes de se tornar o grande estadista que veio a ser na Segunda Guerra Mundial. Voltavam-se elas para a proteção de viúvas, órfãos e idosos, que tinham se tornado um imenso problema social após a Primeira Guerra Mundial. Tratava-se, portanto, de proteger os desamparados por meio de um Estado que se tornou consciente desta sua função. E o fez, evidentemente, com os recursos públicos, que são os dos contribuintes. E não se pode dizer

---

[15] Johnson, Boris. *O fator Churchill*. São Paulo, Planeta, 2015. Cf. também, Churchill. *Memórias*. Rio de Janeiro, Nova Fronteira, 1995.

propriamente que Churchill tenha sido um homem de esquerda ou de que tenha seguido diretrizes comunistas. Ademais, desde um ponto de vista moral, nada mais fez do que seguir os preceitos do Antigo Testamento, a Torá, em particular os livros do Levítico e do Deuteronômio, que estipulam enquanto mandamentos – logo de validade absoluta – ajudar as viúvas, os órfãos, os idosos e os necessitados.

Após 1945, o Estado de bem-estar social, também chamado de Estado previdenciário[16], corresponde a uma necessidade de os líderes europeus ocidentais, alguns claramente de "direita", como De Gaulle na França e Adenauer na Alemanha, darem satisfação material às suas distintas populações. A Europa emergia de uma guerra em que projetos totalitários estavam em cena, um morto, o nazista, e o outro, bem vivo, o comunista, emergindo como vitorioso desse enfrentamento. Diferentes opções colocavam-se à mesa, seja no sentido de uma vitória ainda maior do comunismo, que ocupava já os países do Leste Europeu, tornando-se os países do "socialismo real", seja de um soerguimento a partir de uma sociedade democrática, desenvolvendo uma economia de mercado e atendendo cidadãos famintos, em busca de trabalho e bem-estar.

Quisera também ressaltar que, numa situação social, econômica e política de anomia, em que a ansiedade em relação ao presente e ao futuro era a regra, em que o passado de uma ou outra maneira tinha de ser exorcizado, a questão central era a de sair dessa anomia. Sair desse "estado de natureza" para utilizar uma expressão hobbesiana, rumo a uma sociedade ordenada, regrada, que desse aos seus membros oportunidades de reconstruírem suas próprias vidas. Seria tentado a dizer, ainda segundo Hobbes, que o desafio consistia na criação de um Estado, que deixasse para trás as ruínas em que esses distintos Estados europeus tinham se tornado. A questão era muito mais

---

[16] Judt, Tony. *Pós-Guerra*. Rio de Janeiro, Objetiva, 2008, p. 20.

de ordem estatal, civil, econômica e social do que seu oposto, em que operavam a desordem, a penúria, a violência, o mercado negro e um Estado precário.

Logo, não se trata, *stricto sensu*, de um projeto que depois veio a ser denominado de "social democrata", mas de um projeto que diria acima de clivagens partidárias e ideológicas, na medida em que o que estava em questão era sair das agruras da guerra, da desordem social e dos perigos do totalitarismo comunista. Paradoxalmente, poder-se-ia dizer que esse projeto dito "social democrata" foi um projeto, não de esquerda, mas de "direita", se é que essas denominações são pertinentes. Um liberal como Hayek defendia tal tipo de medida, a exemplo do bolsa-família, em situações de crise ou de fome extrema. No Brasil, iniciativas deste tipo tiveram seu início no governo Fernando Henrique Cardoso, de corte social-democrata, tendo sido depois ampliadas no governo Lula.

Por outro lado, pode ocorrer uma captura de um ideal moral, o da justiça, na distribuição de riquezas, por forças político-ideológicas, que reivindicam, na verdade, uma paternidade inexistente. Passam a operar segundo parâmetros que vêm a ser considerados enquanto absolutos, como se o Estado fosse uma espécie de criador – evidentemente fictício – de riquezas, cuja capacidade de operar na distribuição seria ilimitada. O Estado seria um demiurgo onipotente, devendo contar apenas com a decisão de sua própria vontade, não tendo nenhuma outra limitação exterior a ele. Ou seja, a sua capacidade de distribuição não obedeceria a nenhum outro ditame senão os por ele mesmo decretados, não devendo levar em consideração a produção de riquezas, sem o que a distribuição seria letra morta. E a produção de riquezas opera fora do Estado, na economia de mercado, no direito de propriedade e no respeito aos contratos.

Na perspectiva da esquerda e, mesmo, de uma direita irresponsável, toda a discussão passa a ocorrer na estrita esfera distributiva, não levando em conta a esfera produtiva. Discutem-se a ampliação dos benefícios sociais, os ditos "direitos" das corporações, inclusive a sua ampliação, a criação de novos privilégios e assim por diante, como se os recursos do Tesouro fossem inesgotáveis. A luta pode tornar-se mesmo encarniçada entre as corporações incrustadas dentro do Estado e o restante da população, que não goza dos mesmos benefícios. Os conflitos distributivos podem opor diferentes grupos de orientações ideológicas distintas, podendo mesmo extrapolar qualquer limite, como se as disponibilidades orçamentárias não devessem ser levadas em conta. Os dispêndios do Estado logo tornam-se muito superiores às suas receitas, levando a uma situação de insolvência que, por sua vez, agudiza ainda mais os conflitos sociais.

Em consequência, o Estado de bem-estar, também dito previdenciário como assinalado anteriormente, deve enfrentar o problema de financiamento de sua Previdência, uma vez que o seu crescimento exponencial não cabe mais dentro de suas disponibilidades de financiamento. Não por outra razão, Estados europeus tiveram ou têm de enfrentar a reforma da Previdência, problema que se tornou agudo também em nosso próprio país. Não se trata, como se alardeia, de um problema de "direitos", mas de como o Estado seja capaz de gerir os seus recursos, pensando nas aposentadorias futuras e nas próximas gerações. O bolo é limitado. Uma fatia maior para a Previdência, por exemplo, significa fatias menores para saúde, esgoto, educação e habitação.

As políticas públicas, e os partidos, deveriam estar, então, mais voltados para as condições de produção de riquezas, de tal maneira que os recursos à disposição do Estado possam também aumentar. Quanto mais rica for a sociedade, maior será a sua capacidade distributiva. Quanto mais insistir em um distributivismo social sem amparo produtivo, menor será a sua própria capacidade distributiva, além de hipotecar a riqueza presente e a futura. Criam-se, assim, condições de asfixia da capacidade produtiva, que seriam concretizadas por aumentos de impostos e contribuições voltadas para financiar os déficits previdenciários. A produção seria seriamente afetada, e com ela a sociedade, por uma política distributiva irresponsável, sem amparo nas condições reais do orçamento do Estado.

Ademais, a esquerda, sobretudo em nosso país, tem focado sua atuação em ataques sistemáticos ao direito de propriedade, como se esse fosse um grande mal a ser eliminado. Diaboliza o lucro, como sendo uma fonte de usurpação social. Ou seja, atua ela contra as condições mesmas de funcionamento de uma economia de mercado, realçando a sua política distributivista. A situação não deixa de ser paradoxal, na medida em que procura suprimir as condições mesmas do distributivismo. Tem como objetivo a supressão do regime capitalista, cujo contraponto histórico é a miséria do "socialismo real" e, em casos extremos, o totalitarismo comunista, a servidão dos cidadãos ao Estado onipotente. Ocorre aqui o que poderíamos denominar de uma captura do ideal de justiça por uma posição ideológico-partidária voltada para a ruína das condições mesmas do Estado de bem-estar social e da democracia. Eis por que a esquerda, em nosso país em particular, preocupa-se tanto em formar a opinião pública segundo os seus próprios desígnios, não recuando de tentar estabelecer a censura, como foi a regra no governo Lula em várias de suas iniciativas.

Utilizando um conceito de Cornelius Castoriadis[17], procura ela apropriar-se do imaginário político-social por intermédio da relativização do direito de propriedade. A última década foi pródiga de iniciativas deste tipo, embora elas remontem ao governo Fernando Henrique. As condições da produção foram sendo progressivamente minadas por uma dita "reforma agrária" cujo único parâmetro consistia em invasões embasadas em um forte discurso anticapitalista. Considerando que seus próprios líderes

---

[17] Castoriadis, Cornelius. *A instituição imaginária da sociedade*. São Paulo, Paz e Terra, 1982.

não escondiam suas reais motivações em seus documentos, tratava-se de criar condições revolucionárias para o estabelecimento, no país, de um Estado socialista[18]. O discurso da justiça social foi apropriado ideologicamente, sendo o seu resultado a pobreza e a falta de produtividade dos assentamentos. O objetivo ideológico era a igualdade, a sua prática, o estabelecimento de outras formas de dominação. O que o MST fez no campo, seu braço urbano está agora fazendo por intermédio do MTST.

Contratos obrigam as partes, não somente no que diz respeito a bens físicos, como imóveis e terras, mas também a bens "metafísicos", intangíveis, nascidos de operações de crédito ou de investimentos em geral. Sociedades capitalistas modernas são sociedades que lidam, cada vez mais, com abstrações reais, com papéis dotados de força obrigatória, que substituem ou são postos no lugar de coisas físicas. Se para um pensador do século XVII, como Locke, a propriedade tinha um significado preciso, relativo à terra principalmente, a propriedade, neste início do século XXI, envolve um conjunto de operações financeiras que põe em cena um conceito muito mais abrangente de propriedade[19]. É como se o cidadão moderno operasse cada vez mais com abstrações que determinam, porém, concretamente, a sua vida cotidiana. Eis por que, neste tipo de sociedade, o respeito aos contratos deveria ter, ainda, maior força coercitiva, fazendo com que o Estado honrasse não apenas os acordos entre indivíduos privados, mas também os seus próprios acordos. Uma sociedade e um Estado modernos não podem operar convenientemente se os seus contratos são imperfeitamente reconhecidos, seja pela lentidão da Justiça, seja por uma máquina estatal que não exerce adequadamente a sua autoridade. Se a propriedade fica sob risco, a própria liberdade periclita.

---

[18] Cf. Rosenfield, Denis. *A democracia ameaçada*, op. cit.
[19] Cf. Rosenfield, Denis. *Reflexões sobre o direito à propriedade*. São Paulo, Campus, Elsevier, 2008, para as páginas seguintes.

A observação de relações contratuais, baseadas na propriedade privada, é uma condição do crescimento econômico, do desenvolvimento social e do pleno gozo das liberdades civis e políticas. Se os contratos não são observados, as relações econômicas ficam truncadas, o desenvolvimento social é obstaculizado e as liberdades são feridas. Contratos são relações de troca entre indivíduos baseadas no reconhecimento mútuo e no poder coercitivo de sua implementação. Se pessoas não obedecem a contratos e não houver nenhuma punição para isso, a convivência humana entra na anarquia. Isto supõe que o Estado esteja organizado de tal forma que forneça à sociedade os meios de implementação dos seus acordos, via, por exemplo, uma polícia séria e competente e um Judiciário ágil e equitativo. Logo, o próprio Estado deve honrar os compromissos e contratos por ele mesmo assumidos. Ora, se o próprio Estado oferece justificativas para que propriedades sejam invadidas, abre ele uma brecha no estado de direito que se torna propícia para movimentos e partidos políticos, que procuram, precisamente, abolir o próprio estado de direito que fingem respeitar. Neste sentido, observar o estado de direito tanto na zona urbana quanto na rural é da maior importância para que a propriedade privada seja respeitada e, com ela, as liberdades que lhe vem associadas. Um Estado sem lei é aquele que não confere a seus membros a menor garantia no que tange à paz pública.

Ainda, segundo Locke, a propriedade possui um sentido amplo, referente tanto a bens físicos quanto espirituais, que dizem respeito à capacidade humana subjetiva de livre escolha. Cada indivíduo tem direito à sua própria pessoa[20], ou seja, à integridade do seu corpo, dos seus movimentos voluntários e à sua

---

[20] Locke, John. *Two Treatises of Government*. Chicago, New American Library, 1965. *Segundo tratado sobre o governo civil e outros escritos*. Petrópolis, Vozes, 1999, §27. Cf. também Roberto Fendt. "Sobre a liberdade individual e a propriedade privada", IEE, Porto Alegre.

interioridade. Enfatizemos que o conceito de propriedade aqui envolvido concerne tanto aos bens materiais quanto aos imateriais da pessoa. Nesta última acepção, a propriedade significa o completo controle de cada um sobre o seu próprio processo de escolha de si mesmo. A propriedade diz respeito à decisão sobre os atos voluntários, aquilo que chamamos de liberdade de escolha. Isto significa que acordos, obtidos por coerção, que reduziriam uma pessoa à escravidão ou à servidão, seriam considerados, desde sempre, como inválidos. Hegel, por sua vez, retoma essa formulação sob a forma de uma distinção entre propriedades alienáveis e não alienáveis. Alienáveis são bens materiais como a terra, uma casa, um carro. Bens inalienáveis são a subjetividade da pessoa e a sua própria liberdade.

A propriedade não pode ser reduzida apenas à posse legalizada de um bem determinado, mas abarca a vida de cada um, a sua segurança física e jurídica, a liberdade de mover-se e satisfazer-se. Trata-se da livre disposição de seus movimentos voluntários e dos seus bens, que são o patrimônio adquirido e conservado por cada pessoa, aquilo que é o resultado de suas atividades. Todos os homens têm igualmente direito ao movimento voluntário. A igualdade tem aqui a significação de uma igualdade de direitos em busca da satisfação particular, ao pleno uso da razão na capacidade individual de livre escolha. Pode-se ainda dizer que a igualdade assim compreendida significa o mesmo direito à propriedade, válido para todos os que vivem sob uma comunidade política, sob uma República (*Commonwealth*). Todo homem tem o direito e o poder de preservar a sua propriedade, que é definida, por Locke, como o direito de conservar "a sua vida, a sua liberdade e os seus bens"[21]. A propriedade consiste na "mútua preservação" dos homens de "suas vidas, liberdades e bens"[22], unindo-se numa República (*Commonwealth*), numa comunidade política.

---

[21] Ibid., §87.
[22] Ibid., §123.

## A DISSOCIAÇÃO SOCIAL-DEMOCRATA

Ocorre que a tradição social-democrata, em várias de suas realizações, mesmo em sua formulação filosófica, terminou por dissociar os bens intangíveis dos tangíveis, como se estes não fossem condições daqueles. Assim, o direito de propriedade, no sentido físico do termo, seria separável da liberdade de escolha. Essa operaria, por assim dizer, no vácuo de suas condições materiais de possibilidade. Ora, tal separação propicia uma relativização acentuada do direito de propriedade, inclusive, como veremos, sua virtual supressão. É como se a propriedade privada fosse uma escolha entre outras, quando é, na verdade, a condição mesma da liberdade de escolha. Ou seja, políticas distributivas operariam sob quaisquer circunstâncias, independentemente das condições mesmas de produção de riquezas.

É bem verdade que, historicamente, quando Eduard Bernstein escreveu seu célebre livro *Os pressupostos do socialismo*, ele tinha bem presentes as transformações que a propriedade vinha sofrendo no seu sentido material, alterando, mesmo, a sua significação. Assim, a propriedade por uma sociedade de ações transformava-se progressivamente em formas coletivas de apropriação de bens. Afastando-se de seu amigo Engels, passou a reconhecer o direito de propriedade e as condições de uma economia de mercado, apostando em uma pacífica transição ao socialismo que terminaria por garantir essas mesmas condições capitalistas. Foi, evidentemente, rechaçado pelos bolcheviques. Mais contemporaneamente, Willy Brant, que foi primeiro ministro social-democrata da Alemanha no pós-guerra, em um célebre discurso no túmulo de Bernstein, fez o elogio deste, explicando, a partir dele, o seu rompimento com o marxismo. Note-se que Willy Brant, na Segunda Guerra, traduziu *O Capital*, de Marx, para o norueguês, vestiu o uniforme deste país, e lutou contra as tropas nazistas. Deixou de ser primeiro ministro graças a uma urdidura da ex-Alemanha Oriental, comunista, que o envolveu em um assunto de espionagem inexistente. Tanto os comunistas quanto a direita alemã queriam o seu afastamento.

John Rawls, célebre teórico americano de filosofia do direito e filosofia política, deu contemporaneamente expressão conceitual a uma posição social-democrata, correspondente às ideias dos "liberals" americanos. Em sua obra, *Teoria da justiça*[23], apresenta toda uma justificativa destas posições políticas no nível propriamente filosófico. Vejamos suas formulações[24].

Para ele, a justiça social é a que trata da estrutura básica da sociedade, ou seja, do modo mediante o qual "as maiores instituições sociais distribuem direitos e deveres fundamentais e determinam a divisão das vantagens da cooperação social"[25]. Ele coloca-se, portanto, diante de uma concepção política da justiça ao envolver precisamente a estrutura social básica da sociedade. Mais especificamente, ela concerne à divisão das vantagens da distribuição da cooperação social, como se um teórico pudesse, tal como um reformador social, colocar-se na posição final de um processo, desatento ao modo de aquisição das riquezas, e ditar, a partir de supostos princípios morais, como deve ser a sociedade, ou melhor, como deve ser social e moralmente a sociedade.

Observe-se que, sob sua ótica, uma concepção da justiça social deveria ser vista como fornecendo um *standard*, um parâmetro, através do qual os aspectos distributivos da estrutura básica da sociedade deveriam ser assentados[26]. Ou seja, sua preocupação consiste em determinar esse parâmetro, quais são suas condições e critérios, a partir do qual estariam assentadas as bases da justiça distributiva. Sua posição, desde o início, é a

---

[23] Rawls, John. *Theory of Justice*. Cambridge, Massachusetts, Harvard University Press, 1971.
[24] Rosenfield, Denis. *Justiça, democracia e capitalismo*. São Paulo, Campus/Elsevier, 2010, para as páginas seguintes.
[25] Rawls, op. cit., p.7.
[26] Ibid., p. 9.

dos reformadores sociais que, de posse deste parâmetro, começariam, então, a colocar as condições políticas de transformação da sociedade. É bem verdade que Rawls procura fundamentar sua teoria na elaboração racional deste parâmetro, porém isto não altera uma questão fundamental relativa ao seu ponto de partida, a saber, o de que a sociedade poderia ser reformada uma vez estando estabelecido esse parâmetro de justiça social.

Neste sentido, sua posição não difere da de Marx, com a vantagem para este último de que ele procurou, preliminarmente, estudar a estrutura socioeconômica do capitalismo, a partir da qual a transformação da sociedade poderia operar. Rawls, por sua vez, pensa que seu "parâmetro" é universalmente válido, valendo para qualquer sociedade, capitalista ou socialista, como se não entrassem em linha de consideração o modo de aquisição de riquezas, a distribuição democrática do poder, o direito de propriedade e a economia de mercado. Desta maneira, ele coloca-se na posição dos transformadores sociais de natureza religiosa, que pregavam a reforma ou revolução da sociedade por estarem em posse de princípios religiosos de natureza absoluta – neste sentido, universal –, que poderiam ser igualmente aplicados a quaisquer relações humanas.

Rawls parte de uma situação hipotética, uma espécie de *"Gedanke Experiment"*, de "Experimento de Pensamento", segundo o qual os homens encontrar-se-iam numa posição inicial de impessoalidade, imparcialidade, agindo como indivíduos livres e racionais, desconhecendo a situação concreta, histórica, social e política em que se encontram atualmente. Ou seja, segundo essa hipótese, os indivíduos seriam considerados somente moralmente e racionalmente através de uma experiência de pensamento, que faria a abstração de suas respectivas condições concretas de existência. Neste experimento moral, não importa se o indivíduo é banqueiro, bancário, industrial, médico, advogado, empregado, desempregado, sindicalizado ou não. Importa somente a sua condição de indivíduo moral. A partir dela, ele estabeleceria como deveriam ser as suas condições de existência, de tal maneira que, do ponto de vista hipotético, cada um colocar-se-ia na posição do outro, por desconhecer, repito, as condições concretas de sua existência.

Estas estariam submetidas a um véu, denominado por Rawls de "véu da ignorância", a partir do qual se operaria a sua escolha do que deveria ser a sua condição de vida individual e, por via de consequência, a vida individual de todos. Para ele, o levantar o véu da ignorância significaria colocar o indivíduo frente a si mesmo a partir de uma escolha que poderia ser perfeitamente a do outro, graças a uma racionalidade descontextualizada de suas condições de existência. Isto é, ela veicularia uma escolha de ordem exclusivamente moral, que prescindiria de contextos e condições sociais, econômicas e políticas.

Acontece, porém, que levantar o véu da ignorância permite igualmente descortinar as condições de existência de uma sociedade capitalista, com as liberdades, igualdades e desigualdades sociais, que lhe são características e sem as quais ela vem a se inviabilizar. O levantar o véu da ignorância, nesta outra acepção, significaria exibir o direito de propriedade, os contratos, a igualdade diante da lei e a economia de mercado, sem os quais não haveria nem mesmo produtos a serem distribuídos socialmente, nem opções morais pela igualdade a serem feitas. Ou seja, a justiça social na acepção de Rawls parte dos resultados de abundância e riqueza próprios do capitalismo, motor mesmo de seu desenvolvimento, para postular politicamente um processo moralmente distributivo, que atentaria para as suas próprias condições de existência.

A grande dificuldade do conceito de justiça distributiva reside em que o seu pressuposto consiste em quem deve receber o que a partir de um estado final de bens a serem repartidos. Esse conceito parte da suposição de que deve haver a repartição, visto que alguns têm bens em demasia, enquanto outros os têm em falta. Não se sabe, porém, em que consiste a noção de igualdade que deveria presidir essa repartição. Várias perguntas seriam, então, perfeitamente justificadas, apesar de se contraporem ao senso comum atual. De onde provém a suposição de que uma instância, como a estatal, deveria proceder a essa repartição, considerando que bens devam ser repartidos segundo sua noção específica de bem? Por que, salvo em situações de crise ou calamidade, os mais desfavorecidos deveriam ter um quinhão daqueles que trabalharam, investiram e arriscaram? Por que esses deveriam ser obrigados a darem uma parte dos seus bens a pessoas que não deveriam ter direito a eles? Impostos são transferências de propriedade, ou seja, são bens que, obrigatoriamente, são tirados de algumas pessoas em proveito de outras.

PROBLEMAS ENVOLVIDOS

Primeiro, qual é a matriz de igualdade que deveria presidir a essa repartição? Falar de igualdade é fácil, porém a dificuldade reside em qual é o conceito de igualdade que se encontra em jogo. Igualdade de salários? Igualdade de renda? Igualdade de oportunidades? Igualdade perante a lei? A igualdade é um dos conceitos mais relativos, de uma generalidade que impede que se possa estabelecer um parâmetro único e inequívoco. Alguns regimes tentaram. A ex-União Soviética, a antiga China, o Camboja, a Albânia, os países do "socialismo real", com resultados sobejamente conhecidos, dentre os quais se destacam inclusive o genocídio de suas próprias populações nos campos ditos de "reeducação", no Gulag, e em suas paródias trágicas em vários desses países. O Camboja, sob os Kmer Vermelhos, exterminou 50% de sua população.

Segundo, o problema consiste em que a posição do "estado final", do resultado último do que deveria ser repartido, oculta o processo que deu lugar, por exemplo, a uma abundância de bens que é objeto, agora, de distribuição. Não há "estado final" sem o processo que a ele conduziu. Considerar como definitivo um estado último implica "desconsiderar" o que o tornou possível, o que equivale a dizer que ele teria se tornado secundário ou, mesmo, irrelevante. É extremamente fácil distribuir bens e, inclusive, apresentar razões de ordem moral. Muito mais difícil, porém, consiste em adquirir riquezas, em produzir bens. Neste sentido, torna-se extremamente fácil criticar o modo de aquisição de riquezas, julgando-o como "ganancioso", voltado apenas para o "lucro", produto de um opressor sistema "capitalista". É como se fosse possível prescindir do capitalismo, conservando apenas o seu resultado do ponto de vista da abundância de bens e riquezas. A situação é paradoxal: desejam-se os resultados do capitalismo, sem o capitalismo!

Ora, o processo que deu origem aos bens a serem distribuídos é o processo fundado no direito de propriedade e na liberdade de escolha. O capitalismo está baseado na propriedade privada, no livre exercício da pessoa em relação ao seu próprio corpo, a suas opções de vida, aos seus bens, em suma, na escolha que cada um faz de si. O problema potencializa-se quando o Estado começa a interferir progressivamente no campo das escolhas individuais, restringindo a livre-iniciativa e impondo restrições a essas escolhas. O Estado passa a determinar o que é melhor para a saúde de cada um, aumenta os impostos e, ao fazer essa transferência obrigatória de bens, considera alguns como tendo adquirido bens que, na verdade, não deveriam lhes pertencer, os seus verdadeiros destinatários sendo os mais desfavorecidos. É como se o exercício do direito de propriedade fosse uma fraude que deveria ser reparada. Começam a aparecer as mais distintas formas de relativização do direito de propriedade, que, em nosso país, respondem por expressões como "função social" da propriedade. O Estado procura uma forma de legitimação social e, mesmo, moral, invadindo os espaços da liberdade de escolha e do direito de propriedade.

Nozick tem uma expressão muito adequada para caracterizar esse processo de desconsideração do processo produtor de riqueza. "Do ponto de vista histórico da concepção de justiça que confere direitos à propriedade, aqueles que começam tudo de novo para completar a frase 'a cada um segundo suas _____' tratam objetos como se não viessem de algum lugar, como se saíssem do nada"[27]. Pode-se, então, preencher o espaço em branco com formulações como a de Marx, "segundo suas necessidades", com as de políticas racialistas, "segundo a sua cor", e assim por diante. Não é, portanto, uma mera coincidência que todos relativizem ou, mesmo, eliminem o direito de propriedade e a liberdade de escolha. Esses são os pilares de uma sociedade baseada na economia de mercado, no estado de direito e na democracia representativa. Ou seja, na medida em que o direito de propriedade e a liberdade de escolha são relativizados, são com eles relativizados a economia de mercado, o estado de direito e a democracia representativa.

Ora, tal procedimento veicula a ideia de que o conceito de escolha deveria presidir a determinação deste dever-ser moral, a partir do qual a sociedade deveria ser reconstruída. Dois problemas são, então, colocados:

a) O conceito de escolha e, mais especificamente, o conceito de escolha racional, ou melhor, de livre-arbítrio, é um conceito que só opera no interior de algumas sociedades e, em sua aplicação universal, só no interior das sociedades capitalistas e democráticas, que o colocaram enquanto princípio de organização social. Isto significa dizer que as condições de execução do véu de ignorância são as de uma sociedade moderna e capitalista que Rawls insiste em considerar somente como uma opção possível, quando é, na verdade, a única. Com efeito, a sociedade socialista que ele admite como possível está efetivamente ancorada na supressão do livre-arbítrio, apesar

---

[27] Nozick, Robert. *Anarquia, Estado e utopia*. Rio de Janeiro, Jorge Zahar Editor, 1991, p.180.

das afirmações morais de Marx, de caráter profundamente utópico e religioso. Isto é, Rawls coloca as condições mesmas de existência da sociedade capitalista como se essas pudessem ser objeto de escolha, quando ela é a condição mesma da escolha livre e racional;

b) O conceito de dever-ser como sendo a condição da criação do ser, por intermédio de um procedimento dedutivo que estabeleceria moralmente as condições reais de existência da vida econômica e social. Filosoficamente falando, Rawls, ao contrário de Hume e Kant, procura deduzir o ser do dever-ser, num tipo de procedimento que está ancorado teologicamente nas propostas políticas de diferentes religiões. Trata-se de um problema lógico, de profundas repercussões políticas, como se da posse de princípios morais um reformador social pudesse passar à reconstrução da sociedade, independentemente de suas condições históricas, políticas, sociais e econômicas. É como se a realidade pudesse ser desconsiderada em sua espessura própria, em seus costumes e hábitos, em sua eticidade específica, ficando completamente à mercê de princípios abstratos. E aqui vai se colocar a questão dos agentes, grupos e partidos políticos que se colocam na condição de representantes desses princípios abstratos ou, mesmo, como a sua incorporação pura e simples, como foi o caso dos bolcheviques e, depois, dos stalinistas na Revolução Russa.

Logo, esse *"Gedanke Experiment"*, esse "Experimento de Pensamento", já apresenta seus próprios pressupostos que, inadvertidamente para o autor, são os pressupostos mesmos de uma sociedade capitalista, que se torna o objeto de sua crítica moral e política. Ora, um acordo entre pessoas livres e racionais veicula os conceitos de acordo, liberdade e racionalidade, que são eles produtos de determinadas culturas e não de outras. Mais especificamente, a noção de acordo entre indivíduos nasce da teoria contratualista, que, em suas várias vertentes, parte do pressuposto – na verdade, algo posto pela história – de que o indivíduo é livre na elaboração de contratos em geral: contratos em sua vida privada, contratos em sua vida coletiva, contratos em sua vida pública e, mesmo, um contrato originário de sua vida política. Isto significa que o indivíduo assim entendido deve ser livre das amarras de uma sociedade de tipo religioso, estamental e, mesmo, socialista ou comunista, como esses regimes vieram a se produzir nas democracias totalitárias do século XX – e nos seus esbirros do XXI como Cuba, Coreia do Norte e no processo em curso na Venezuela.

O empreendimento de Rawls termina, portanto, por desvincular a concepção de homem, própria da sociedade moderna e capitalista, das suas condições econômicas, sociais, civis e políticas de existência, como se ela se tornasse um parâmetro absoluto a partir do qual essas mesmas condições poderiam ser desconsideradas ou desprezadas. Um signo disto é sua consideração de que sua concepção poderia ser igualmente válida para uma sociedade capitalista ou socialista-comunista, ou melhor, ela seria igualmente exequível em ambas. O seu contrassenso é evidente. Como uma teoria contratualista do tipo da de Rawls, baseada na ideia de que o indivíduo é livre e racional, e de que não há renúncia possível aos direitos da liberdade, poderia ser posta em prática na ex-União Soviética, aliás, existente em seu tempo? Como uma teoria como a sua poderia ser posta em prática numa comunidade em que o Estado é onipotente, não admitindo nenhuma crítica? Como poderia ela ser realidade numa sociedade que desconsidera e despreza os direitos civis e políticos?

Os equívocos de Rawls são de tal monta que ele chega a confundir totalmente os regimes políticos, inclusive revelando um completo desconhecimento do modo de funcionamento de uma economia socialista. Assim, por exemplo, ele afirma que "todos os regimes irão normalmente usar o mercado como regulador (*ration out*) do consumo de bens atualmente produzidos"[28]. Ora, o regime socialista, com o seu tipo de planejamento, baseado na onipotência do Estado e de seus burocratas, não está baseado em regulações e distribuições efetuadas pelo mercado. Pelo contrário, toda a sua estrutura está montada contra uma economia de mercado, sendo essa um mal maior que deve ser de toda maneira evitado.

No mesmo diapasão, em um regime socialista, o planejamento seria feito em função das preferências públicas e de decisões coletivas, ao contrário da economia de propriedade privada, regida pelo lucro e por preferências dos consumidores. Ora, as economias baseadas na propriedade privada produziram e produzem bens dos mais diferentes tipos, dos básicos até os de luxo, em quantidades jamais vistas na história da civilização, generalizando esses bens para todas as classes sociais. Um trabalhador europeu vive, hoje, melhor do que um rei do século XVII, com todas as suas luzes. Para qualquer dúvida, basta perguntar ao dentista! As economias socialistas, dizendo-se voltadas para o social, produziram a generalização e a equalização da miséria, da qual só escapam os planejadores, os membros do partido, que se proclamam os representantes, mesmo a encarnação dos trabalhadores, ditos proletários. Os regimes socialistas sucumbiram às suas próprias contradições, à penúria por eles mesmos produzida, e se se aguentaram tanto tempo foi pelo emprego da violência e do terror. Agora, que Rawls venha dizer que se trata de duas alternativas para a realização dos princípios de justiça não tem o menor cabimento.

O disparate não tem limites. Seguindo o mesmo "raciocínio", ele escreve que "ambos sistemas de propriedade privada e socialista permitem normalmente a livre escolha das ocupações e o lugar de trabalho de cada um"[29]. Ora, que a economia de

---

[28] Ibid., p. 270-273.
[29] Ibid., p. 271.

mercado esteja baseada na livre escolha do trabalho, na liberdade de circulação das pessoas e na opção de onde cada um quer viver, é uma evidência mesmo. Agora, atribuir a uma economia socialista o mesmo princípio é um desconhecimento total, para não dizer ignorância sem véu, pois os regimes socialistas determinavam e determinam o trabalho de cada um. Em muitos casos, veiculam o trabalho a um tipo de moradia em um lugar determinado – inviabilizando a troca de trabalho por medo de perda de moradia num regime de escassez de habitações – e controlam a circulação de pessoas mediante passaportes internos e controles policiais. Ou seja, a liberdade de escolha é um princípio que é liminarmente eliminado.

Em suma, a concepção de Rawls possui um forte componente utópico, particularmente presente no modo mediante o qual ele busca deduzir uma sociedade bem ordenada, poderia dizer perfeita, embora ele evite esse termo, de seus princípios universais de justiça, elaborados na posição originária, a do véu da ignorância. Ele faz aquilo que Kant em sua filosofia moral e política, assim como Hume ao invalidar a passagem de juízos de fato a juízos de valor, consideram um passo logicamente indevido, consistente em deduzir o ser do dever-ser, no caso o ser da realidade do dever-ser dos princípios morais. Ele, na verdade, desconsidera os caminhos do ser, que são os da formação e validação do direito de propriedade, da aquisição de bens, das vicissitudes e desenvolvimentos de uma economia de mercado, da validade dos contratos, das leis que se firmam na noção de estado de direito e nas formas de organização mesma da democracia representativa. Essa, assentada no direito de propriedade, nos contratos e na economia de mercado.

## A DEMOCRACIA TOTALITÁRIA

A experiência "socialista" bolivariana latino-americana é uma tentativa contemporânea de recuperar o comunismo do século XX, com novas roupagens. Não é acidental, mas revela uma afinidade eletiva, os laços íntimos destes regimes com a experiência cubana, que é fruto desta mesma experiência. A sua novidade, porém, reside em que estabelece uma nova via de acesso ao Poder, com o uso de mecanismos democráticos visando a solapar a mesma democracia. Eleições são usadas enquanto meios de conquista do Poder por intermédio de um discurso aparentemente democrático, que é uma etapa preliminar de um governo despótico que começa então a se afirmar. Foi o processo instaurado por Chávez na Venezuela e, agora, seguido por seu sucessor Maduro, com a diferença de que esse representa uma nova etapa deste processo, a da consumação da ditadura, a do esfacelamento completo das instituições e a da recusa de novas eleições, além da de fraudes nos próprios processos eleitorais. A máscara caiu, embora os recalcitrantes ainda se empenhem em apresentá-la como um modelo socialista.

Temos aqui um caso em que as massas são capturadas por uma ideologia anticapitalista, voltada contra o lucro, a economia de mercado e o direito de propriedade, como se elas passassem a exercer uma vontade de tipo ilimitado, quando ilimitado é o Poder dos que se dizem os seus representantes. Estabelece-se, assim, um movimento de destruição das instituições, pois essas, por definição, limitam e circunscrevem os atos dos governantes. Vêm, então, a ser consideradas como empecilhos que devem ser simplesmente removidos, carentes de qualquer validade própria. Sob esta ótica, o Judiciário é completamente aparelhado, o Legislativo torna-se um apêndice do Executivo, via um governo que opera por decretos, atos administrativos, as leis habilitantes, e quaisquer oposição e dissidência passam a ser vigiadas e severamente reprimidas por um aparelho policial-militar. Não faltam nem as tropas auxiliares de tipo totalitário que são as milícias bolivarianas.

Note-se que os governantes, ou melhor, aqueles que se apoderaram do Poder são os ideólogos, estes que se colocam como os representantes absolutos da massa, aqueles que teriam a função de verbalizar os seus anseios, quando, na verdade, expressam apenas o estabelecimento de sua forma própria de dominação. São os monopolizadores dos discursos políticos que passam a tudo controlar, vindo, inclusive, a controlar, nesta perspectiva, os jornais e os meios de comunicação em geral. Posicionam-se como os detentores de uma verdade sagrada, que não admite nenhuma forma de contestação. São avessos, por "princípio," ao pluralismo, ao diferente, à convivência democrática. Opositores são tidos por inimigos a serem eliminados, hereges que contestam os sacrossantos valores da esquerda revolucionária. Na linguagem própria do século XVII, o cardeal Mazarin, primeiro-ministro de Luís XIV, já postulava como uma máxima da política que as "sedições são com frequência causadas por filósofos"[30], entendendo esses como os que possuem os dotes da retórica, do convencimento.

O conceito de "democracia totalitária" foi elaborado por J. L. Talmon, em seu célebre livro *As origens da democracia totalitária*[31], infelizmente até hoje não traduzido para o português, assim como sua outra importante obra *Political Messianism*[32]. Ele construiu esse conceito à luz das experiências totalitárias europeias, nazismo e comunismo, enfatizando que esses regi-

---

[30] Mazarin, cardeal. *Breviário dos políticos*. São Paulo, Editora 34, 2013, p. 167. Para uma compreensão da Revolução Francesa nesta perspectiva, consultar Furet, François. *Penser la Révolution française*. Paris, Gallimard, 1978. Há tradução brasileira.

[31] Talmon, J. L. *Les origines de la démocratie totalitaire.* Paris, Calman-Lévy, 1966.

[32] _____. *Political Messianism*. New York/Washington, Frederick Praeger, 1968.

mes, em suas mais terríveis arbitrariedades, nasceram de uma concepção enraizada no poder ilimitado do povo, como se a sua vontade fosse divina e os seus representantes designados ou autodesignados como seus executores. Não se pode menosprezar o forte apelo popular tanto do nazismo quanto do comunismo. Ocorre que este conceito é, hoje, tanto mais válido por permitir uma melhor compreensão, na verdade, uma melhor conceituação dos regimes bolivarianos, os do "socialismo do século XXI".

A grande modificação introduzida pelas democracias totalitárias consistiu precisamente no aprofundamento de correntes que ao desprezarem o esclarecimento racional o fizeram apoiadas na grande massa dos cidadãos, naquilo que poderíamos chamar de uma formação perversa da opinião pública. Desta maneira, operaram uma subversão da democracia representativa, em nome de uma outra democracia, por alguns dita participativa, por outros, socialista, por outros direta e assim por diante. Os nomes variam, porém o seu objetivo não se altera, a saber, descontruir a autoridade pública, enfraquecer e destruir as instituições representativas e criar condições para a instauração de um Estado socialista.

A esse respeito, Hayek[33] assinala propriamente que a democracia esteve primeiramente voltada para o controle dos atos arbitrários emanados do Estado. No momento, porém, em que passou a basear-se na vontade ilimitada do povo, ela cedeu lugar, em seu próprio seio, a uma nova forma de arbitrariedade, a arbitrariedade dita popular. É como se aquilo que fosse decidido pela maioria se tornasse, por ato de mágica, por isso mesmo, bom. A "boa lei" seria necessariamente oriunda da "vontade majoritária". O surgimento da democracia totalitária reside precisamente nesta identificação entre a lei e a vontade ilimitada do

---

[33] Hayek, Friedrich. *The Constitution of Liberty*. The University of Chicago Press, 1978, p.106.

povo, que passa a ser representada e/ou usurpada por uma minoria que "sabe" o que é o melhor regime político, a melhor forma de sociedade. Os seus dirigentes almejam mesmo substituir o povo, embora se apresentem como o seu mais fiel depositário. Considerando que não querem reconhecer a sua verdadeira intenção, velam a sua ação com um discurso "democrático", que seja aceitável junto a essa opinião pública. Neste sentido, as democracias totalitárias, ao se dizerem populares, procuram em nome da democracia abolir a própria democracia. A subversão da democracia se faz, hoje, por meios democráticos[34].

Significativo, neste sentido, é que vários políticos brasileiros tendem, por exemplo, a considerar a Venezuela como um regime democrático. O que entra aqui principalmente em linha de consideração é o fato de haver ainda, neste país, eleições, como se eleições, por si só, fossem um sinal distintivo e suficiente para caracterizar um Estado como democrático. Um processo eleitoral por si mesmo, isolado, não é nem pode ser critério de uma sociedade livre. A questão central consiste no controle dos poderes delegados, pois o governo não pode ficar nas mãos de um ou de alguns que se arrogam uma força ou legitimidade ilimitados. Se eleições diferenciam- se do processo político da representação, elas podem se tornar instrumentos de um governo despótico. Referindo-se à situação inglesa, escrevia Thomas Paine: "Não é porque uma parte do governo é eleita que ele é menos despótico, se as pessoas eleitas possuem depois, como um Parlamento, poderes ilimitados. Eleição neste caso é diferente de representação, e os candidatos são candidatos ao despotismo"[35].

O relevante a assinalar reside em que há uma ampla participação dos excluídos nos processos de mobilização popular, orquestrados por uma liderança que, seja via partidos, seja via

---

[34] Rosenfield, Denis. *Reflexões..*, para as páginas seguintes.
[35] Paine, Thomas, *Os direitos do homem*. Petrópolis, Vozes, 1098, p.167. Cf. também *Le sens commun*. Paris, Aubier, 1983.

"comitês", organiza e enquadra essas pessoas tornadas massa de manobra. O enquadramento pela liderança carismática, graças a esse auxílio de partidos e "movimentos", molda esse conjunto segundo ideias que são um resgate das posições marxista-leninistas. Estamos presenciando a mesma doutrina de negação do indivíduo (identificado ao egoísmo), da livre-iniciativa (identificada ao descontrole), da responsabilidade moral (suprimida por irresponsabilizar todo indivíduo por razões sociais), da propriedade privada (considerada fonte de todos os males), da democracia (tida por burguesa), das liberdades (que devem ser restringidas em nome do "coletivo").

O Estado vem a ganhar uma função propriamente religiosa, a de realizar a ideia de perfeição, a utopia, como se o Reino de Deus fosse factível na Terra. Eis por que a captura do aparelho de Estado e a sua completa remodelação tornam-se tarefas essenciais. O Estado vem a ser a encarnação de um dever-ser. Posicionar-se contra tal concepção do Estado confere àqueles que o fazem a conotação de seres imorais, porque as suas ações situar-se-iam nas antípodas deste dever-ser encarnado numa instituição terrena. Alguns nomes que o Estado ganhou no transcurso de sua trajetória histórica vieram a referendar politicamente essa concepção, na medida em que ele veio a ser concebido enquanto representante da soberania popular ou como vontade geral. A questão torna-se ainda mais decisiva quando ocorre a identificação entre Estado e vontade geral, em expressões do tipo: "O Estado é a vontade geral." Uma outra versão sua poderia igualmente ser: "O Estado é o povo." Todo um caminho é, então, aberto para que aqueles que detenham o poder de Estado sejam imediatamente identificados à "vontade geral" e ao "povo".

Há uma grande confusão conceitual relativa ao que está ocorrendo na América Latina. Isto é particularmente digno de nota na Venezuela e, em menor medida, em países que a tomaram como modelo. E ela diz respeito a uma identidade indevida entre o populismo latino-americano, com seus líderes carismáticos e seu apelo às massas, e o projeto de construção de uma sociedade socialista, autoritária. O apelo a líderes carismáticos não é uma característica exclusiva do populismo latino-americano, mas se fez igualmente presente nas experiências socialista, comunista, fascista e nazista. Stálin foi um líder carismático, Mao também, assim como o foi Fidel Castro. Mussolini foi um líder carismático, assim como Hitler. Quanto ao apelo às massas, o populismo latino-americano, do tipo Getúlio Vargas, Perón ou Cárdenas, caracterizava-se por um projeto de organização da sociedade, sindicalizando os trabalhadores e os incorporando ao mercado de trabalho. O vocabulário da luta de classes não era admitido, pois o seu objetivo consistia numa união da sociedade mediante a colaboração entre trabalhadores e empresários. O projeto socialista atual, por sua vez, está baseado na luta de classes, tendo, porém, substituído o proletariado de Marx pelos deserdados, pelos excluídos, pelos que estão fora do mercado de trabalho. É essa massa que constitui a sua margem de manobra, tendo como intuito destruir a economia de mercado e a democracia representativa.

Os equívocos na caracterização das experiências bolivarianas residem na identificação, inadequada, entre Revolução socialista e uso imediato e forte da violência enquanto forma de conquista do Poder. É como se a tomada socialista do Poder fosse sinônimo de um golpe de tipo militar ao estilo da tomada do Palácio de Inverno pelos bolcheviques na Rússia, da guerra civil na China, ou dos assaltos a quartéis e praças-fortes por Fidel Castro e Guevara, em Cuba. A violência revolucionária veio a ser identificada à experiência socialista, como se não houvesse um outro meio de chegada ao controle do Estado, voltando-o, aí, contra a sociedade. Há, no entanto, uma outra via, a via "pacífica", "democrática", de acesso socialista ao poder. Chamemos a primeira, via "oriental" e, a segunda, via "ocidental".

A via oriental caracteriza-se pela conquista violenta do Poder, com um partido de vanguarda, centralizado e hierarquicamente comandado, que segue as ordens de uma cúpula. A democracia é considerada, por eles, como uma superestrutura que deve ser liminarmente eliminada, por ser um mero instrumento de dominação política da burguesia. O seu apreço pelo sistema representativo de governo é nulo. A hierarquia partidária, cujo exemplo mais acabado é o partido bolchevique, sob as ordens de Lênin e depois de Stálin, com o beneplácito de Trotsky, organiza os seus militantes segundo uma férrea disciplina, não deixando nenhum espaço para a crítica ou a reflexão pessoal. Com tal propósito, era necessária uma ideologia que suscitasse a adesão completa dos seus membros. Ora, se a filosofia política inclina-se diante da autoridade, se ela serve a uma causa, ela deixa de ser filosofia propriamente dita, transformando-se em ideologia[36]. Ao degenerar desta maneira, ela torna-se a apologia de uma causa apresentada como absoluta.

Isto se torna ainda mais claro na degeneração do marxismo, convertendo-se numa mera bandeira política, que segue um projeto salvacionista. O marxismo e, mais ainda, o marxismo-leninismo, ao prometerem uma sociedade socialista, a redenção da humanidade, preenchiam perfeitamente essa função. O seu manto moral humanista capturava as mentes incautas, provocando, inclusive, no Ocidente, a adesão maciça de intelectuais. Até hoje, observamos que o socialismo é dotado de uma aura, enquanto os seus críticos são considerados como "hereges", "imorais", quase inumanos. A violência veio a ser considerada, então, um instrumento, e o mais natural, para parir uma nova sociedade. Em nome do socialismo tudo era – e para alguns é – justificado.

Segundo essa ideologia, a sociedade deveria ser moldada completamente pelo Estado, comandado pelo partido de van-

---

[36] Strauss, Leo. *Droit naturel et histoire*. Paris, Plon, 1954, p.109.

guarda, que ditava as regras daquilo que considerava como sendo o "planejamento". O lucro deveria ser suprimido, as pessoas deveriam seguir as ordens estatais e a propriedade privada deveria ser simplesmente abolida. Os cidadãos vieram a ser súditos do Estado, perdendo o controle dos seus bens e não podendo empreender qualquer iniciativa baseada na livre escolha, pois isto era considerado um traço "capitalista", "burguês", a ser extirpado. Com a estatização dos meios de produção, os contratos entre as partes deixaram de ser validados, na medida em que tudo dependia do Estado-partido em todas as suas instâncias. A partir do momento em que a propriedade privada foi abolida, em que a liberdade econômica foi suprimida, os direitos civis desapareceram e, com eles, toda forma de participação política. A insegurança jurídica e pessoal tomou conta da sociedade. Os que se rebelavam eram enviados a campos de reeducação, na verdade, de concentração, onde eram assassinados em nome de atividades "antissociais", "antissocialistas" ou "antipartido".

Marx e Engels colocaram-se claramente na defesa dessa via oriental: a destruição violenta do capitalismo enquanto condição para a construção do socialismo. Em suas próprias palavras: "Esboçando as fases mais gerais do desenvolvimento do proletariado, seguimos a guerra civil (*Bürgerkrieg*) mais ou menos oculta dentro da sociedade atual, até o momento em que ela explode numa revolução aberta e o proletariado funda sua dominação com a derrubada violenta da burguesia"[37]. Atente-se para o uso de expressões como "guerra civil" e "derrubada violenta", marcando, inclusive em linguagem militar, o antagonismo irredutível da sociedade capitalista. Neste sentido, não haveria nenhuma reconciliação possível, nenhuma forma de unidade social, pois a sociedade estaria, desde os seus fundamentos, irremediavelmente fraturada. A violência revolucionária é, nada mais, do que um

---

[37] Marx, Karl e Engels, Friedrich. *Manifesto do Partido Comunista*. Petrópolis, Vozes, 1990, p.77.

desenlace dessa fratura. Engels, no final de sua vida, em virtude de sua convivência com Eduard Bernstein, o reformista por excelência, infletiu a sua posição ao reconhecer a possibilidade de a conquista do poder ser feita por meios democráticos, não violentos, inaugurando uma outra via, a ocidental.

A via ocidental de conquista do Poder, por sua vez, prescinde da violência explícita num primeiro momento, utilizando os meios democráticos para a captura do Estado e o controle da sociedade. Não podemos, no entanto, equivocar-nos quanto à questão central: os meios democráticos são usados para destruir a própria democracia. Experiências desse tipo foram utilizadas na antiga Tchecoslováquia, onde a conquista do poder foi feita através de eleições, sendo, depois, os defensores da democracia descartados, inclusive fisicamente. Hitler, numa outra vertente, chegou também democraticamente ao Poder, para destruir a democracia. Gramsci, por sua vez, teorizou sobre a conquista da opinião pública, mediante o aparelhamento de escolas, universidades e redações de jornais enquanto meios de conquista do Poder. Tal estratégia permite atrair a simpatia dos desavisados, dos incautos ou dos que não têm clareza conceitual.

Trata-se de um erro crasso identificar a democracia à realização de eleições. Eleições são uma condição da democracia, porém não a esgotam. Há outras condições tão ou mais importantes. Para que uma democracia se efetive são necessários: a) criar e manter condições para que a oposição, em minoria, possa chegar, por sua vez, ao Poder; b) o respeito ao estado de direito, o respeito às regras que não podem ser mudadas segundo o bel-prazer dos governantes; c) ampla liberdade de opinião, de organização e de manifestação; d) independência dos Poderes, de tal maneira que haja um equilíbrio institucional; e) a autonomia dos meios de comunicação, que não devem ser controlados e monitorados pelo Estado.

Tomemos o caso de Chávez e, hoje, de Maduro. O que fizeram? a) Restringiram, cada vez mais, o espaço das oposições, passando, progressivamente, a criminalizá-las por exercerem a sua função; b) aboliram o estado de direito, com novas regras que são incessantemente promulgadas. Com um Poder Legislativo submisso, os ditadores-presidentes passaram a governar por lei delegada; eles tornam-se o Poder Legislativo, prescindindo do Parlamento; c) reduziram progressivamente a liberdade de opinião, surgindo o crime de delito de opinião, como o de falar mal do ditador-presidente ou de seus familiares. Há, hoje, uma lei que permite processar os adversários considerados, assim, como inimigos, "criminosos"; d) monitoraram os Poderes Legislativo e Judiciário que passaram a seguir as suas ordens, tendo perdido completamente a sua autonomia. Tornam-se meras correias de transmissão do Poder Executivo; e) controlaram completamente os meios de comunicação que passam a ser vigiados pela lei de delito de opinião e, alguns, são estatizados, de tal maneira que as vozes discordantes se calem; f) passaram a dominar totalmente o processo eleitoral, eliminando a rotatividade do Poder.

O discurso bolivariano tem travestido a estatização de certos setores da economia com o uso demagógico da expressão "propriedade social". Querem eles, com isto, mascarar o que estão fazendo, apelando ideologicamente para a adesão a uma suposta justiça social, como se a equidade fosse o seu objetivo. Observemos que seus discursos discorrem sobre a "propriedade social" ou sobre a "nacionalização" de empresas. Seu objetivo consiste em não apresentar diretamente a sua ação como de estatização, com receio de perder adeptos, pois a experiência da via oriental de construção do socialismo ainda continua presente. Com o emprego da palavra "nacionalização", eles apelam para uma nação que seria supostamente espoliada, explorada, introduzindo, assim, o discurso de resgate da dignidade nacional contra os "imperialistas". Com o discurso da "propriedade social", eles procuram focar a sua ação na busca da satisfação da sociedade, dos deserdados, escondendo, desta maneira, o seu real propósito de fortalecimento do Estado e de controle dessas mesmas sociedade e população. Eliminando a propriedade privada, eles suprimem as liberdades em nome de uma suposta igualdade social. Usando a expressão "propriedade social", eles introduzem também a ideia de um suposto controle social da propriedade, que seria exercido por conselhos populares, identificados a formas de democracia participativa ou direta. Assim, eles criam condições sociais para a abolição da democracia representativa.

Corrupção, política e moralidade

A democracia pressupõe que uma sociedade compartilhe valores que sejam afirmados enquanto princípios mesmos das relações humanas. Neste sentido, a organização política baseia-se em uma coesão em torno de valores, sobretudo de ordem moral. Os cidadãos obedecem não somente porque a autoridade pública assim estipula, mas por estarem convencidos de que ela representa e expressa esses mesmos valores e princípios. Criam, em certo sentido, uma obediência de ordem subjetiva, moral, que faz com que ajam segundo parâmetros que são por todos igualmente compartilhados. A autoridade pública não se impõe somente do exterior, sob uma forma meramente arbitrária, porém o faz por estar em sintonia com os valores morais proclamados pela sociedade.

Se os valores morais fossem simplesmente menosprezados ou inexistentes, o caminho, na própria sociedade, estaria aberto para os comportamentos mais desenfreados. A política deixaria de ser uma forma de concretização da ética, por exemplo, mas o seria simplesmente do gosto, cada um fazendo o que lhe apetece. O desejo e sua satisfação primariam sobre qualquer outra relação, fazendo com que o narcisismo do ego fosse o fator imperante das relações humanas. Se é o gosto o critério de escolha, todos os valores e princípios encontrar-se-iam relativizados. Uma sociedade que se determina apenas pelo desejo e pelo prazer, é uma sociedade em que impera o arbítrio de uma escolha sem orientação. O livre-arbítrio seria meramente arbitrário.

Ocorre que esta espécie de estetização da política, em que o gosto torna-se um princípio que se impõe sobre todos os demais, faz da ética, e sua relação com a política, uma escolha dentre tantas, sem um valor intrínseco. Ou seja, se o gosto for afirmado pela sociedade enquanto critério de escolha, todos os outros valores se apagam diante dele, criando uma espécie de desmoronamento dos valores sociais. A própria autoridade pública termina refém, via opinião pública, do que os cidadãos vêm a considerar como a satisfação de seus desejos. Logo, quando a autoridade pública se impõe, pensando para além do prazer, e afirmando os princípios de uma realidade a médio e longo prazos, ela aparece, aos olhos desta sociedade, como arbitrária ou deslegitimada. A falta de coesão moral vem a se traduzir por uma desordem do ponto de vista social e político.

Façamos uma analogia. A democracia ateniense não era apenas uma forma de deliberação política, a afirmação de um processo público de deliberação pública, mas pressupunha um conjunto de valores compartilhado por todos os cidadãos. Havia uma afinidade, melhor, uma mútua determinação entre uma determinada forma de cultura e uma forma de fazer política. Não se pode desvincular a cultura grega de sua forma de expressão política. É bem verdade que a democracia ateniense excluía mulheres e escravos da cena propriamente política. A homossexualidade, por sua vez, era amplamente admitida. Basta a leitura de Homero, na *Odisseia*, com os guerreiros relacionando-se sexualmente entre si após as batalhas.

Contudo, o ponto a ser ressaltado diz respeito ao fato de que esses cidadãos ao relacionarem-se politicamente no Ágora, na cena pública, o faziam a partir de um aprendizado da retórica, de uma leitura dos textos filosóficos, acostumando-se aos critérios de uma escolha tida por racional. Apreciavam o teatro, indo regularmente a esses eventos. Deixaram-nos um legado cultural incomensurável, orientando até hoje o que veio a se chamar de cultura ocidental. Note-se a íntima relação que se estabelece entre uma forma de fazer política e a de elaborar e viver uma forma também determinada de cultura, com seus valores, princípios e dilemas, como os da tragédia grega. Não eram indivíduos desprovidos de cultura e de valores que faziam suas escolhas na cena pública. Provêm de lá, portanto, os princípios de uma escolha política racional guiada por noções comuns de bem coletivo.

O que ocorre, porém, quando uma sociedade presencia a degradação moral de seus representantes políticos? Degradação moral que chega ao modo de uma apropriação privada e partidária dos bens públicos, criando uma cena em que a moralidade pública é simplesmente relegada a segundo plano, ou pior, é simplesmente negada enquanto princípio público e político. Ou seja, a política seria traduzida por um mero jogo em que todos os valores seriam equivalentes, o que significa que deixariam de valer enquanto valores orientadores de uma conduta política. A moralidade seria simplesmente desprezada, passando a vigorar uma política dos espertos, os que, sem nenhum valor moral, procuram extrair dos recursos dos contribuintes os maiores benefícios próprios.

A corrupção e a propina seriam, neste sentido, manifestações de uma mentalidade dirigente, compartilhada por funcionários e partidos que, em comunhão com uma certa elite empresarial, evacua a cena público-partidária de qualquer valor. Os valores, em tal cenário, tornam-se meras encenações, como quando um partido que se apresentava como a própria bandeira da ética na política a desfralda, agora, para ocultar um sistema corrupto de poder que tem no crime um dos seus componentes centrais. Ou seja, a questão ganha uma outra conotação quando vista sob a perspectiva de um sistema político criminoso que toma conta do aparelho estatal. A política criminaliza-se na ausência de qualquer parâmetro moral.

No esfacelamento da noção de bem público, salvo na forma de uma simulação voltada para o engano da sociedade, abre-se todo um espaço para que as corporações, melhor organizadas, consigam fazer valer os seus pleitos particulares, ganhando benefícios desproporcionais aos que podem ser aferidos pelos cidadãos particulares em seu conjunto. O Estado termina, então, por organizar-se corporativamente, com salários e aposentadorias, por exemplo, para o setor público que afrontam a miséria e a baixa remuneração dos que não têm as mesmas formas de defesa e pressão. O Brasil mostra muito bem como o bolo dos recursos públicos privilegia grupos encastelados no aparelho de Estado, voltados apenas para a satisfação dos seus interesses estamentais. Cada qual clama por seus privilégios, como se o seu "direito" fosse apenas particular, específico, com endereço próprio, incapaz de resistir a qualquer teste de universalização.

Poderia, no entanto, ocorrer que, simetricamente, a sociedade fosse simplesmente desprovida de qualquer moralidade, contentando-se, por sua vez, com a mera satisfação dos seus desejos e interesses, criando as mais diferentes formas de artimanhas para não seguir as diretrizes estatais. Haveria uma espécie de sintonia entre a degradação moral da sociedade e a da sua classe dirigente, criando todas as condições de vigência do arbítrio, em suas mais diferentes formas, sobre as relações sociais. O pagamento de impostos seria algo a não ser feito ou a ser ludibriado, porque, afinal de contas, a noção mesma de bem coletivo desapareceu. Se tudo vale, que cada um busque usufruir o máximo de benefícios e privilégios.

A situação, porém, é totalmente outra quando a sociedade possui valores morais e passa a ver seus representantes políticos enquanto usurpadores dos bens públicos. Ou seja, a sociedade sustenta os valores da moralidade pública, enquanto os políticos os desprezam e, mesmo, escancaram isto para todos. A questão reside, aqui, em que a opinião pública percebe a política como uma grande cena de imoralidade e passa a não mais se sentir representada. A sociedade afirma valores, os políticos os desacreditam. Os exemplos apresentados são os de uma política sem escrúpulos de ordem moral e de apropriação dos recursos que são, na verdade, da sociedade e transferidos ao Estado sob forma de impostos e contribuições.

Gabriel Tarde[38], o célebre criminalista e filósofo do direito do século XIX, em seu livro, *La philosophie pénale*, bem mostrou o papel do exemplo e da imitação nas relações políticas e nos comportamentos humanos em geral. As pessoas agiriam por imitação, seguindo por afinidade, tradição ou gosto, o que lhes aparece como uma conduta a ser seguida. Se os bons exemplos prevalecem, a sociedade se organiza bem, se os maus ganham cena, uma sociedade desestrutura-se. Por exemplo, se criminosos não são punidos e logo voltam ao convívio social, a mensagem transmitida é a de que a impunidade impera. O caminho estará aberto para atos delituosos, pois serão progressivamente imitados por um maior número de pessoas. Em linguagem popular, dir-se-ia que o crime compensa. O mesmo vale para a corrupção. Se ela afirma-se enquanto forma digamos normal de exercício da política, a mensagem passada para a sociedade é a de que ela mesma pode corromper-se, pois a impunidade de uns pode se traduzir pela impunidade de todos. A autoridade pública terminaria por esfacelar-se. A democracia tornar-se-ia um mero instrumento de quantificação de forças em um determinado momento, desprovida que estaria de qualquer critério de universalização e de princípios morais.

O Brasil, no entanto, está mostrando-se como um caso à parte. A sua classe política está completamente desmoralizada, os seus membros sendo percebidos publicamente enquanto meros aproveitadores. E quando digo classe política, não me refiro

---

[38] Tarde, Gabriel. *La philosophie pénale*. Paris/Lyon, Storck/Masson, 1891.

apenas aos partidos políticos, que perdem progressivamente substância, mas a membros dos Poderes Executivo, Legislativo e Judiciário e Ministério Público, que comparecem como atores de todo um sistema de corrupção e de distribuição de propinas. A sociedade brasileira, porém, não compartilha destes valores degradados ou desta ausência de princípios, mas passou a sustentar valores seus de moralidade pública. Ou seja, a moralidade pública tornou-se um princípio mesmo da política. A imoralidade da política vigente não é mais tolerada. A dissintonia entre a sociedade e os seus representantes políticos é total.

Aqui veio a inserir-se um importante fator de mediação social e público, constituído por policiais, juízes, desembargadores, promotores e procuradores da Lava Jato, que vieram a representar – e dar expressão – a esse princípio de moralidade pública. Ou seja, um setor do Estado insurge-se contra os parâmetros dominantes de imoralidade pública e conduz com seriedade investigações que atingem o âmago mesmo da corrupção, desvelando o conluio criminoso entre certas empresas, partidos e funcionários de estatais. O esquema de Poder começa a ser esmiuçado, expondo as proporções inauditas de atuação de uma organização criminosa que tinha aparelhado o Poder de Estado, tendo como objetivo a sua perpetuação e como seus meios a mentira e a delinquência continuada.

Os meios de comunicação e, particularmente, a imprensa deram um imenso apoio a esta operação, permitindo, desta maneira, que ela se propagasse pela sociedade, vindo a conferir uma forma distinta à opinião pública. Essa veio a ser diferentemente formada sob a égide da moralidade pública. O juiz Moro é um exemplo desta mudança de paradigma. Tornou-se uma figura popular, em um certo sentido ímpar, pois poucos conseguem rivalizar com ele no que diz respeito à correção, à agilidade no juízo e à correção da coisa pública. Na acepção de Tarde, ele veio a ser um exemplo a ser seguido pelo país e por seus colegas, um exemplo que se contrapõe aos maus exemplos oferecidos pela classe política. Ele tornou-se um símbolo, quando, na verdade, é expressão de toda uma equipe de juízes, promotores e policiais que estão afirmando estes novos valores.

Outro caso exemplar é o do promotor Deltan Dallagnol, não apenas por sua exposição e persistência ao denunciar a forma de atuação de uma organização criminosa, mas pelo fato de ter sido objeto de ironia do ex-presidente Lula por utilizar a Bíblia em seus julgamentos, em uma referência ao seu credo evangélico. Aliás, qual é o problema de seguir a Bíblia em sua conduta? Ensina ela comportamentos moralmente reprováveis? Será que, por descrer da Bíblia, a conduta do ex-presidente é moralmente superior? Não teria sido ele que deixou o país em ruína econômica, em desemprego e em total imoralidade pública? De fato, chama atenção no comportamento "presidencial" o total desprezo para com a moralidade, reveladora do que, para ele, veio a ser a política. A referência à Bíblia deveria ser objeto de elogio e respeito, e não de condenação e insinuação.

A ética na política tornou-se, neste sentido, um princípio efetivamente universal. Se a Lava Jato veio a ser um patrimônio nacional é porque ela foi socialmente acolhida enquanto patrimônio moral. Dado incontornável de uma outra forma de fazer política, ela veio a ser um fator de renovação institucional e moral, embora a resistência que lhe é oferecida possa ser a expressão de uma crise maior que se avizinha, pois a sociedade escolheu o lado dos valores morais, mostrando a sua coesão em torno desta operação de limpeza da vida pública. O desafio diante do qual encontra-se o país consiste em um embate entre o novo Brasil que se afirma e o velho que teima em se perpetuar. Ou seja, o futuro da democracia depende deste desenlace, exigindo das autoridades que entrem em consonância com este novo princípio da política enquanto moralidade pública.

## Democracia e Estado

Na linguagem corrente, podemos utilizar expressões tais como: "Estado democrático", "Estado aristocrático", "Estado popular" e assim por diante. Mediante tais expressões visa-se normalmente a uma qualificação do Estado, uma forma de sua caracterização essencial, ou seja, uma forma de atribuição. Isto pressupõe que o Estado se apresente como uma entidade autônoma, uma forma de substância que estaria a receber diferentes modos de atribuição. Ou seja, o Estado existiria independentemente de suas diferentes qualificações, que o caracterizariam diferentemente. O seu reverso seria igualmente verdadeiro: a democracia não existiria sem o Estado que a sustenta.

Contudo, em um Estado que se enfraquece, em que suas instituições deixam de vigorar plenamente, não mais recebendo a mesma obediência dos cidadãos, a democracia continua a existir enquanto sua forma degradada, um nome que se presta aos mais diferentes usos, inclusive aqueles contrários aos princípios que lhe conferem legitimidade. O sistema político daí derivado pode ser o de um conjunto de regras mutantes respaldado por maiorias instáveis. A política viria a ser um mero conjunto de regras instáveis, em um confronto recorrente de forças, que se caracterizaria por instituições particulares desprovidas de validade universal. Instituições precárias que são consideradas apenas enquanto instrumentos dessa mesma luta de limitada institucionalidade. Uma organização criminosa, por exemplo, poderia sustentar um discurso, uma encenação democrática, na medida em que lhe serve de proteção aos olhos da opinião pública, quando, na verdade, pode estar tomando de assalto o Poder de Estado.

Em tal caso, a autoridade governamental, ao debilitar-se, termina relativizada por este jogo de forças dito democrático, não mais podendo exercer o seu pleno poder de decisão. Ao fazer concessões aqui e acolá, pode tornar o país tributário de um sistema imoral de concessões dos mais diferentes tipos. Os destinos da nação enquanto tal, de afirmação do bem coletivo, tornam-se, por sua vez, dependentes de uma democracia debilitada e de um Estado enfraquecido. Ao relativizar-se sob tais condições, termina por ter dificuldades em decidir como soberana, entendendo esta última expressão na acepção de poder último de decisão. Ou seja, no sentido hobbesiano e schmittiano[39], se o soberano encontra dificuldades em decidir ou em fazer valer a sua decisão, a sua autoridade termina sendo um componente de confrontos acima dos quais não consegue mais pairar. Começam, então, a surgir concepções de repactuação política ou de refundação do Estado se esses conflitos e contradições fugirem do controle.

Grandes teóricos do Estado, tais como Hobbes e Hegel, preocuparam-se, principalmente, com os modos de existência do Estado ou, mesmo, como se dá a sua fundação, sob quais condições a sociedade deixa uma vida digamos caótica, de conflitos incessantes, por uma vida estatalmente regrada. Tiveram enquanto foco de suas respectivas análises o modo de fundação e conservação do Estado, de tal maneira que sua existência viesse a nascer a partir de determinadas formas de contenção da violência, digamos, originária e constitutiva das relações humanas. Ou seja, partiram das condições mesmas de existência do Estado, para depois assegurarem-se de que modo as decisões seriam tomadas, isto é, pela maioria, por alguns ou por um só. Em vocabulário hobbesiano, pela maioria seria o sistema democrático, por alguns, aristocrático e por um só, monárquico, seus contrapontos, oclocracia, oligarquia e tirania sendo meros nomes de um mesmo sistema de governo. Não há aqui nenhuma conotação valorativa.

Hegel, particularmente, filósofo do início do século XIX, já centrava suas reflexões sobre as relações entre a sociedade civil

---

[39] Schmitt, Carl. *O conceito do político*. Lisboa, Edições 70, 2015.

e o Estado enquanto momentos de mútua determinação, que se apresentavam, conjuntamente, enquanto condições mesmas de uma ideia da liberdade que se realizava. Mais especificamente, insistia sobre o peso das instituições, plasmadas em uma Constituição que se caracterizava como essencialmente representativa. Para ele, por exemplo, uma monarquia constitucional seria uma forma de governo representativo, alicerçado em instituições que estabeleciam todo um sistema de mediação entre a sociedade ela mesma e o Estado. Por exemplo, não haveria Estado que concretizasse a ideia da liberdade se não permitisse o desenvolvimento da sociedade civil, com seu direito de propriedade e sua economia de mercado. Historicamente, poder-se-ia dizer que uma nação com excesso de Estado, burocracia, empresas estatais e regras administrativas deveria enfraquecer todo este aparato estatal para dar lugar a um melhor desenvolvimento da sociedade. Ou inversamente, o Estado deveria ser fortalecido caso a sociedade estivesse no controle de seus mecanismos e instituições.

Quisera, assim, chamar atenção para dois pontos, um mais propriamente hobbesiano, embora também assumido por Hegel, e outro hegeliano, o primeiro personificado nas condições de existência do Estado e, o segundo, nas liberdades sociais e econômicas próprias de um economia de mercado em suas relações de determinação recíproca com o Estado.

No que diz respeito ao primeiro ponto, seguindo Hobbes, para que exista um Estado é preliminarmente necessário que haja um soberano (pode ser um, alguns ou a maioria) que decida em última instância, de tal maneira que a sociedade não descambe para o "estado de natureza", que é nada mais do que o caos, constituído por relações humanas desregradas. Se o Estado detém o monopólio da violência, é porque os cidadãos foram dela destituídos. Ou ainda, o Estado deve assegurar que a morte violenta seja evitada, uma vez que se trata de sua condição mesma de existência. Se os indivíduos renunciam ao uso da violência, é com o intuito de que o Estado possa assegurar-lhes a sobrevivência física, a proteção dos seus bens e o respeito jurídico aos contratos.

Ora, se observarmos a situação brasileira, constataremos que a sobrevivência física das pessoas e a proteção do seu patrimônio não são asseguradas. As pessoas sentem medo da morte violenta. Os índices de assassinato, estupro, roubos e violências dos mais diferentes tipos são estarrecedores. As pessoas perguntam-se mesmo por que pagar impostos e contribuições se o Estado nem é mesmo capaz de assegurar aquela que é a sua função primordial. A segurança física dos cidadãos é a finalidade maior e primeira do Estado. O mesmo vale para a segurança em relação aos contratos, nas relações privadas, econômicas e profissionais, pois se ela não é garantida, e não existe um poder coercitivo capaz de fazer cumprir tais condições, desaparece igualmente uma outra condição mesma de existência do Estado. Leis mudam continuamente, decisões do Judiciário e do Ministério Público alteram constantemente o entendimento de relações contratuais, decisões são revogadas criando uma espécie de legislação com caráter retroativo e assim por diante. A insegurança jurídica toma conta de qualquer pessoa que procure empreender.

As pessoas, em tais circunstâncias, não se perguntam pela democracia, mas de que modo o Estado será capaz de realizar essa sua finalidade primordial. Se se denomina de democrático, isto torna-se irrelevante para cidadãos que não podem sair de casa em segurança ou não são nem mesmo protegidos em sua própria casa. De que vale a democracia se os contratos próprios da sociedade nem são assegurados, mudando o seu entendimento continuamente ou se as partes contratantes deixam de cumpri-los, pois estão seguras de sua impunidade? Hobbes diria: tal "Estado" estaria cessando de ser propriamente um Estado, voltando a uma situação pré-estatal, própria do "estado de natureza".

No que diz respeito ao segundo ponto, seguindo Hegel, o Estado é produto da sociedade civil-burguesa, em que se realizam as leis, os direitos civis e a igualdade de todos perante a lei, na medida em que o cidadão é detentor de direitos. *Bürgerliche Gesellschaft*, sociedade civil-burguesa, não possui, em Hegel, a significação posterior de Marx, voltada para a classe social, mas designa originariamente o habitante do burgo, daquele que possui direitos civis e econômicos. Logo, nela estabelecem-se as relações de troca, as relações mercantis e de trabalho, baseadas na economia de mercado, no direito de propriedade, assegurando tanto a liberdade na disponibilidade dos bens materiais (bens no sentido físico, próprios de relações econômicas), quanto imateriais (liberdade de escolha, liberdade religiosa, liberdade amorosa, entre outras). Isto significa, segundo ele, que se o Estado não é capaz de assegurar a existência da sociedade, sufocando-a ou limitando-a severamente, ele igualmente perderia a sua razão de ser.

Note-se que, em Hegel, já há uma importante formulação relativa à opinião pública, esse lugar privilegiado em que a consciência de uma sociedade e de um Estado se forma, selecionando ideias, acolhendo o debate entre elas, de tal maneira que se a liberdade vier a se firmar, o Estado cumprirá a sua finalidade. Se sucumbir a propostas que inviabilizem a liberdade, seja sob sua forma civil, religiosa ou econômica, ele tornar-se-á despótico. Poderia mesmo ocorrer que na opinião pública viesse a predominar um discurso "democrático" voltado, por exemplo, contra o direito de propriedade ou a economia de mercado, tornando inexequível a existência mesma da sociedade civil-burguesa. Nosso filósofo diria: tal Estado historicamente dado não corresponderia ou não cairia dentro do próprio conceito de Estado. Um Estado histórico pode não corresponder ao conceito de Estado.

Logo, a democracia não poderia existir sem um Estado que lhe dê suporte, um Estado que permita que as condições de segurança física, jurídica, liberdades civis e econômicas possam realizar-se. Ou seja, a democracia careceria de sentido se menosprezar ou não partir das condições mesmas de uma sociedade livre, capaz de assegurar os seus direitos e a vida mesma dos seus cidadãos. Democracia sem essas condições e sem as instituições que as assegurem tornar-se-ia uma palavra vazia, própria de demagogos que estariam voltados somente para a satisfação de seus interesses próprios ou dos de seu grupo. Por exemplo, de que serve todo um ritual eleitoral se as condições de existência da sociedade e do Estado cessam de ter vigência? Seriam somente importantes se pudessem propiciar que o Estado se reposicionasse ou, inclusive, de certa forma, se refundasse.

Nesta perspectiva, Estados fortes são Estados portadores de instituições sólidas, capazes de regrar os seus conflitos internos, e garantidores de suas liberdades em suas variadas denominações, tais como se concretizam na sociedade. Estados fracos seriam, então, aqueles cujas instituições não cumprem suas funções, as liberdades e direitos são fracamente assegurados e ameaçam cair no desregramento e na anomia. Outra forma de formular o problema seria o de dizer que Estados fortes são aqueles em que a autoridade pública exerce o seu Poder e Estados fracos são aqueles em que a autoridade pública não consegue impor suas decisões. Uma de suas formas pode ser, inclusive, o autoritarismo ou a mera imposição arbitrária de uma determinada ordem.

Coloca-se, portanto, a questão de como se pode sair de tal situação. Ou seja, como pode ser o Estado refundado, o que implica dizer que ele pode sê-lo por um ato de força de quem vai se apresentar como novo soberano ou por uma espécie de consenso entre os mais fortes oponentes como quando ninguém consegue se afirmar isoladamente, mas necessita de uma coligação de forças. Hobbes dizia que se sai do "estado de natureza", como o de uma guerra civil ou de conflitos incessantes de uma violência contínua, quando um grupo ou líder consegue impor-se. Seria o caso de Cromwell enquanto senhor da guerra ou comandante vitorioso. Sai-se também via um acordo entre os cidadãos, quando uma maioria chega a um acordo básico, em cujo caso a saída poderia ser dita democrática, por envolver a maioria das pessoas ou dos contendores.

A democracia não existe no vazio, sendo um mero procedimento de escolha, se não pressupor um Estado portador de instituições e minimamente coeso no que diz respeito a valores e princípios que devem reger a conduta dos cidadãos. Se essas condições não forem levadas em conta, ela pode tornar-se um mero instrumento demagógico, suscitando comportamentos políticos irresponsáveis no que diz respeito ao tratamento da coisa pública e ao próprio Tesouro nacional. Democracia sem Estado seria um mero jogo de poder voltado para a realização dos interesses de alguns. Estado sem democracia pode derivar para o autoritarismo. Contudo, na ordem de prioridades, é necessário que um Estado exista na plenitude de suas condições. É necessário que sua autoridade se afirme. A democracia não pode ser uma mera dissolução da autoridade ou a generalização da irresponsabilidade no tratamento da coisa pública. Para haver democracia, é necessário haver Estado e autoridade pública.

# II
# AUTORIDADE ESTATAL E RETÓRICA

Para compreender os problemas da democracia, ou melhor, do Estado brasileiro atualmente, torna-se necessário fazer um correto diagnóstico dos governos Lula e Dilma, de 2003 a 2016. Com efeito, sem este diagnóstico tanto se erra do ponto de vista da ação política, quanto de uma conceituação das questões presentes, envolvendo o Executivo, o Legislativo, o Judiciário e o Ministério Público. Se estamos, hoje, confrontados a um problema propriamente hobbesiano, relativo a quem decide politicamente, é porque as instituições apresentam uma corrosão que termina por colocar em pauta a questão de reconstrução ou refundação do Estado. O filósofo inglês colocava esta questão nos seguintes termos: quem é o soberano? Quem detém o poder de decisão dos assuntos do Estado em última instância?

A questão torna-se tanto mais relevante, visto que permite vislumbrar uma situação de anomia política e representativa, em que as regras democráticas começam a funcionar, por assim dizer, no vácuo, pois os cidadãos não se sentem representados e as instituições estão enfraquecidas ou, inclusive, corroídas por dentro. Segue-se a falar de democracia em um quadro de desmoronamento institucional. Dito de outra maneira, pode ocorrer que o uso que se faça das regras democráticas tenha o intuito de enfraquecer o próprio Estado ou simplesmente termine por fazê-lo. Defende-se uma democracia que começa a perder sua substância, uma vez que o aparelho estatal desarticula-se, vítima que veio a ser de uma apropriação "privada e partidária", para não dizer criminosa. O Estado foi tomado de assalto e os invasores intitulam-se democratas. Eis o paradoxo.

Do ponto de vista econômico, o país sofreu um processo de intervenção estatal progressiva na seara econômica, sobretudo a partir da segunda metade do segundo mandato do presidente Lula, esse processo aprofundando-se com a presidente Dilma. O Estado foi apresentado como um Poder demiurgo capaz de qualquer realização, conquanto seus recursos fossem também apresentados como ilimitados. A coisa pública poderia ser vilipendiada, pois sempre haveria uma reparação estatal de tipo financeira. A economia de mercado passaria, então, a ser conduzida por estes ditos representantes da vontade ilimitada, como se para tal tivessem sido eleitos. A Constituição e a lei seriam meros detalhes a serem considerados ou não, conforme as conveniências políticas e os interesses particulares. Na perspectiva da encenação política e, sobretudo, de sua retórica, as aparências democráticas seriam mantidas. De uma forma decidida, o Brasil acentuou os traços de seu capitalismo de compadrio, evoluindo, se assim se pode dizer, para um capitalismo de comparsas.

O resultado deste processo foi uma queda abrupta do PIB, prolongando-se, no governo Temer, uma inflação que começou a fugir do controle, prejudicando empresários e trabalhadores, e um desemprego crescente, chegando a 14 milhões de desempregados. Empresas como a Petrobras foram tomadas partidariamente, esse processo estendendo-se também a outras empresas públicas. O mercado passou a ser cada vez menos respeitado, assim como os contratos, tendo como resultado uma redução senão a paralisia dos investimentos nacionais e estrangeiros. O Brasil foi bloqueado e só agora começa a mudar graças às reformas conduzidas pelo governo Temer.

Ocorre que tal política foi o lugar de alimentação de companheiros que viraram comparsas. As distinções entre esquerda e direita perderam o sentido, na medida em que a política criminalizou-se, com os atores tornando-se agentes de apropriação de recursos públicos e, igualmente, de desmonte progressivo das instituições. A política criminosa desconhece limites, principalmente se sua retórica for a de uma esquerda que estaria operando uma grande transformação para os trabalhadores. As leis não são respeitadas por convicção, mas apresentam uma cobertura ideológica para as suas ações. Grandes empresas, sobretudo empreiteiras, frigoríficos, partidos políticos, com destaque para o partido líder, o PT, e agentes públicos armaram um sofisticado sistema de corrupção, que terminou por ser exibido no Mensalão e, depois, no Petrolão. O PT, de partido, ressurgiu como quadrilha com hierarquia de mando, sendo acompanhado por setores de outros partidos, que, por sua vez, armaram quadrilhas secundárias e, mesmo, coordenadas entre elas.

A noção de coisa pública desapareceu e veio a ser, mesmo, assim percebida pela sociedade. A classe política, em seu sentido genérico, passou a ser considerada como composta de criminosos e aproveitadores dos mais diferentes tipos. Em consequência, a imagem do Poder Legislativo foi, em muito, enfraquecida. Se uma questão se coloca a respeito deste Poder é a de que não mais exerce a função de representação política que deveria ser a sua. Em termos institucionais, dir-se-ia que é um Poder que só mantém capacidade de decisão no que diz respeito aos interesses particulares e fisiológicos de seus membros. Não se pode dizer que eles mantenham, hoje, uma fatia da soberania, de decisão, salvo neste seu sentido muito particular de consecução de interesses particulares, desvinculados da cena pública.

O resultado deste processo reside no fato de que os partidos tornaram-se grupos organizados na defesa destes mesmos interesses particulares e, inclusive, escusos, não sendo aglutinados por plataformas programáticas, como ocorre em países de parlamentarismo na Europa ou no regime presidencial americano. O próprio conceito de partido político esvaziou-se. O partido mais estruturado do ponto de vista programático, o PT, revelou-se uma organização criminosa, em que a ideologia compareceu enquanto mera máscara. Os seus membros retos terminaram sendo engolfados pelo seu líder partidário, Lula, que tem sérias contas a prestar à Justiça, já tendo sido condenado em primeira e segunda instâncias, cumprindo pena. Os companheiros foram substituídos pelos comparsas. O programa partidário perdeu sua razão de ser.

Contudo, tratando-se de um nexo a duas mãos, por assim dizer, entre a política e o crime, convém ressaltar o outro lado de uma política que se criminaliza, a saber, a do crime que se politiza. O programa partidário, tornado letra morta do ponto de vista estritamente político, veio a ser empregado enquanto cobertura ideológica das ações criminosas, como se essas não existissem. Uma vez os crimes perpetrados, colocou-se o problema de seu ocultamento. Se os crimes aparecessem pelo seu valor de face, a política simplesmente evaporar-se-ia, tornando-se um caso simplesmente de polícia. Tornou-se, então, necessário ao partido partir para uma estratégia de ataque, colocando-se, como vítima, de ataques de seus supostos inimigos. Sua bandeira foi a do "golpe" e a da "perseguição política". Adotou a discriminação schmittiana da política enquanto campo que opõe amigos a inimigos, como se não houvesse instituições que fariam a mediação desta luta e a regulariam.

O desrespeito à lei e às instituições, já vigente em uma política que se criminaliza, necessita evacuar o campo político de qualquer mediação institucional, fazendo saltar as suas limitações, adentrando o terreno de uma política de cunho ilimitado. Ou seja, uma política que, tendo feito desmoronar as instituições, necessita da criação de um inimigo, que permita agrupar as suas próprias forças. Pode ser a "direita", os "conservadores", a "mídia golpista", os "promotores", o "juiz Moro" ou qualquer outro símbolo que permita este tipo de cristalização política. Colocaram-se como vítimas de uma "perseguição política". Com tal intuito, não poderiam deixar de prescindir de uma cobertura ideológica, funcionando a sua doutrina como mera forma de revestimento, o de uma ideia de esquerda que é aqui resgatada e conservada, embora tenha perdido o seu sentido.

Teria havido uma alternativa do ponto de vista das ideias, se o PT tivesse se encaminhado para uma autocrítica, uma avaliação séria de seus crimes, tendo, então, como objetivo o resgate da doutrina partidária, para além dos problemas de suas incoerências e contradições. No entanto, esta alternativa ficou fora de cogitação, pois isto teria significado o afastamento dos políticos criminosos, os mesmos que lideraram este processo de destruição do país e, também, do próprio partido. Uma vez que esse colou-se ao seu líder máximo, Lula, também líder das atividades criminosas, esta via foi-lhe interditada. Restou-lhe a politização do crime.

Neste sentido, o comparecimento do ex-presidente Lula perante a Justiça, em Curitiba, no dia 10 de maio de 2017, foi emblemático. A estratégia do réu e de seu partido foi precisamente a de politizar o crime, apresentando uma versão dos fatos sem nenhum vínculo com a verdade. Ou seja, optaram por um efeito retórico, apostando nas habilidades demagógicas de seu chefe. Tal estratégia, é bem verdade, chegou a produzir resultados enquanto ele exercia a Presidência, ajudado que foi por uma mídia complacente, uma opinião pública não esclarecida e todo um sistema de distribuição de propinas, em que a corrupção dava as cartas.

Note-se que desaparece a própria noção de estado de direito, de legalidade, como se essa somente devesse ser respeitada quando correspondesse aos interesses partidários. Na perspectiva ideológica adotada, focada na politização do crime, Lula não teria comparecido ao Tribunal enquanto mero cidadão, cumprindo uma obrigação. Não se tratou de um réu disposto, por exemplo, a prestar esclarecimentos de sua conduta, podendo ou não ser condenado, conforme as justificativas e provas apresentadas. O objetivo partidário foi o de mostrar um "combatente dos pobres", sendo injustamente conduzido diante da Justiça.

Ocorre que a sociedade brasileira acordou do sono hipnótico produzido pelo lulopetismo, tendo resgatado a bandeira da ética na política, que foi, antanho, a do próprio partido. Só que, agora, ela ressurge não como símbolo de um só partido, mas de toda a coletividade, ganhando, neste sentido, uma dimensão coletiva. Ou seja, o discurso lulopetista tem imensas dificuldades de produzir um efeito retórico, o de acolhimento pela opinião pública, visto que as notícias e o processo de esclarecimento pelas mídias e redes sociais desvelaram a contradição do discurso e as práticas de governo utilizadas. A versão apresentada tornou-se sem sustentação, como se ficasse presa no ar sem aderir a nenhuma mentalidade existente, salvo a dos partidários e militantes de sempre. O discurso amoral ou imoral não adere a uma sociedade que clama por moralidade pública.

Significativo foi o fato de, após a audiência, o ex-presidente ter comparecido a um comício. Seria o momento apoteótico da politização do crime, transmitido simultaneamente a todo o país. Ora, o que foi planejado para reunir entre 50 e 60 mil manifestantes, ficou em torno de 10% deste número, apesar dos recursos dispendidos e da organização empregada. A máquina partidária e de seus movimentos sociais afins já não mais consegue produzir as mesmas consequências. A encenação almejada, visando à ocultação dos atos ilícitos, expôs a sua falta de nexo interna, as suas falhas e espaços abertos, sendo somente capaz de reunir militantes e adeptos avessos à verdade e à moralidade.

Igualmente ficou prejudicada a imagem do governo Temer, apesar de seu viés reformista, na medida em que terminou sendo constituído por vários ministros que também teriam contas a prestar à Justiça. Se houve mudança de governo através do impeachment, foi para que a moralidade pública viesse a ser seguida. O novo presidente assumiu constitucionalmente como resposta a uma situação de completo descalabro do governo Dilma, embora as manifestações de rua não dissessem claramente sim ao novo mandatário. Ele foi considerado a melhor opção naquele momento de crise. Ascendeu ao Poder pelo rotundo não-recebido pela agora ex-presidente Dilma. A sociedade brasileira exigiu que fosse rompido o elo entre política e crime.

Entretanto, do ponto de vista da moralidade pública, o novo governo não se diferenciou, pois vários de seus integrantes estariam envolvidos na Lava Jato. Para a opinião pública aparece, nesse quesito, como uma repetição. Pode-se alegar a seu favor que não tinha outra opção, sua escolha prioritária sendo a realização das reformas necessárias ao país. E para a aprovação dessas teve imperiosamente de negociar com parlamentares em boa parte frutos do sistema de corrupção vigente. Estabeleceram-se parcerias e negociações com deputados e senadores eleitos, detentores de um mandato popular. Cada presidente governa com os parlamentares que estão à mão. Eles não são uma opção sua, mas algo simplesmente imposto pelas circunstâncias e pelas regras democráticas atuais. Isto, porém, não altera a percepção da sociedade, que não tolera mais do mesmo.

A política enquanto atividade criminosa mudou a equação institucional brasileira. Na sua esteira, surgiu um novo grupo de atores, constituído de juízes, desembargadores, promotores, procuradores e policiais, que se colocaram como objetivo desvendar o amplo esquema de corrupção da política. Ganharam, neste sentido, uma dimensão pública. Na medida em que seus resultados começaram a aparecer, passaram a contar com o apoio incondicional da sociedade. A Lava Jato tornou-se um patrimônio nacional, uma forma de defesa da coisa pública. Apresentou-se como um Poder Republicano que não estaria contaminado pela corrupção reinante, colocando-se como missão regenerar a política e limpar o Estado. Em algumas oportunidades, suas ações talvez tenham exorbitado certos marcos legais, mas seja dito em seu favor que uma organização criminosa de extrema complexidade exige métodos não convencionais. Como em qualquer guerra, há sempre efeitos colaterais. Seu alvo certeiro foi o de acabar com a tradicional impunidade dos políticos brasileiros. Leis são feitas para punir atos criminosos, e não para acobertá-los. Leis que só servem para a impunidade nem mereceriam, a rigor, este nome.

A Lava Jato surgiu, então, enquanto ator político e não somente judicial. Em certo sentido, pode-se dizer que ficou com uma fatia maior de soberania do ponto de vista público, porque suas decisões tiveram e têm forte impacto sobre o mundo político. É como se um novo Poder viesse a ocupar o lugar dos Poderes constituídos. É como se o desmoronamento institucional do país tivesse aqui uma barragem segura. Embora essa tenha sido – e talvez seja – a percepção da sociedade, não é menos verdadeiro que tal consideração não se aplica às instâncias superiores tanto do Ministério Público, quanto do Tribunal Superior da Justiça, do Tribunal Superior Eleitoral e do Supremo Tribunal Federal. Operou-se uma cisão interna tanto no Judiciário quanto no Ministério Público. De um lado ganharam poder, de outro foram fraturados internamente.

O STF, em particular, tem mostrado um comportamento completamente errático. Ora sinaliza a confirmação dos atos da Lava Jato em primeira e segunda instâncias, ora recrimina os métodos utilizados e solta criminosos por alguma razão de ordem jurídica. Ocorre que estas razões para a "libertação" poderiam ser substituídas por outras razões igualmente válidas. Cada ministro produz a sua própria hermenêutica em uma cacofonia estrondosa, em que a decisão de um ministro é criticada por outro, uma decisão monocrática é revisada ou não pelas primeira e segunda turmas, para além de decisões do Plenário que podem ir em uma ou outra direção. Nem onze ministros entendem-se entre eles. O resultado é uma hermenêutica da lei que vem a abolir a própria lei. A sociedade passa a desconfiar ainda mais do Poder Judiciário, pois percebe em seus atos a volta da impunidade. Desta maneira, o Supremo está vindo a contribuir não para regular os conflitos políticos existentes, mas para acentuá-los. De solução que aparentava ser, tornou-se parte do problema.

A questão, portanto, é a de quem decide na perspectiva do desmoronamento institucional, do descrédito dos políticos e da desconfiança da opinião pública em relação a quem nos governa. Um Poder encarregado de preservar a Constituição começa a produzir "interpretações", algumas das quais vão contra o próprio texto constitucional. Muitas anulam-se entre si. Adota-se uma certa prática da jurisprudência, que, talvez, pudesse valer para um país da *common law*, mas que certamente não se aplica ao nosso, salvo se for feita uma reforma constitucional que vá nesta direção. Salta à vista também que vários ministros não possuem a cultura e a erudição suficientes para este tipo de prática jurídica. Vale mais a opinião do que a argumentação. A Constituição vem assim a dar guarida a interpretações as mais díspares, frequentemente contraditórias entre si. A sociedade pode, mesmo, vir a se perguntar se deve tomar a sério tais posicionamentos jurídicos que mais parecem políticos, e de uma política de conveniência imediata. Mais ainda, o problema é potencializado quando as divergências de interpretação jurídicas criam uma instabilidade institucional, vindo a enfraquecer o próprio Estado.

A segurança pública é outro exemplo de como a compartimentação ou fragmentação da soberania termina por criar uma terra de ninguém, onde nenhuma autoridade possui efetivo poder de decisão. Espaços do território nacional são subtraídos à polícia e à Justiça, tornando-se uma terra de criminosos, segundo as suas próprias "leis", as "regras" impostas pelas organizações do crime. A primeira função do Estado deveria ser a de assegurar a integridade do corpo e do patrimônio dos seus cidadãos. Sem segurança pública, o próprio Estado não mais corresponde ao seu conceito. Ou ainda, a sua ausência mostra a necessidade de o próprio Estado ser refundado. A situação chega ao paroxismo com as pessoas tendo medo de sair de casa. A mídia mostra cada vez mais assassinatos e roubos dos mais diferentes tipos. As ruas são tomadas por criminosos, que agem impunemente e muito bem armados. Tem se tornado corriqueiro que o Exército seja chamado para restaurar a ordem pública, em um claro indício de que as instâncias policiais são incapazes de fazê-lo. O símbolo mesmo da soberania nacional no sentido externo é chamado a agir internamente, exibindo a falência de certos poderes constituídos, sendo o Rio de Janeiro a sua expressão mais eloquente, embora outros estados já sigam o seu caminho.

Aliás, a lei do desarmamento só vale para as pessoas de bem. A insegurança reina. Os cidadãos são destituídos do seu legítimo direito à autodefesa, mormente em uma situação de falência do Estado. O politicamente correto vem a ocupar o lugar ideológico da falsa explicação como se os problemas fossem os cidadãos e as empresas de armamento. Não há nenhum desarmamento dos criminosos, cada vez mais poderosos. As estatísticas são trituradas em nome de posições demagógicas. A insegurança reina, enquanto os ideólogos do desarmamento culpam os cidadãos como responsáveis pelo descalabro reinante. As palavras operam no vácuo.

O que fazem as autoridades? Transferem o problema umas às outras. A instância estadual, salvo em alguns estados, está mostrando-se incapaz de manter a segurança de seus cidadãos, apesar de ter esta responsabilidade constitucional. Procura transferir essa responsabilidade para a esfera federal, que não está aparelhada para tal tipo de operação, além de hesitar em assumir tal função. A decisão fica, por assim dizer, em suspenso. Em momentos de crise chama-se o Exército ou a Força Nacional, segundo ações que são transitórias e meramente paliativas. Quem decide, então? A autoridade estadual ou a federal? Onde fica o cidadão assaltado pela criminalidade? Quem o protege?

Temos, assim, uma perigosa conjunção: a política criminosa vem acompanhada ou interliga-se com ações criminosas no sentido corriqueiro do termo. O crime aparece em uma seara e em outra. O Estado, de instância combatente da criminalidade, de regulador da violência, torna-se ele mesmo agente do crime por ter sido capturado por agentes políticos de tipo criminoso e por criminosos no sentido habitual, que se apoderaram de determinadas instâncias policiais e do Judiciário. O estado do Rio de Janeiro é emblemático neste sentido, na medida em que o aparelho estatal, no sentido próprio do termo, cessou lá de existir. Lá cabe propriamente a pergunta: quem governa?

A condição nacional torna-se inusitada em termos conceituais. Lula e comparsas atuaram em um vetor, segundo uma organização claramente hierarquizada, dotada de uma ideologia, que tem como função velar os crimes cometidos. Quanto mais implicada está na Justiça, mais se acentua o que poderia ser denominado de sua atitude insurrecional, procurando abolir as instituições representativas. Não bastasse o já feito no sentido de corrosão dessas mesmas instituições, é como se tentassem agora o golpe de graça, que seria o instrumento de uma nova conquista do Poder. Seu projeto não deixa de ser paradoxal. Procuram fazer com que o ex-presidente concorra à Presidência da República, mesmo sub-júdice se for possível, graças ao apoio de um ministro companheiro através de uma liminar. Já condenado em segunda instância, procura desrespeitar a Lei da Ficha Limpa, como se a lei, a ele, não se aplicasse. Seria a utilização da lei para suprimir a Lei propriamente dita. A "lei" protegeria criminosos disputando o cargo máximo do país. Com efeito, como pode a sociedade espelhar-se em tais atores? Que exemplos eles oferecem à nação? Como pode a sociedade estar satisfeita com o Estado se esse, em certo sentido, mostra-se como um não Estado?

Em tal contexto, ocorre o que poderíamos denominar de uma indefinição do processo decisório. Espaços fecham-se e abrem-se, segundo os atores e suas respectivas forças. A questão da soberania, a do quem decide, recoloca-se como central. A aplicação da lei, conduzida por promotores e juízes contra a corrupção, com amplo respaldo da sociedade e da opinião pública, fez com que esses atores ganhassem uma conotação propriamente política, embora não exerçam, politicamente, nenhuma representação. São agentes, em certo sentido, não democráticos na medida em que agem enquanto políticos, não tendo sido escolhidos, eleitos, para o exercício desta função. Passaram em concursos, fizeram carreiras no Judiciário e no Ministério Público e se acostumaram, inclusive, com decisões monocráticas. Vieram, assim, a ocupar posições no Estado que, graças à legitimidade conquistada, não deveriam ser as suas. Juízes e promotores já não mais falam só nos autos, mas para a opinião pública. Emitem opiniões alheias aos cargos que ocupam. Ministros do Supremo e o ex-procurador-geral Janot perderam o recato da discrição e falam como se políticos fossem, amparados, porém, nas regalias das funções que exercem. Procuram conformar o Estado segundo o que defendem abstratamente como moralidade pública.

Assim agindo, produzem três fenômenos: a) usurpam prerrogativas dos outros Poderes, como se a eles coubesse tomar posições legislativas e executivas. Ou seja, invadem o espaço do Executivo e do Legislativo, como se a sua função própria fosse a de decidirem em última instância. Colocam-se como se Poderes soberanos fossem; b) passam a atuar efetivamente como estamentos que defendem prioritariamente os seus privilégios, como se os recursos públicos estivessem à sua mercê. Proclamam a moralidade para os outros, para os políticos, porém não a seguem para si, sendo tenazes na defesa de seus interesses particulares; c) está produzindo-se uma captura do Estado brasileiro por seus estamentos, que se sentem legitimados para tal, por terem conduzido a luta contra a corrupção, cujo símbolo é a operação Lava Jato. Estão agindo como um estamento a moldar o Estado de uma forma análoga à que os magistrados fizeram no Império, constituindo uma casta que detém o poder de decisão.

A REFRAÇÃO DAS IDEIAS

A democracia é um modo de governo do Estado, um regime político que pressupõe um aparelho administrativo que funcione segundo leis que valham para todos. Pressupõe igualmente que, de um ponto de vista social e político, existam instituições que garantam a liberdade de seus cidadãos em seus mais variados domínios, como as liberdades de expressão e manifestação, de culto religioso, de discussão pública, assim como o exercício de direitos individuais que não podem ser violados. A democracia não pode ser reduzida a um conjunto de regras disciplinando um processo eleitoral, pois aí ela estaria se tornando uma perversão de si mesma, colocando no palco a soberania ilimitada do povo, e neste caso ela adotaria uma forma totalitária[40]. Por exemplo, quando políticos pretendem ser absolvidos de seus crimes por uma eleição, observamos a presença de uma política de cunho totalitário, voltada para absolver um líder político condenado por atos ilícitos.

Dito de outra maneira: para o estabelecimento de um Estado livre é condição indispensável que as liberdades civis sejam estabelecidas antes das liberdades políticas, pois sem as primeiras as segundas terminariam por ser inexequíveis. Isto é, as liberdades civis e individuais devem ser tidas por essenciais para um Estado bem constituído, donde se destacam, conforme assinalado, as liberdades de culto, de imprensa e de palavra, a proteção contra os abusos de taxação e impostos, a proibição de prisão por tempo indefinido, o instituto do habeas corpus, dentre outros. Mais ainda, ter um Poder Judiciário independente que julgue igualitariamente o rico e o pobre, sem que ninguém possa arrogar-se nenhum privilégio. As leis devem ser igualitariamente aplicadas a todos, nenhum cidadão podendo subtrair-se ao seu alcance, assegurando, portanto, a todos a indispensável segurança jurídica, condição mesma de uma sociedade livre.

Tudo dependerá, então, da acepção que se dê à democracia. Muitas vezes fala-se de coisas distintas tendo como referência as mesmas palavras. Por exemplo, Hegel, embora fosse partidário das instituições representativas, sob a forma da monarquia constitucional, insurgia-se contra a democracia por identificá-la à ditadura jacobina[41]. Para ele, a democracia

---

[40] Talmon, J. L. *Les origines de la démocratie totalitaire*. Paris, Calman-Lévy, 1966.
[41] Cf. Hegel, G. F. "Reform bill". In: *Politische Schriften*. Frankfurt am Main, Suhrkamp Verlag, 1966.

veio a ser identificada ao exercício do terror na Revolução Francesa, contrapondo-a, neste sentido, ao governo representativo. Não faz o menor sentido atribuir a Hegel posições antidemocráticas, pois o próprio debate estaria falseado pelo uso equívoco das palavras. Ele é, sim, firme partidário de instituições representativas.

De modo análogo, Oliveira Vianna é crítico da democracia enquanto importação de ideias de cunho liberal, no caso representativas, que não possuam nenhuma expressão interna no *ethos* do país. Como se pode falar de *self government* em um país onde toda a organização comunal é feita por pessoas indicadas pelo Estado? A situação, porém, muda de figura quando há instituições de solidariedade que nascem das próprias forças sociais, expressando lideranças que nelas se formam espontaneamente. É o caso, em particular, de seu elogio da democracia dos gaúchos, na medida em que fez parte de um *ethos* próprio, inexistente em outras regiões do país. *Ethos* esse formado nas atividades do pastoreio e na mentalidade militar, elaborada e desenvolvida nas guerras cisplatinas. Elas sim seriam correspondentes às formas democráticas de exercício do Poder que nascem espontaneamente de comunas, aldeias, *Gemeinde, townships*, entre outras, existentes em vários países europeus, como Inglaterra, Alemanha, França, Suíça e Itália. Nota ele que estas formas de participação, de democracia direta, nascem das próprias práticas e hábitos destes povos, não sendo algo importado[42].

Há aqui uma nova forma de "animal político" que se desenvolve em íntima correspondência com seu meio natural,

---

[42] Vianna, Oliveira. *Instituições políticas brasileiras*, volume I. Rio de Janeiro, Record Cultural, 1974, p. 95-7. Para uma crítica, no calor da hora, da inadequação da democracia à realidade brasileira, cf. Baleeiro, Aliomar. "A democracia e a realidade brasileira". Aula Inaugural, Rio de Janeiro, 1944.

econômico, político e militar. A democracia não seria, neste sentido, uma ideia europeia simplesmente imposta de fora, mas algo que nasceria interiormente desta forma mesma de sociabilidade. Nos pampas, reinavam hábitos de igualdade entre patrões e servidores, que faziam o mesmo trabalho de pastoreio e lutavam conjuntamente contra o inimigo comum, o invasor platino. Não possuíam estes senhores nenhum preconceito aristocrático contra o trabalho manual e assalariado[43]. Compartilhavam, neste sentido, dos mesmos valores e de exemplos militares a serem seguidos. Eram partes integrantes de uma mesma mentalidade, na qual um espírito democrático estava arraigado, sem que perdessem, por isto mesmo, o sentido do Estado. Pelo contrário, juntavam-se às instituições estatais na defesa da terra e do território nacional. Não havia nenhuma contradição entre democracia e autoridade estatal.

Momentos de crise são particularmente importantes do ponto de vista da análise teórica. Historicamente, na vida de um país, são períodos em que se colocam questões relativas à fundação ou à refundação de um Estado, a partir do qual virá a se estabelecer um regime político correspondente às forças em luta e ao *ethos* de cada povo em sua temporalidade própria. Hobbes é um pensador da instituição do Estado, tendo vivido em um período extremante conturbado da história inglesa, que viveu o regicídio do monarca e a ascensão de Cromwell enquanto senhor vitorioso da guerra, o novo soberano que emergiu da guerra civil. Hegel foi igualmente um pensador da ruptura, focando o seu pensamento na refundação do Estado alemão, que tinha se tornado um emaranhado de regras administrativas sem centralidade nem racionalidade. Em um texto de juventude, denominado de *A*

---

[43] Vianna, Oliveira. *Populações meridionais*. Rio de Janeiro, José Olympio, 1952, volume II, p. 296-9.

*Constituição da Alemanha*, chegou a se interrogar: "É a Alemanha um Estado?", apesar de sua língua comum. Clama ele para que o seu país se organize definitivamente enquanto Estado, o que só irá ocorrer décadas depois. Viveu, também, o desmoronamento do Estado do Antigo Regime pela Revolução e sua posterior refundação. No dizer de Tocqueville[44], na verdade, uma restauração do Estado monárquico sob novas roupagens.

De uma forma análoga, pode-se dizer que o nervo do pensamento de Oliveira Vianna consiste na fundação do Estado. A reconstituição histórica do país, em seu livro *Populações meridionais do Brasil*, consiste na passagem de uma condição pré-estatal a uma estatal propriamente dita. Em linguagem hobbesiana, reside nos problemas históricos de passagem do estado de natureza para o Estado. Eis por que ele critica a importação dogmática de ideias liberais, na medida em que essas teriam fortalecido as disputas políticas de uma condição pré-estatal. Prejudicaram, neste sentido, a própria instituição do Estado. Na Europa, onde tinham proeminência, o Estado já vigorava e deveria, nesta perspectiva, realizar em seu seio as liberdades. Ou seja, lá havia ordem legal, seguranças física e jurídica e Poder soberano. A situação, aqui, era completamente distinta, com a desordem legal, a anarquia pública e as dificuldades inerentes à constituição de um Poder soberano. Tal importação terminou tendo como efeito o sacrifício de "dois princípios vitais: o princípio da autoridade – pela anarquia; e o da unidade nacional – pelo separatismo"[45]. São, portanto, os princípios mesmos do Estado em suas soberanias política e nacional. A preocupação de Oliveira Vianna é clara: trata-se da "instituição de um Estado centralizado", único capaz de

---

[44] Tocqueville, Alexis de. *L'Ancien Régime et la Révolution*. Paris, Gallimard, 1985.
[45] *Populações meridionais*, vol I, p. 428.

assegurar os seus dois objetivos capitais: a "consolidação da nacionalidade e a organização de sua ordem legal"[46].

Oliveira Vianna, em seu prefácio a *O ocaso do Império*[47], assinalava que seu objetivo central consistiu em fazer uma história das ideias. Contudo, aqueles acostumados com o espírito acadêmico desta expressão tal como foi disseminado na segunda metade do século XX, talvez fiquem surpresos, visto que ele não procura fazer uma mera historiografia neutra das ideias, mas visa a como elas impactam a vida das sociedades. Mais particularmente, ele enfatiza o impacto das ideias nas transformações sociais, no caso, a sua influência determinante na passagem do Império para a República. Com efeito, ele procura rastrear a mentalidade das elites que levaram a cabo tal mudança política, insistindo, neste sentido, no papel das ideias abolicionista, liberal, federativa e republicana na abolição do Império.

Ele também denomina tal papel das ideias de "fermentações morais"[48], ou seja, o Império começa a perder sua solidez política, uma vez que é corroído moralmente por novas concepções que terminaram solapando os seus próprios fundamentos. Não importa que estas novas ideias correspondam efetivamente à realidade, conquanto sejam assumidas por uma elite política ou militar que as acolha e passe a agir em consonância com elas. Do ponto de vista da realidade, as ideias podem ser falsas ou parciais, porém o decisivo é que elas guiem ou não as ações políticas. Isto é, o que conta é a percepção social ou política das ideias e não se esta percepção retrata a realidade.

Em sua apresentação das instituições representativas, em sua vertente parlamentarista, Oliveira Vianna enfatiza par-

---

[46] Ibid., p. 429.
[47] Vianna, Oliveira. *O ocaso do Império*. São Paulo, Melhoramentos, 1925, p. 7.
[48] Ibid., p. 7.

ticularmente o papel da opinião pública, as ideias aí predominantes em um determinado período, o modo mesmo mediante o qual o monarca, o primeiro-ministro (denominado de presidente do Conselho) e o Parlamento governam, cada um exercendo a sua respectiva função. Fica claro o eixo central exercido pela opinião pública, devendo a atuação política de cada um dos atores ser por ela guiada, mesmo em suas oscilações e impasses. Estabelece-se uma situação extremamente complexa, ou seja, a de aferir as diferentes posições da opinião pública, considerando seu pressuposto de ser uma expressão direta da "soberania popular". Pode, inclusive, ocorrer que a opinião pública tenha uma ideia completamente equivocada da situação econômica, por exemplo, com exigências irrealizáveis e, no entanto, os representantes políticos sentem-se inclinados a agir segundo essa mesma opinião pública que os orienta. O desrespeito a essa pode também ser lido como um desrespeito à soberania do povo. Ou em uma forma lapidar: o princípio democrático é o do "governo da opinião"[49].

Um ponto de partida de sua análise histórica concerne ao momento, por exemplo, em que o gabinete perde a confiança do Parlamento, sendo o monarca obrigado a nomear um novo gabinete ou a dissolver o Parlamento, tudo dependendo de sua apreciação do que seria a vontade popular ou a opinião pública conforme o que seja verbalizado por seus segmentos predominantes. Será que o Parlamento reflete a opinião pública ou está dela dissociado? Eis uma questão crucial de cuja apreciação resulta o que se pode estimar como uma decisão política correta. A correta seria aquela em consonância com a opinião pública, a incorreta vindo a significar o seu oposto. Pode a opinião pública, por várias circunstâncias, ter se modificado desde a eleição do Parlamento ou pode esse, por meros interesses partidários e pessoais, estar dessa mesma

---
[49] Ibid., p. 16.

opinião pública desconectado. Ao príncipe caberia regular este delicado mecanismo de jogo de poderes e de expressões da opinião pública em suas alterações. Se for fino em sua operação, será o príncipe bem-sucedido; se avaliar mal a sua própria posição, poderá estar a perigo.

O problema, porém, reside em que as instituições representativas funcionam muito bem no nível dos princípios ou em seus países de origem. Nada disto, entretanto, corresponde ao seu funcionamento quando transplantadas a outros países de tradições e histórias distintas. Uma coisa é o sistema representativo inglês, com sua monarquia constitucional, outra o sistema representativo brasileiro no Segundo Reinado, com instituições que, só na aparência, correspondem ao seu modelo inglês. O exemplo utilizado por Oliveira Vianna diz respeito, em 1868, à substituição do gabinete Zacharias pelo gabinete Itaborahy, o primeiro, liberal, o segundo, conservador.

Zacharias renuncia por um motivo secundário, o de não ter podido escolher um senador de seu agrado, o que era uma prerrogativa do imperador, que se aproveitou, por sua vez, da oportunidade para escolher um gabinete de outro partido. Ato seguinte, dissolveu o Parlamento convocando novas eleições. Qual foi o resultado? O Parlamento anterior era unanimemente liberal e o seu substituto unanimemente conservador. Teria havido uma tal mudança brusca na opinião pública ou as eleições teriam sido simplesmente manipuladas, com os novos donos do Poder exercendo uma igual metodologia eleitoral manipulatória? As aparências seriam "representativas", a realidade muito distante de uma representação política. O resultado seria, então, do ponto de vista político, o descrédito das instituições representativas tal como vinham operando. Ele deu ensejo à progressão da "ideia democrática" e ao descrédito mesmo da monarquia[50].

---
[50] Ibid., p. 23-4.

A questão, já assinalada por Hegel a propósito da importação de uma Constituição, consiste na refração das ideias e no deslocamento das instituições. Teria sentido, arguia o filósofo alemão, importar uma Constituição? Seria ela "importável"? As ideias ganham, neste processo, outro significado a despeito de guardarem a aparência de seu significado anterior. Os "importadores" podem ter, inclusive, a melhor intenção, porém seus efeitos podem também não corresponder ao que foi projetado. Operando em outro contexto institucional, conforme outras tradições e história, produzem consequências que não ocorreriam em seus países de origem. A depender do modo de utilização das ideias, elas podem vir a produzir grandes transformações políticas. Como pode uma ideia constitucional vingar em países cujos costumes são frutos de uma tradição totalmente diferente? De que valem comparações se essas não levarem em conta o contexto histórico de implementação destas ideias?

Oliveira Vianna observa que o governo parlamentar é essencialmente um governo da opinião pública. Isto significa que a sua existência mesma pressupõe, como na Inglaterra, a "existência de uma opinião pública organizada"[51]. Ora, tal opinião seria inexistente no país, inviabilizando, por consequência, o próprio sistema representativo. Ainda segundo ele, o que existia no país era uma opinião pública "informe, inorgânica, difusa, que era a que se formava nos centros universitários, nos clubes políticos, nas sociedades maçônicas e principalmente na imprensa"[52]. Ou ainda, utilizando o exemplo francês, eram os opositores reunidos em tais clubes, sociedades e entidades que se apresentavam como sendo a opinião pública, agindo em seu nome, e levando a cabo grandes transformações políticas como as que conduziram à Re-

---
[51] Ibid., p. 25.
[52] Ibid., p. 25.

volução Francesa. Isto é, era uma opinião parcial e facciosa, partidária neste sentido. Começa a germinar, então, um deslocamento das instituições ou, mesmo, um terremoto, uma vez que tais ideias passam a guiar ações e instituições que carecem dos seus fundamentos e pressupostos.

O parlamentarismo pressupõe igualmente partidos políticos organizados, com doutrinas próprias, que disputam a opinião pública segundo as suas concepções. Procuram conhecê-la e persuadi-la do bem fundado de seus projetos. Não são meros agregados de pessoas e interesses, mas deveriam possuir um propósito válido para toda a coletividade. Ora, no Segundo Reinado, ao contrário do que tinha acontecido no Primeiro, na Regência e na Independência, os partidos tinham se tornado "simples agregados de clãs organizados para a exploração em comum das vantagens do Poder"[53]. Ou ainda, "os programas que ostentavam eram, na verdade, simples rótulos, sem outra significação que a de rótulos"[54]. Eram meros homônimos do que tinham sido. Como pode vingar um sistema representativo sem partidos dignos deste nome? Ou ainda, "entre nós a política é, antes de tudo, um meio de vida: vive-se do Estado, como se vive da lavoura, do comércio e da indústria e todos acham infinitamente mais doce viver do Estado do que de outra coisa"[55].

Eleições, por sua vez, são um modo de aferir o que pensa a opinião pública. A sociedade é chamada a se expressar sobre programas de governo, sobre ideias a serem implementadas, de tal modo que o povo, em geral, sinta-se representado. Estabelece-se, por assim dizer, uma espécie de círculo virtuoso entre representantes e representados. Contudo, o que ocorrerá quando eleições não cumprirem essa função, na medida

---

[53] Ibid, p. 26.
[54] Ibid, p. 26.
[55] Ibid, p. 41.

em que são fraudadas, em que a opinião pública é burlada, em que as liberdades civis não são asseguradas? Como pode formar-se uma opinião pública verdadeiramente coletiva se essa é apropriada por poucos que se dizem e se apresentam como seus representantes? O que ocorre se o povo é uma massa informe de pessoas? O que acontece se o círculo virtuoso torna-se um círculo vicioso?

No caso do Segundo Reinado, conforme a visão de Oliveira Vianna, a vida política estava, sobretudo, concentrada numa grande aristocracia rural que fazia valer os seus interesses. A classe média ainda não exercia o papel que irá desempenhar depois, da mesma maneira que a vida urbana industrial era incipiente e carente de importância política. Ademais, os interesses das populações rurais em muito concordavam com os da aristocracia que as controlava, não exercendo nenhuma oposição. Antagonismos de classe propriamente ditos não se faziam presentes. Em suma, em "um povo sem educação eleitoral e de opinião pública embrionária, o processo de 'consulta à nação', próprio aos governos parlamentares, estava realmente condenado a ser, como sempre foi, uma pura ficção constitucional"[56]. A questão impõe-se: como pode funcionar politicamente um país submetido a uma ficção constitucional?

Outro caso interessante por ele assinalado consiste na adoção da eleição direta, por Saraiva, em 1881. Procuravam-se corrigir as enormes falhas das eleições indiretas em dois graus, que asseguravam sempre a conservação dos diferentes dirigentes partidários municipais, regionais e federal, não fosse a visão do imperador que obrigava, por vontade própria, a uma rotatividade do Poder, pois sabia que não podia confiar no sistema eleitoral vigente. Com a eleição direta e com a introdução gradativa do sufrágio eleitoral, os proble-

---

[56] Ibid, p. 32.

mas do sistema anterior poderiam, assim, ser corrigidos. Ademais, as elites brasileiras reformistas seguiam uma tendência europeia que estava introduzindo em seus respectivos países esse tipo de sufrágio. Acontece que, novamente, a cópia não correspondeu ao original. Embora tenha sido um sucesso em sua implementação, as elites no Poder logo conseguiram pervertê-lo, estabelecendo novas formas de sua perpetuação, mantido nas mesmas mãos. Assinale-se, ainda, que tais medidas reformistas foram fortemente apoiadas pelo imperador, sinceramente preocupado com o aperfeiçoamento das instituições brasileiras. Foi o príncipe o incentivador das reformas e não o povo!

Outro ponto relevante desta refração de ideias consistiu na oposição excludente que terminou se estabelecendo entre a monarquia e o federalismo. O princípio federativo pode perfeitamente conviver, segundo os princípios, com uma monarquia constitucional. Logicamente são compatíveis. Entretanto, na percepção dos atores políticos, o federalismo pode também vir a significar uma identificação com a República, enquanto regime político alternativo ao da monarquia. Para Nabuco, a coexistência era perfeitamente possível, para Ruy era indiferente a República ou a monarquia, contanto que o federalismo fosse o princípio reitor da organização política. Para um país que atribuía à monarquia o princípio de centralização política e administrativa, a descentralização levaria necessariamente à sua abolição. Para todos os efeitos, não importava que o imperador estivesse de acordo com a descentralização, caso se pudessem aperfeiçoar as instituições representativas. Para os adeptos do federalismo, veio a contar a percepção de que o centralismo governamental era identificado ao arbítrio do imperador, embora esse não fosse arbitrário. De fato, foi a conjunção dos insatisfeitos, liberais e conservadores, contrariados em seus respectivos interesses particulares não atendidos, que levou, por uma série de deslocamentos, à instauração da República. Foi o efeito retórico das ideias que vingou e não sua correspondência ou não com a realidade.

Historicamente, a monarquia cumpriu a importante missão de unificar um país continental, estabelecendo um arcabouço legal e constitucional que passou a imperar em todos os rincões. Contudo, em sua tarefa teve de contrariar as tendências opostas, sufocando a rebeldia do localismo e do provincialismo. Isto não significa que o localismo e o provincialismo fossem mais ou menos democráticos segundo a perspectiva adotada, mas eram forças que poderiam conduzir à desordem e à fragmentação do país. Todavia, na medida em que vieram a encarnar um federalismo identificado à República, ganharam força para além dos seus particularismos, conquistando uma dimensão propriamente nacional. A ideia federalista combinou com os interesses regionais e abriu espaço para a ideia republicana. Ao imperador, por sua vez, foi colada a imagem do arbítrio centralizador.

Convém igualmente assinalar que a associação entre federalismo e República correspondeu a movimentos antimonárquicos em curso na Europa, em particular na França e na Itália, além de ter correspondência no Novo Mundo, a saber, na Argentina e nos Estados Unidos. Oliveira Vianna observa, neste sentido, a origem exógena da ideia antimonárquica, entrando no debate nacional a partir de pressupostos históricos que eram só aparentemente os mesmos. Um imperador na verdade liberal foi, então, identificado a um conservador carregando consigo as arbitrariedades de uma espécie de representante do Antigo Regime. Não havia correspondência entre esses regimes políticos, mas a cópia foi refratada internamente, começando a produzir um forte deslocamento institucional, de corte republicano.

No Brasil, quando os conceitos passam na Alfândega, mudam de significação. Tal é o caso analisado por Oliveira quando, a partir de 1834, com as experiências do Código do Processo e do Ato Adicional, essas recolocaram os termos das relações entre centralização política e administrativa e o seu contraponto, o federalismo. Nosso autor coloca-se claramente ao lado dos centralizadores, cujo Poder conseguiu manter unido o Brasil sob a monarquia, evitando, assim, a sua fragmentação. A unidade nacional seria, precisamente, um produto da centralização política e administrativa, sendo ela obra de dom Pedro II. Aliás, o trabalho do imperador será identificado ao do Século dos Augustos, trazendo a "pax romana" para o nosso país[57].

Os opositores do centralismo, por outro lado, vieram a considerar esta centralização como traço autoritário, o centro político impondo simplesmente a sua decisão às entidades federadas. Em linguagem hobbesiana, havia um soberano ao qual caberia a decisão final. Ocorre, e é aqui que nos interessa a refração dos conceitos, que os partidários do federalismo denominavam-se liberais, identificando a sua posição ao municipalismo, ao federalismo e à democracia. Acontece que este lado tinha o seu reverso, a saber, a dominação das oligarquias regionais que impunham a sua vontade por intermédio da força e da violência, não recuando diante do arbítrio e das fraudes eleitorais[58].

Nesta perspectiva, deve-se considerar que as instituições liberais, que fornecem grandes frutos sob outros climas, sofrem aqui uma mudança qualitativa. Não se trata, evidentemente, de dizer que Oliveira Vianna coloca-se contra o liberalismo em geral, pois sua análise é muito mais fina ao permitir destacar que as instituições liberais foram, em nosso país, um simples nome que se prestou a outros significados e usos. Lá, serviram à democracia, à liberdade e ao direito;

---

[57] Vianna, Oliveira. *Populações meridionais do Brasil,* volume I, p. 305.
[58] Ibid., p. 297.

cá, à oligarquia dos caudilhos, ao sufocamento das liberdades e à desigualdade perante à lei. Tenderia a dizer, colocando a discussão em outro nível, que o problema não é o da contraposição entre democracia e autoritarismo, por exemplo, mas entre a fundação ou refundação do Estado e sua fragmentação e enfraquecimento. Posta nestes termos, a questão ganha outra relevância, não ficando adstrita a denominações cujos significados são difíceis de serem determinados. A liberdade regional, por exemplo, vem a significar "caudilhismo local", "interesses centrífugos do provincialismo", "dispersão", "isolamento dos grandes patriarcas territoriais do período colonial" e assim por diante[59]. Ou ainda, "das 'liberdades' do Código do Processo nascem miríades de caudilhos locais. Das 'liberdades' do Ato Adicional nasce um só e grande caudilho: o caudilho provincial, o chefe dos chefes da caudilhagem local"[60].

Outro exemplo assaz interessante desta refração dos conceitos é o de como se dá igualmente a deformação das instituições liberais. Em 1831, os chefes liberais, Bernardo de Vasconcelos, Montezuma, Zacarias, Nabuco, Otoni, Otaviano defenderam a fórmula britânica de que "o rei reina, mas não governa"[61]. Seus opositores, os conservadores, responderam, nas palavras de Itaboraí: "o rei reina, governa e administra", ressaltando "*o princípio do poder pessoal do monarca*"[62] como o mais adequado à ordem pública e à integração nacional. Enfatiza ele, desta maneira, a inadequação da simples transplantação de uma fórmula britânica que não corresponderia ao *ethos* nacional. Em um país dominado por clãs locais e regionais, por caudilhos dos mais diferentes ti-

---

[59] Ibid., p. 297.
[60] Ibid., p. 298.
[61] Ibid., p. 331.
[62] Ibid., p. 331.

pos que se organizam em "partidos", tanto no campo liberal quanto no conservador, o parlamentarismo inglês teria de ser profundamente alterado, considerando, como observamos, as condições nacionais e históricas do país.

O parlamentarismo brasileiro, paradoxalmente, estaria baseado no poder imperial de d. Pedro II. A soberania não residiria, como na Inglaterra, no Parlamento, mas no monarca. Aliás, é a própria Coroa[63] que realiza a rotação dos partidos no Parlamento, na medida em que esse, por si só, impediria qualquer rotatividade, dado o poder dos caudilhos em seus partidos, que, por eles mesmos, se perpetuariam no Poder por intermédio das fraudes dos processos eleitorais e dos poderes locais e provinciais de caudilhagem. Ou seja, é o monarca que assegura a liberdade política via um ato autoritário de substituição de um partido pelo outro no exercício do Poder. Paradoxalmente, o monarca seria mais "liberal" do que o "Parlamento".

### Política silogística

Oliveira Vianna ressalta o problema de uma política feita a partir de ideais utópicos ou, o que é a mesma coisa, de ideias desconectadas da realidade que, por mais belas que sejam, produzem efeitos nefastos por partirem de um diagnóstico completamente equivocado do real. No seu objeto de estudo, de nada adianta substituir, no nível das ideias, o ideal da monarquia constitucional pelo da República, porque um e outro são apenas ideais, produtos de ideias que seguem uma lógica interna, desvinculada da realidade. Utilizando uma formulação kantiana, é como se a razão operasse independentemente da realidade, do que ele denomina de operação do entendimento, produzindo ideais a priori, que não partem de nenhu-

---
[63] Ibid., p. 333.

ma experiência concreta. Ou seja, a experiência histórica não seria levada em consideração. Ideias e ideais podem ser fascinantes, podem capturar a imaginação e vir a guiar a ação, sem que isto signifique que a realidade a ser transformada segundo eles possa vir a ser melhor. O ideal social e comunista, a utopia moral, para utilizar um exemplo posterior, terminou no totalitarismo e no Gulag. Na linguagem de Oliveira Vianna, tratar-se-ia de uma "obra-prima de apriorismo político"; na de Nabuco, de uma "política silogística"[64].

Quando da queda do Império, não havia um sentimento republicano generalizado. O que sim havia era a predominância da descrença nas instituições monárquicas, sem que disto se seguisse uma crença generalizada nos sentimentos republicanos. Tal observação é da maior relevância, uma vez que permite melhor equacionar o problema de crises políticas que levam de um regime a outro, pois a descrença conduz a mudanças cujo desfecho não é previsível ou almejado conforme um fim preciso. A Revolução Francesa começa com a descrença nas instituições do Antigo Regime, sem que, naquele momento, estivesse presente a ideia do regicídio, que só se colocará alguns anos depois. No momento da queda do Império, o sentimento de adesão ao monarca ainda era forte, sobretudo entre setores dos partidos conservador e liberal e, mesmo, militares. Para muitos deles, a República era identificada à "caudilhagem sanguinária do Prata"[65]. A mentalidade dos políticos oscilava entre o imaginário inglês do *self government* e a sangrenta experiência latino-americana. O não de manifestações é muito mais assertivo do que o sim, que surge ainda incipientemente. Ou seja, a questão reside na descrença nas instituições que precipitaram transformações políticas, sem que se tivesse clareza do que se iria colocar em seu lugar.

---

[64] Vianna, *O ocaso...*, p. 98.
[65] Ibid., p. 111.

Eis um terreno particularmente fértil para a aparição e a propagação de ideólogos, os que se comprazem com a arte do manejo das palavras e do convencimento. Comprazem-se com a retórica, sem nenhuma preocupação com a verdade de suas formulações. São uma espécie de profissionais do vácuo, apostando na descrença nas instituições vigentes, vendendo um ideal inexequível e irrealizável. Partem de meras teses, que surgem como se fossem de valor absoluto, e não enquanto hipóteses que deveriam ser testadas e verificadas. Persuadem os incautos que nelas veem belos adornos morais, uma espécie de atração exercida pela beleza ética. Constroem um mundo à parte, um mundo de ideias, que deveria ser posto no lugar da realidade existente. Não se colocam minimamente a questão de se esta substituição é possível. O que vale é a força retórica.

Se conseguirem, pela perícia no manejo do discurso, apropriar-se das massas, conduzirão a um processo de transformação política, cujo desfecho será uma nova descrença por serem essas ideias irrealizáveis, seja uma realidade policial, autoritária ou, mesmo, totalitária, pela mera imposição das armas, cuja perenidade dependerá apenas da força. A violência tomará o lugar da retórica. Essa, no entanto, seguirá como um valor moral perverso, voltado para convencer estrangeiros ou intelectuais de outros países. Foi o que aconteceu na ex-União Soviética. No interior, a violência da dominação totalitária; no exterior, a venda do ideal do comunismo/socialismo, capturando partidos e intelectuais que, se eram honestos, foram meros instrumentos desta nova forma de dominação. Foram capturados por teses sagradas, dotadas de valor religioso, dogmáticas na imposição de suas crenças.

O ideal republicano tinha crescido em um ambiente específico do setor urbano, não tendo tido a mesma influência nos jovens da aristocracia rural, embora descontentes com a abolição e não tendo mais nenhuma afeição pelo monarca.

Tratava-se da mocidade em geral, dos bacharéis e, mais particularmente, da mocidade das Academias militares. Eram os "cadetes filósofos"[66] da Escola Militar. Eram ideólogos armados! Um ideal apodera-se de um setor fundamental da sociedade, que se torna agente de sua transformação. Em outro contexto, com diversa significação, igualmente, o comunismo tentou uma operação deste gênero em vários países, em particular no Brasil, tentando infiltrar-se nas Forças Armadas. Prestes foi militar, assim como Lamarca e importantes operadores da Intentona Comunista. A diferença consistiu em que suas ideias não foram acolhidas, tendo permanecido estranhas e estrangeiras para quem deveria recebê-las.

Adentrando-se na caracterização destes "ideólogos da República", Oliveira Vianna os qualifica como "declamadores vazios", "propagandistas", "sofistas"[67], mostrando, com isto, que os seus discursos, voltando-se retoricamente para o convencimento, não tinham outra forma de sustentação senão a persuasão de suas palavras e expressões. Não correspondiam à verdade dos fatos. Na confusão própria do momento, em que as instituições começavam a desmoronar, em que as ideias que lhes davam sustentação deixavam de produzir efeitos nas pessoas, um terreno propício para uma nova forma de convencimento abriu-se. Há um espaço vazio a ser preenchido por novos discursos, por mais incoerentes que sejam. A sua eficácia, porém, dependerá de quem os escute, de quem os tome como verossímeis, aqueles que confusamente clamam por uma transformação do estado de coisas vigente. Não há discurso eficaz sem um público que lhe dê acolhimento. No caso específico em questão, por mais paradoxal que seja, este público que lhes deu acolhimento recrutava-se entre os descontentes com o abolicionismo, os partidários do

---

[66] Ibid., p. 116.
[67] Ibid., p. 118-9.

"federalismo" e a insatisfação tanto dos "liberais" quanto dos "conservadores" com a política do monarca de rotatividade do Poder. Muitos "republicanos" não tinham verdadeiro "espírito republicano".

A política, em certo sentido, é a arte de embaralhar ideias em busca de efeitos retóricos. Na verdade, são os efeitos retóricos, quando alcançados, que produzem transformações sociais. Se os efeitos retóricos de intenções transformadoras não produzirem consequências, o *status quo* permanecerá inalterado. A consecução do efeito retórico é condição *sine qua non* para que se altere o estado de coisas vigente. Isto faz com que os contendores, por exemplo, na conservação ou na transformação de uma atual situação política, disputem a opinião pública, cada um utilizando os efeitos retóricos que mais julgar apropriados para o contexto. A verdade do discurso não é um componente essencial da ação, salvo se a sociedade em questão for bem esclarecida, tendo meios de avaliar o que é dito e proposto.

## Mazarin: mestre do discurso

Façamos aqui um breve excursus, recorrendo a um mestre dos efeitos discursivos e comportamentais na figura do cardeal Mazarin[68], que sucedeu, em 1642, ao cardeal Richelieu na condução dos negócios da França sob o reinado de Luís XIV. Note-se, preliminarmente, que ele atuou no interior de um Estado já constituído, suas máximas inscrevendo-se, portanto, no marco de manutenção do *status quo*, evitando que esse pudesse ser conturbado. Não é um breviário voltado, por exemplo, para a fundação ou refundação de um Estado, embora suas considerações sejam também de validade para estes casos.

---

[68] Mazarin, cardeal. *Breviário dos políticos*. São Paulo, Editora 34, 2013.

Não sem ironia, Mazarin começa seu livro com um princípio propriamente socrático: "Conhece-te a ti mesmo". Reivindica, neste sentido, uma filiação filosófica, mesmo que procure pervertê-la completamente. Isto porque Sócrates, ao visar ao conhecimento do homem por si mesmo, tinha como objetivo a beleza da alma, os mais nobres sentimentos e valores morais, e não os mais baixos, os que nascem da dissimulação, da perfídia e do engano do outro. Ora, o intuito do cardeal é completamente outro, a saber, estabelecer "novos princípios" de feição completamente distinta, com o intuito de capacitar a ação com novos instrumentos, isentos de qualquer traço de moralidade. Nessa inversão de significado, declara, em sua introdução mesma, que estaria simplesmente seguindo o que se fazia na "mais antiga e mais pura filosofia"[69].

Ora, a mais antiga filosofia procurava, racionalmente, os mais elevados valores morais, perscrutava as mais diferentes noções do bem; hierarquizava, assim, estas diferentes formas de dizer com o intuito de chegar a uma noção superior de bem que fosse inquestionável, de validade universal ou absoluta. De posse desses critérios racionais de moralidade, tinha como objetivo formular princípios e máximas que guiassem a ação humana, tanto na vida social e comunitária, quanto na forma mais nobre dessa, que é a da vida política. Não desconhecia os aspectos moralmente mais baixos e indignos da condição humana, porém procurava conter esses não valores, por assim dizer, sob estreitos limites de uma vida humana boa, no interior de uma comunidade política, da pólis. Parafraseando Leo Strauss[70], vislumbrou o sem fundo da natureza humana, o abismo em que essa pode cair e, diante desta visão, recuou, reafirmando os valores mais nobres da humanidade.

---

[69] Ibid., p. 35.
[70] Cf. Strauss, Leo. *Droit naturel et histoire*. Paris, Plon, 1954 e *Thoughts on Machiavelli*. Chicago University Press, 1958.

Já Mazarin segue uma outra via, a de explorar a fundo os baixos sentimentos e inclinações da natureza humana com o propósito de melhor utilizá-los nas refregas políticas e nas conquista e conservação do Poder. Não recua diante deste enfrentamento psicológico-existencial, fazendo dele um instrumento de sua própria luta política. Ele segue os passos de Maquiavel, colocando-se nos antípodas da filosofia política clássica, posicionando-se decididamente pela nova modernidade política. O autoconhecimento do homem pelo homem consistiria em aprender a arte da simulação e da dissimulação, a de desferir golpes com a doçura de palavras aparentemente amigáveis, a da frieza nas agressões sofridas e assim por diante. O "conhece-te a ti mesmo" vem a significar o autoconhecimento na arte da simulação e da dissimulação, na do uso inescrupuloso do engano. Ser tem a acepção de um mero aparecer para os outros, no jogo ilimitado e amoral da aparência. Mazarin é um antissocrático por excelência. Até sua reivindicação socrática é uma mera aparência.

Dentre os conselhos por ele[71] recomendados chama particularmente atenção a leitura dos grandes retóricos, cujas formulações seriam capitais para a atividade propriamente pública. A política não seria o terreno do discurso voltado para a verdade, mas para as operações de simulação/dissimulação, contando somente os seus efeitos sobre grupos ou públicos visados. Nesta perspectiva, não citará, por exemplo, de Aristóteles, a *Política*, a *Ética*, a *Metafísica* ou o *Organon*, mas seu livro de *Retórica*. Logo, não são as questões do bem, da finalidade da pólis, da conduta virtuosa, do bem viver, dos princípios e da verdade, que lhe interessam, mas as que descrevem os efeitos do discurso, dos seus modos específicos de convencimento e persuasão. Interessam-lhe a autonomia da fala, seus modos de emprego e consequências, tendo como

---

[71] Mazarin, op. cit., p. 117-8.

objetivo a linguagem política nos jogos de poder. Interessa-lhe como as paixões podem ser manipuladas de maneira que os objetivos políticos sejam atingidos. Eis por que ele recomenda, com tanta ênfase, aprender a "manejar a ambiguidade"[72], a "anfibologia" e a "invocação oratória", de modo que as reais intenções de um agente político, por exemplo, possam ser melhor ocultadas[73].

O discurso retórico interessa-lhe na medida em que possui eficácia sobre os sentimentos e paixões humanas; é ele que consegue manipulá-los, conduzindo-os em uma direção ou outra. A retórica é, assim, de especial utilidade, visto que o seu estudo, associado ao das paixões e sentimentos humanos, é o de um tipo de conhecimento especial apropriado para a política, fornecendo máximas da ação, princípios, neste sentido, da conduta humana. A retórica está constituída por um tipo especial de proposições voltadas para o convencimento e a manipulação das paixões, que, então, poderão ser alçadas a um patamar mais elevado no jogo que se estabelece do Poder. Ela torna-se de especial importância para a política.

Note-se que o seu nível próprio de conhecimento e eficácia não é o do conhecimento verdadeiro, cujas proposições podem ser verificadas em sua verdade ou falsidade. Não é tampouco o das proposições morais, cujos critérios se dão em função de noções do bem e do mal a serem testadas, por exemplo, por sua universalidade ou não. No caso das proposições digamos científicas, a escolha se faz entre a verdade e a falsidade; no caso das proposições morais, na escolha entre o bem e o mal; no caso das proposições retóricas, a escolha se faz segundo a sua eficácia e impacto nas ações humanas, tomadas segundo as paixões e imunes a qualquer tipo de consideração moral. Conta aqui a sua eficácia, desprovida de

---

[72] Ibid., p. 117.
[73] Ibid., p. 118.

qualquer valor moral e de qualquer tratamento teórico voltado para determinar a verdade ou não de suas proposições.

Neste aspecto, o homem prudente, no sentido aristotélico, aquele que sabe escolher o justo meio nas condições particulares da ação, caso a caso, torna-se, segundo Mazarin, no homem capaz de "se precaver contra qualquer desagrado"[74]. Seria aquele homem muito bem informado sobre todos os demais, sabendo, ao mesmo tempo, não confiar os seus segredos a ninguém. Segue publicamente o decoro para não deixar surpreender-se e considera o outro sempre alguém com más intenções em relação a si. Se todos agem segundo a simulação/dissimulação, mais vale precaver-se contra qualquer eventualidade, que será sempre má, contrária aos seus interesses. A prudência aristotélica vem a ser subvertida em seu significado.

Nesta perspectiva, a escolha não seria a opção entre certas ações em contextos específicos e mutantes conforme valores morais admitidos enquanto formas de exercício do bem – o que configuraria a prudência no sentido aristotélico –, mas tal opção far-se-ia segundo os valores do Poder, que seriam desprovidos de moralidade. Ou seja, seria uma escolha no jogo da simulação/dissimulação, tendo como intuito manipular paixões em proveito próprio. Não seria uma escolha entre virtudes em contextos particulares, mas entre aquilo que se denominaria, em uma perspectiva moral, de vício. Evidentemente, para Mazarin, tal formulação, na esteira de Hobbes, nem faria mesmo sentido, na medida em que vícios e virtudes seriam simples nomes dados à ação que agradam ou desagradam os agentes, que permitem ou não alcançar os seus objetivos, mormente os do Poder. Em consequência, a hipocrisia seria uma "virtude" da ação, que não poderia ser objeto de um juízo de caráter moral.

---

[74] Ibid., p. 42.

Um caso particularmente interessante de efeito retórico de um discurso carente de verdade consiste no estopim da Proclamação da República, mediante duas notícias totalmente falsas: a de que o marechal Deodoro seria preso por ordem do chefe de gabinete e a do deslocamento de tropas visando a enfraquecer o Exército em locais importantes. Antes disto, correu também uma outra notícia falsa, segundo a qual os altos comandantes não teriam sido convidados para o Baile da ilha Fiscal, quando, na verdade, 45 altos oficiais tinham recebido os seus respectivos convites[75]. Ou seja, nem Deodoro tinha sido preso ou iria sê-lo, da mesma maneira que tampouco o recurso do deslocamento de tropas iria ocorrer. Tratava-se, portanto, de duas informações falsas, que, no entanto, propagaram-se e foram tidas por verdadeiras. A partir daí, passaram a orientar a ação dos revoltosos. A ação desses foi justificada por notícias carentes de qualquer valor de verdade que, entretanto, foram tidas por verdadeiras, produzindo o efeito político de um enorme deslocamento político.

O discurso falso produziu o efeito retórico de contribuir para a derrubada do Império, graças ao fato de ter sido acolhido por uma massa e por um grupo de amotinados que nele acreditaram e passaram a agir em consonância. Em todo caso, se não verdadeiro, ele foi-lhes verossímil, dado o grau de descrédito do imperador e do Partido Conservador no Poder. Imperava uma desconfiança generalizada nas instituições, permitindo que este discurso fosse acolhido. Não houvesse tal descrença nas instituições representativas monárquicas, um discurso desse tipo não teria sido acolhido e nenhuma comoção política teria acontecido. Em caso de funcionamento normal destas instituições, ou pelo menos de mínimo funcionamento, uma notícia de tal gravidade teria sido verificada para que se pudesse saber se era ou não verdadeira. Em caso

---

[75] Vianna, *O ocaso*, p. 174-5.

de funcionamento pleno destas instituições, tal discurso seria recebido com total indiferença, o que significa dizer que não seria acolhido. Em caso de funcionamento digamos médio das instituições, os seus mensageiros e locutores seriam simplesmente presos por perturbação da ordem pública. Nestas condições específicas, não há a distinção entre um discurso verossímil e um verdadeiro, basta a mera aparência, embora frágil, da verossimilhança.

Façamos duas analogias, uma referente à atitude de Richelieu, primeiro-ministro de Luís XIV, quando confrontado com a decretação de prisão do abade de Saint Cyran, e a do abade Sieyès ao propor, no início da Revolução Francesa, que os Parlamentos das três ordens do reino se juntassem e se reunissem em uma única Assembleia tornada, desta maneira, unicameral e nacional.

O abade de Saint Cyran foi um dos fundadores do movimento jansenista francês, que buscava uma profunda renovação espiritual do catolicismo. Foi considerado pela hierarquia católica e, sobretudo, pelos jesuítas, um perigo para as suas instituições. Exerceu profunda influência sobre o movimento de Port-Royal[76], tendo sido, inclusive, diretor de consciência do célebre teólogo[77] e filósofo Antoine Arnauld. Arnauld, note-se, foi um dos mais importantes interlocutores de Descartes nas *Meditações metafísicas*. Descartes tinha por ele a mais profunda admiração e consideração. Pascal foi outro grande expoente deste movimento religioso e filosófico. Tanto Saint Cyran quanto Arnauld e Pascal foram dos mais célebres representantes do movimento agostiniano na França, de particular importância no século XVII, prolongando-se até o início do século XVIII.

---

[76] Saint Beuve. *Port-Royal*. Paris, Hachette, s.d., tomos I-VI.
[77] Arnauld, Antoine. *De la fréquente communion*. Paris, chez Antoine Vitré, 1648.

Instigado pelos jesuítas e por membros majoritários da Corte, Richelieu mandou prender Saint Cyran, sem que tivesse, porém, nenhuma prova do envolvimento desse em qualquer articulação política. No dizer de seus contemporâneos, era um homem de fé, profundamente dedicado aos seus estudos e conhecido como uma pessoa de bem. Uma santa pessoa, diríamos em linguagem coloquial. A moralidade e a renovação espiritual eram, para ele, valores maiores. Um grupo de nobres, simpático a este teólogo e às suas ideias, decidiu, então, intervir junto ao poderoso primeiro-ministro. Os seus argumentos, evidentemente, residiam no caráter bondoso e religioso deste prelado. Clamavam por justiça.

A resposta de Richelieu foi taxativa: se tivessem mandado prender Lutero no início de sua pregação, a Reforma protestante não teria jamais acontecido! Saint Cyran permaneceu, assim, quatro anos preso e só foi libertado alguns meses após o falecimento do primeiro-ministro. Alquebrado e enfraquecido fisicamente pelas condições carcerárias, morreu poucos meses depois. A mensagem de Richelieu foi clara: em um ambiente de crise religiosa, em que exemplos podem facilmente propagar-se, mais vale interditar qualquer locução ou mensageiro, capaz de pôr em cena um novo discurso político que possa, eventualmente, ser acolhido pelo mundo político, religioso e social. As condições de um novo jogo político de linguagem deveriam ser proibidas em seu nascedouro.

Outro caso político interessante de jogo político de linguagem, dando lugar a uma nova forma de vida ou regime político, tendo provocado um terremoto nas instituições então vigentes do Antigo Regime, consistiu na moção apresentada pelo abade Sieyès em um Parlamento do reino para que fosse instituída a que veio depois denominar-se de Assembleia Nacional. Segundo as instituições do Antigo Regime, alicerçadas no direito divino dos reis, cada ordem do reino (clero, nobreza e terceiro Estado) reuniam-se individualmente em datas distintas, conforme as convocações do monarca. Esse, segundo o seu arbítrio, as convocava quando assim o decidia, não havendo nenhuma regularidade nesta convocação. Poderia não convocá-las durante anos ou convocar apenas uma ou duas delas. O seu arbítrio era soberano. Na véspera da Revolução, quando não as convocava havia muito tempo, tomou a decisão de fazê-lo chamando a todas, de uma maneira política imprudente, em uma mesma localidade e simultaneamente. Em um ambiente de crise, a sua decisão só aumentou a exacerbação política, com a opinião pública da época acreditando cada vez menos nestas instituições.

Ora, o que fez o abade Sieyès[78]? Apresentou uma moção segundo a qual as três ordens do reino deveriam reunir-se conjuntamente, em um mesmo local, cada parlamentar tendo direito a um voto, independentemente de sua ordem. Só o fato de apresentar uma tal moção já era de uma ousadia extrema, por subverter completamente a organização política e social reinante. Em um ambiente de normalidade, ele seria simplesmente preso ou tido por louco, alguém a ser confinado a um hospício. Aquele que veio a ser depois considerado o Kant francês foi tomado a sério, sua moção acolhida e uma nova instituição representativa criada: a Assembleia Nacional, cujos deputados passaram a representar, como diz o seu nome, toda a nação. O efeito retórico de seu discurso deslocou e alterou inteiramente as instituições políticas, pois o seu fundamento era inexistente na realidade, em um Estado organizado segundo ordens e estamentos e não indivíduos. Do ponto de vista da realidade, o seu discurso era despropositado. Começou, assim, a verdadeira derrocada do Antigo Regime, desembocando alguns anos depois no regicídio e no terror. Diga-se de passagem que Sieyès foi dos poucos

---

[78] Cf. Sieyès, Emmanuel. *Qu'est-ce que le Tiers Etat? Essai sur les privilèges.* Paris, PUF, 1982.

revolucionários que morreu de velhice, com a cabeça ligada ao pescoço. Soube resignar-se diante de Napoleão, que o enviou, então, à maneira de uma recompensa, como embaixador na Alemanha. Lá foi saudado como um revolucionário.

## O EFEITO RETÓRICO DO POSITIVISMO

Para que um discurso político produza efeitos é necessário que haja um público predisposto a seu acolhimento. Se essa condição não for preenchida, as palavras caem no vazio, não havendo, para elas, nenhum destinatário. Se houvesse receptividade é porque haveria uma debilidade nas instituições e nas ideias que lhe davam embasamento. Assim, as novas ideias, ao serem introduzidas neste novo meio, começam a solapar ideias reinantes que encontram problemas em seu processo de justificação, mesmo dentre aqueles que eram, até aquele momento, os seus partidários. Se o positivismo, no final do Império, veio a exercer tal função, é porque encontrou um terreno propício para a sua implementação. A concepção então em vigor soçobrava e o novo espaço aberto poderia – como veio a ser – preenchido por um novo conjunto doutrinário, capaz de convencer e seduzir indivíduos, grupos e estamentos ávidos por novas ideias ou, inclusive, por novas formas de conhecimento.

Antes, porém, de passarmos à análise dos efeitos políticos retóricos do positivismo, vejamos brevemente o relato de um viajante positivista ao país, muito antes do período de transição entre o Império e a República. Neste relato, ressalta a descrição de uma situação, com seus próprios pressupostos e condições, em muito distinta da retórica, que não tem nem na descrição, nem na verdade, o seu foco. Ou seja, destaca-se a posição de um observador e não a de um agente político. Neste caso, o positivismo não funciona politicamente, não tendo este objetivo. É apenas uma concepção que confere um certo prisma, a partir do qual a realidade é descrita. Trata-se de um enfoque a partir do qual a realidade é vista. Outros parâmetros teóricos recortariam a realidade diferentemente, ressaltando outras facetas e aspectos.

Dr. Segond[79], muito próximo de Comte, que tinha, inclusive, celebrado o seu casamento segundo o ritual da nova "religião universal", médico que tinha se tornado cantor de ópera, quando de uma visita ao país em 1857, portanto muito antes da Proclamação da República, escreveu ao célebre discípulo Pierre Laffitte (que se tornaria, posteriormente, interlocutor de Benjamin Constant e Grande Padre da Humanidade após a morte de Comte), em setembro daquele mesmo ano, fazendo uma apreciação do imperador. Destaca o seu "palácio inacabado", extremamente simples, reduzido a um mínimo de etiqueta. Seríamos tentados a dizer, espartano. Homem dedicado às coisas públicas, com atendimento aos mais pobres e necessitados, qualidade particularmente estimada entre os positivistas.

Surge aqui com especial ênfase o seu "ascendente moral", a sua retidão, enquanto traço marcante de sua autoridade, algo também enormemente apreciado. Chega a sua autoridade a demitir, por razões de ordem moral, "magistrados ditos inamovíveis", em um exercício de Poder não consonante com um monarca dito constitucional. Aliás, o visitante assinala que se trataria de um "ditador" cuja "moralidade pessoal" faz com que possa tomar uma atitude de tal tipo, sendo, mesmo, reconhecido por isto. Note-se o elogio de uma "ditadura esclarecida", também dita, como veremos, "republicana". Não é, neste sentido, contestado[80]. Haveria, portanto, neste relato uma correspondência entre uma descrição positivistamente

---

[79] Lins, Ivan Monteiro de Barros. *História do positivismo no Brasil*. Brasília, Edições do Senado Federal, volume 48, 2009, p. 43-52.
[80] Ibid., p. 44.

orientada e a monarquia tal como era exercida por dom Pedro II. O positivismo não seria, nesta perspectiva, uma arma de corrosão da monarquia.

O visitante é, igualmente, conforme a sua formação intelectual e moral, tomado de indignação diante dos horrores da escravidão, considerando-a uma verdadeira chaga nacional. Em uma fina observação, nota que a degradação não é apenas do negro, mas sobretudo do branco, que se torna inumano ao ter uma conduta desumana. Ele degrada-se. "É uma causa de degradação ainda maior para os senhores do que para os escravos"[81]. Não se produz aquilo que Hegel denominara de uma luta pelo reconhecimento, visto que não surge nenhuma ideia de humanidade que lhes seja comum, fazendo com o que o senhor torne-se escravo de seu escravo por sua conduta violenta e desumana. Um senhor que só exerce o seu poder pela força não mereceria, estritamente falando, a qualificação de "senhor".

A situação muda totalmente de figura quando, poucas décadas depois, o positivismo apropria-se do espírito militar, em particular de suas elites, formadas em escolas imbuídas desta doutrina, para, depois, tornar-se eficaz do ponto de vista político, no caso, na instauração da República. Não se trata mais de uma perspectiva de abordagem da realidade, a ser verificada ou não, mas de um instrumento em que a compreensão da realidade vem acompanhada dos meios de sua transformação. A nova doutrina corrói a sustentação espiritual-militar da monarquia, precipitando a sua derrocada. Quando a elite dominante se enfraquece, perdendo o seu poder de antanho, uma outra elite que toma o seu lugar passa a decidir segundo seus próprios princípios e parâmetros, isto é, segundo outras ideias e concepções. Eis o que ocorreu na passagem da monarquia para a República, quando a nova

---

[81] Ibid., p. 45.

elite militar, formada segundo outra concepção, científica e não jurídica, adere ao positivismo e passa a escolher segundo esses novos princípios. Decisões são atos de escolha que se fazem segundo ideias e concepções, novas ou antigas, emergentes ou dominantes.

Neste sentido, as Escolas Militar e Politécnica foram os lugares em que se processou o treinamento da nova elite, produtora, no caso, de uma certa homogeneidade ideológica, análoga à da elite imperial formada em direito na Universidade de Coimbra e, depois, nas escolas de direito de São Paulo e Recife. José Murilo de Carvalho assinala que no final do Império a Escola Militar "transformara-se num centro de oposição intelectual e política ao regime, tanto pelo tipo de estudante que selecionava como pelo conteúdo da educação que transmitia"[82]. No que toca ao tipo de aluno, esse provinha de famílias militares ou remediadas, raramente de famílias ricas, configurando uma origem social distinta em relação à elite dominante e sua burocracia. No que toca ao conteúdo transmitido, à educação propriamente dita, ela era "técnica e positivista"[83]. Mais especificamente, a formação técnica merece destaque porque ela era de concepção positivista, considerando a formação positivista e militar em matemática, por exemplo, algo caro aos militares. Foi o positivismo que "deu aos militares a perspectiva filosófica que lhes permitiu articular intelectualmente sua oposição política à elite civil"[84].

O imperador, por sua vez, continuava admirado e reconhecido por sua probidade. O mesmo não se podia dizer da princesa Isabel e de seu marido, que não possuíam o mesmo

---

[82] Carvalho, José Murilo. *A construção da ordem. Teatro de sombras*. Rio de Janeiro, Civilização Brasileira, 2003, p.75.
[83] Ibid., p. 75.
[84] Ibid., p. 76; p.190-3.

tipo de reconhecimento. Embora boa parte da oficialidade e dos políticos em geral esperasse pela morte natural do monarca para que a República fosse proclamada, a sua por assim dizer antecipação deveu-se ao progressivo desmoronamento institucional e, no que diz respeito ao positivismo, à sua eficácia do ponto de vista de ideias que minaram a sustentação da mentalidade monárquica vigente. Na perspectiva das ideias, havia algo a pôr no lugar da monarquia, embora o novo regime não tenha respondido às expectativas que nele se punham. A doutrina positivista foi apropriada e assimilada por um estamento do Estado, o militar, que tinha a força das armas e um sentido hierárquico de comando.

Convém ressaltar que o positivismo, enquanto corpo doutrinário, era uma concepção, um conjunto de ideias ainda não posto à prova praticamente, historicamente. Não havia, por assim dizer, instituições positivistas a serem importadas, visto que ele não tinha chegado ao Poder em nenhum lugar. Não era o caso do "liberalismo", sob a forma das instituições representativas inglesas, ou, posteriormente, do "marxismo", sob a forma das instituições comunistas, fruto da Revolução bolchevique. O seu charme provinha de seu "caráter científico", como se as instituições pudessem ser conhecidas à maneira dos objetos naturais. A partir deste conhecimento seria, então, adequado construir novas instituições, tendo como condição este conhecimento precisamente. Neste sentido, ele teve, nacionalmente, um forte poder corrosivo, contribuindo, uma vez tendo conquistado o estamento militar, para a derrocada da monarquia.

A sua sedução provinha de que os positivistas exercem uma poderosa influência pelo discurso que veiculavam, por se diferenciar de todos os outros por sua suposta cientificidade. Não exerciam a sofística – embora esta acusação tenha sido a eles dirigida –, mas procuravam por meio de argumentos científicos e demonstrações lógicas convencer qualquer interlocutor racional. Não se curvavam aos sentimentos e às paixões e eram considerados frios por suas preocupações lógicas e demonstrativas. Em um vácuo de ideias, vieram a preencher um espaço vazio com argumentações de novo tipo. A sedução que exerciam residia em que a sua retórica não era igual às outras, pois, tendo a ciência como fundamento, suas proposições teriam uma validade absoluta, o que terminou por se traduzir, inclusive, por uma religião positivista.

O ponto consiste em que não era necessário ser membro do Apostolado Positivista recentemente criado para ter fortes convicções positivistas, como foi o caso de Benjamin Constant, considerado o Patrono da República. O poder exercido pelo positivismo sobre os cadetes tinha como base o fato de esses serem ávidos de conhecimento, imbuídos de espírito científico e matemático. Não sem razão, a influência positivista se fez fortemente presente na Escola Militar e na Escola Politécnica. Esse seu público-alvo estava, por assim dizer, em estado de receptividade para receber este tipo de mensagem, em que a retórica vazia foi substituída por uma retórica de novo tipo, de espírito "científico". O conteúdo da mensagem fez toda a diferença.

Nos dias que precederam a Proclamação da República, quando seu processo já estava bastante adiantado, a oficialidade dirigiu-se a Benjamin Constant para intervir junto ao marechal Deodoro, após esse ter se recusado a recebê-los no dia 17 de setembro. Com efeito, aproveitou-se ele, na oportunidade da acolhida de um grupo de oficiais chilenos na Escola Militar, em presença do ministro da Guerra, conselheiro Cândido de Oliveira, no dia 17 de outubro de 1889, portanto 28 dias antes da Proclamação, para proferir um célebre discurso. Nesse, adota a metodologia positivista, insistindo em um novo tipo de conhecimento, apto, inclusive, para tornar a "ciência da guerra" uma "ciência da paz".

Disse ele: "É para ela, e consequentemente para o fraternal congresso dos povos – o mais belo ideal das aspirações humanas – que se encaminha com crescente rapidez o verdadeiro progresso geral, submetido, em sua evolução, a leis irrecusáveis, demonstradas pela ciência real, hoje completa em tudo quanto tem de essencial e confirmada pela sã filosofia da história"[85]. Note-se a presença de fortes conceitos positivistas a orientarem esse discurso: a) O ideal de humanidade a ser alcançado por intermédio de um conhecimento científico da história; b) A concepção de que a história teria uma evolução, sendo regida por leis que orientariam o seu progresso; c) As leis históricas teriam o mesmo estatuto de leis naturais, sendo, neste sentido, irrecusáveis; d) O conhecimento da história seria o conhecimento destas leis.

Observe-se o seu apelo, de tal maneira que este discurso, ao supostamente articular-se cientificamente, segundo uma metodologia própria, teve um efeito propriamente retórico, procurando promover a causa republicana e, sobretudo, convencer os militares. Visa a obter entusiasmo dos já convencidos e persuadir os hesitantes. Eis por que logo acrescenta: "Apressar essa evolução natural com os possantes recursos que a política ou a arte de bem dirigir os povos tem posto à nossa disposição, tal a sublime missão dos povos e estadistas modernos"[86]. Portanto, a função da política seria a de apressar a evolução natural que lhes seria dada pelo conhecimento científico da história, a ciência colocando-se a serviço da política em sua arte de bem dirigir os povos. Ou seja, estaríamos diante de uma "política científica", levada a cabo, no caso, por "militares esclarecidos", e esclarecidos pelo positivismo.

A retórica própria da política não seria uma retórica qualquer, pois seria "científica", tendo perdido a sua justificativa demagógica. A persuasão almejada seria a da argumentação científica, substituindo outras formas retóricas que não te-

---

[85] Lins, op. cit., p. 392.
[86] Ibid., p. 393.

riam o mesmo tipo de embasamento. Ao falar, testemunharam os presentes: "Refletia, argumentava e seduzia"[87]. O seu resultado foi a persuasão conquistada. Segundo o comentário *in loco* do general Tasso Fragoso: "foi uma faísca na atmosfera militar; desencadeou a tempestade... Acolhida com entusiasmo, teve a oração do mestre grande repercussão. Equivaleu a verdadeiro toque de recolher"[88]. A revolução foi posta em marcha graças a um efeito discursivo, que se apoderou dos presentes. A acolhida foi não apenas a da adesão, mas a da adesão entusiasta, reunindo tropas para a consecução de objetivos políticos agora tidos por comuns. A onda propagou-se.

Alguns dias depois, em outro evento militar, a sua acolhida por jovens oficiais foi apoteótica, eivada de messianismo político: "Benjamin sempre nos aparecia com todo o seu rico saber e invejável esplendor moral; víamos nele o verdadeiro guia para levar-nos à terra dos sonhos"[89]. Ou ainda: "Mestre! Sede o nosso guia em busca da terra da promissão: o solo da liberdade!"[90]. O guia da terra prometida é aquele dotado de conhecimento científico e integridade moral. Estão essas qualidades associadas em um indivíduo que reúne em sua pessoa a doutrina positivista, em suas características de retidão moral e de inspiração política. A retórica produziu os seus efeitos. Estabeleceu-se, assim, uma comunidade de linguagem política, tendo o positivismo como seu eixo doutrinário aglutinador, a partir do qual estavam os aderentes habilitados discursivamente a se apoderarem do Poder. Seriam os agentes da transformação política, novos homens de Estado, apressando, na linha de Comte, a evolução natural.

---

[87] Ibid., p. 394.
[88] Ibid., p. 393.
[89] Ibid., p. 393-4.
[90] Ibid., p. 395.

Esta nova comunidade política de linguagem rompe com a própria comunidade política na qual estava até então inserida, pois a própria presença do ministro da Guerra mostrava como esse se tornara uma peça prescindível deste jogo. Em vez do respeito discursivo a uma personalidade hierarquicamente superior, cujos parâmetros institucionais, de ações e ideias eram outros, o novo discurso torna aquela cena a de instauração de uma nova realidade política, que iria se consumar em pouco menos de quatro semanas. A República tinha terminado de conquistar estas almas, instaurando uma nova mentalidade, cujo esteio era a doutrina positivista. O marco doutrinário e institucional vigente tinha desmoronado. O ministro da Guerra, de fato, tinha deixado de ser ministro, embora só tenha vindo a sabê-lo depois. O Poder estava doravante nas mãos dos novos mestres do discurso, com destaque para seu comandante-mor: Benjamin Constant.

As novas ideias foram claramente expostas, já no governo provisório, em uma sessão de acolhida de Demétrio Ribeiro, positivista gaúcho, novo ministro da Agricultura, com a presença do já agora ministro da Guerra, Benjamin Constant, em 11 de dezembro de 1889. Seguindo o positivismo, o ministro declarou: "...como membro do governo, poderei cooperar no sentido de encaminhar-se o nosso país para o regime da mais completa liberdade espiritual – liberdade religiosa, liberdade de ensino, liberdade de manifestação de pensamento, liberdade de imprensa responsável (aplausos), tudo isto mediante a manutenção da ordem pública... [Logo acrescenta que um governo forte e moralizador] só deve apoiar-se e buscar apoiar-se na opinião pública"[91].

Note-se o apreço positivista pelas liberdades do espírito, destacando-se, dentre elas, a religiosa, separando a Igreja do Estado, em um tempo em que o Estado brasileiro procurava

---
[91] Ibid., p. 411.

impor a religião católica aos estabelecimentos educacionais; a de ensino, consoante os avanços científicos da época, eliminando todos os preconceitos; a do pensamento, sem a qual o avanço da ciência e o esclarecimento seriam impossíveis; a de imprensa, com a ressalva de sua responsabilidade, sobretudo em um momento de acerba discussão pública. A República identifica-se com o esclarecimento de uma opinião pública, sem a qual não poderia perpetuar-se. O novo regime procura o convencimento e a persuasão, ciente de que apenas a força não é um apoio sustentável. O lema positivista de Ordem e Progresso ressalta que a ordem pública é a condição mesma do exercício das liberdades. Cabe à força pública manter a ordem; cabe às liberdades assegurarem o progresso[92].

Do ponto de vista social, não é menor o engajamento do novo ministro, seguindo os ensinamentos de Comte, com a incorporação do proletariado à sociedade moderna. Para ele, "uma questão capital para a República"[93]. A terra prometida, a da liberdade, não poderia ser conquistada se uma parte dos seus membros permanecesse à margem da República, em certo sentido, à margem da humanidade. Aqueles que contribuem decisivamente para o bem público, produtores de riqueza que são, não podem ficar alijados dos seus benefícios. Eis por que o novo governo deveria adotar medidas para operar gradativamente essa incorporação, via, por exemplo, a redução do "trabalho excessivo e perturbador de sua atividade física; para que ele [o proletário] possa constituir família e possuir domicílio próprio, bases de toda a moralidade; bem como para que tenha lazeres imprescindíveis à cultura do seu

---

[92] Embora impreciso no uso dos conceitos de ordem e progresso, Gilberto Freyre assinala que esses eram de uso corrente no discurso político brasileiro, anteriormente à Proclamação da República. Poder-se-ia dizer que o positivismo vicejou em solo fértil. *Ordem e progresso*. Rio de Janeiro, Record, 2000, p. 319.

[93] Lins, op. cit., p. 413.

coração e à instrução de seu espírito, a fim de saber cumprir o seu dever (Apoiados)". Observe-se que temos aqui os alicerces mesmos do que veio a ser chamado depois de Estado de bem-estar social, não lhe faltando os seus componentes culturais e espirituais, próprios de uma nova noção de cidadania, embasada na opinião pública. Se a nova República apoia-se na opinião pública, torna-se vital que todos os seus membros, em particular o proletariado, possam ter acesso à informação e ao conhecimento.

## Constant e Laffitte: O homem de Estado e o Grande Padre da Humanidade

Ganha aqui particular relevo a correspondência de Benjamin Constant com Pierre Laffitte, que tinha se tornado o chefe do positivismo ortodoxo na França, após a morte de Comte. Aliás, em uma carta de 1890, em francês como convém a um homem culto, sendo titular do Ministério da Guerra, apresenta-se como positivista sem, porém, abandonar o sentido crítico de sua aplicação às condições específicas do Brasil. A questão em foco é política, relativa à melhor forma de governo. Cabe, pois, determinar mais precisamente o que Benjamin Constant e o positivismo francês entendem por exercício da autoridade estatal, por "ditadura republicana", considerando a conotação pejorativa deste primeiro termo atualmente.

Benjamin Constant escreve a Pierre Laffitte em 9 de março de 1890, sendo respondido em uma longa carta de 26 de março. Dirige-se a ele novamente em 11 de agosto do mesmo ano, já então como secretário de Estado dos Negócios da Instrução Pública, Correios e Telégrafos. Note-se, preliminarmente, que Constant dirige-se a Laffitte como "*Mon cher Maître*", recebendo como retorno o tratamento de "*Monsieur*". O tratamento de "Meu caro senhor/professor" expõe, no caso, o respeito devido a um orientador intelectual, um professor, sem nenhuma menção religiosa do tipo "Meu muito venerado senhor/professor"; o de "senhor" corresponde a uma forma de consideração normal na língua francesa, sem que apareça, por exemplo, a posição de um "discípulo". Laffitte não o considera enquanto tal.

Assinale-se, porém, que o tratamento de *"Monsieur"* pode fazer eco ao modo de tratamento "cidadão" durante e após a Revolução Francesa, quebrando os marcos de valores de uma sociedade hierárquica, ancorada em títulos nobiliários. O tratamento de "cidadão" corresponderia a uma relação entre iguais e não mais desiguais. Neste sentido, Laffitte poderia estar tratando Constant como revolucionário, aquele que liderou a derrocada da monarquia e a Proclamação da República. Revolução, aliás, que, como se vangloriava o próprio Constant, não tinha derramado uma só gota de sangue, algo que era particularmente considerado e apreciado pela doutrina positivista, avessa a rupturas violentas.

Ressalte-se, ainda, que a forma de tratamento para um ministro deveria ser *"Monsieur le Ministre"* (Senhor ministro), o que, talvez, mostre uma relação não hierárquica entre pessoas que compartilhavam da mesma doutrina. Igualdade no compartilhamento de ideias e nenhuma hierarquia política, nem religiosa. Aquele que foi criticado por littreismo, menção a um outro discípulo de Comte que será analisado a seguir, por Miguel Lemos, fundador do Apostolado Positivista no Brasil, entra em relação direta com aquele que se nomeia, de um ponto de vista religioso, como sucessor de Comte, algo, precisamente, contestado por Emile Littré. Ademais, Constant seria um caso que, na perspectiva de Miguel Lemos, a qualificação de positivista nem mesmo lhe poderia ser atribuída, na medida em que era um homem de Estado, algo inaceitável no período que Comte considera como de transição política rumo ao estado propriamente religioso ou sociocrático. Não obstante, nesta mesma carta de 9 de março, ele declara que há muito tem sempre se esforçado em conformar a sua "conduta privada e pública aos ensinamentos do fundador da religião da humanidade, levando em conta as condições particulares de seu meio"[94].

Note-se que Constant afirma aderir ao conjunto da obra comtiana, reservando-se, todavia, o direito de interpretá-la segundo as exigências de seu meio. Há o direito à interpretação e não uma obediência à letra cega, conforme preconizado por Miguel Lemos e Teixeira Mendes. Não falta, inclusive, uma indireta aos dois representantes do positivismo ortodoxo, ao mencionar que seguirá adiante em sua adesão ao positivismo e às suas funções governamentais, independentemente da "gritaria" daqueles que se pretendem os únicos depositários do verdadeiro pensamento de Auguste Comte[95]. Fiel, então, aos seus princípios, anuncia o envio para a França de professores da Escola Militar, tendo em vista a reforma de seu plano de ensino, solicitando a Laffitte que os oriente e prepare para o melhor preenchimento de sua missão. Entenda-se, no caso, o aprendizado da filosofia positiva.

A resposta de Laffitte começa com a manifestação de "grande satisfação" com a Proclamação da República no Brasil, realçando o papel de Constant, na *Revista Ocidental*, enquanto membro positivista do novo governo, o que é, sem dúvida, uma expressão do avanço da doutrina na elite político-militar do Novo Mundo. Assinala, outrossim, que um grande número de jornais franceses noticiou a influência positivista no movimento republicano. Não há aqui nenhum ranço que se poderia considerar como dogmático, obedecendo esta correspondência a questões doutrinárias e, sobretudo, de momento histórico. Já antes, em uma carta, de 8 de

---

[94] Ibid., p. 794.
[95] Ibid., p. 794.

junho de 1883, de aberta divergência com Miguel Lemos, Laffitte já tinha assinalado que esse seguia uma via perigosa a propósito de sua ortodoxia no que dizia respeito à participação dos positivistas no Poder político.

Com efeito, nesta carta, ele sustenta abertamente seu direito à interpretação dos textos comtianos. Propõe a distinção entre, de um lado, a doutrina positivista e suas regras de moral, e, de outro, os conselhos dados pelo próprio Comte conforme as oportunidades e as exigências de tempo e lugar. Tais preceitos não teriam, portanto, um estatuto dogmático e não poderiam ser aceitos enquanto tais. Torna-se necessário fazer a distinção entre a teoria e a prática, sem o que o sacerdócio estaria destinado ao fracasso, não angariando o apoio da opinião pública nem a adesão de simpatizantes. Deve-se convencer e não impor. Nesse sentido, a regra de não participação nos assuntos políticos valeria para os que se destinam ao sacerdócio e não para os que se dedicam aos assuntos práticos e públicos da vida[96]. Aqui deveriam ser seguidas as regras práticas de prudência e não os princípios dogmáticos.

A mesma regra de prudência na aplicação dos princípios é aplicada a assuntos dos mais controversos da filosofia política positivista, a saber, o da ditadura republicana e o do governo representativo. Preliminarmente, considera que o sentido comtiano de "ditadura republicana" não pode, sob nenhuma hipótese, ser identificado à supressão das liberdades, visto que os positivistas defendiam a mais completa liberdade de discussão e exposição. A "ditadura republicana" pressuporia o pleno exercício das liberdades. Ademais, quanto ao poder atribuído à Assembleia, sendo basicamente financeiro, caber-lhe-ia fiscalizar e, inclusive, recusar o orçamento da República. O Poder Executivo não teria em suas mãos o arbítrio de dispor aleatoriamente dos recursos públicos. Ora, é bem

---

[96] Ibid., p. 792.

conhecida a defesa de Comte da ditadura republicana e sua crítica mordaz do governo representativo, retomada, aliás, como uma questão de princípio por Jorge Lagarrigue, apóstolo chileno, muito recepcionado na França e no Brasil. Para eles, não se trata de uma questão de prudência ou de adaptação ao meio, mas de princípios. Ora, tal questão é abordada por Laffitte de uma forma amplamente interpretativa, devendo ser levado em conta o problema da história e das tradições de cada Estado. A solução encontrada pelo líder positivista é ardilosa.

Ao retomar a questão da ditadura republicana enquanto interpretativa, sugere uma regra de prudência na sua aplicação segundo as circunstâncias históricas. O erro comum de positivistas que não pensam por si mesmos consistiria em não separar as "concepções fundamentais de Auguste Comte das aplicações mais ou menos precisas e passageiras que foram feitas no transcurso de eventos contemporâneos"[97]. Muitos positivistas – dentre os quais certamente Miguel Lemos e Teixeira Mendes – pecariam por uma repetição mecânica de fórmulas comtianas, sem fazer a necessária distinção entre questões teóricas e práticas. Por exemplo, conviria distinguir a acepção filosófica de ditadura e o seu sentido corrente. Comte teria, mesmo, estimulado os seus discípulos à "reflexão pessoal", não tendo escrito para "homens sem cérebro"[98].

Reconhece, no entanto, que Auguste Comte teria sido talvez impreciso em sua formulação do conceito de ditadura, o que teria tido como consequência o seu uso frequentemente ambíguo e, inclusive, distorcido. Com efeito, um regime ditatorial seria plenamente compatível com a plena liberdade de discussão e exposição, além de prever uma Assembleia en-

---

[97] Ibid., p. 796.
[98] Ibid., p. 797.

carregada de supervisão na aplicação do orçamento e em sua aprovação. Ademais, acrescenta, dever-se-ia levar em consideração a experiência histórica da França posterior a 1870, após, portanto, a morte do mestre, em 1857. O conhecimento baseado na experiência é um dos princípios da filosofia comtiana. Vale, então, para as questões sociais e políticas.

Deve-se desvincular do conceito comtiano de ditadura o significado de um poder absoluto pessoal, pois ele o aplica a Luís XVIII, o melhor dos ditadores após Danton. A acepção a ser retida seria a de uma preponderância do "governo sobre as assembleias"[99], o que poderia ser traduzido, em termos hobbesianos, por uma questão de soberania, concernente a quem decide em última instância. Por mais livre e ampla que seja uma discussão pública, chega sempre o momento da decisão final e o Estado deve ter uma pessoa encarregada de fazer cessar a discussão, dando início a algo politicamente novo. Um Estado não pode conviver, nem sobreviver, se ficar refém de discussões intermináveis das quais não surge uma decisão definitiva. A liberdade política não pode ser identificada à ausência de decisão. Muito menos pode-se dizer que a quantidade de discussões se traduza necessariamente pela boa decisão. Pode mesmo ocorrer o contrário.

A hermenêutica política de Laffitte o conduz, inclusive, a reconhecer o governo representativo inglês enquanto forma de regime ditatorial. No caso em questão, Robert Walpole governou a Inglaterra durante 21 anos. Não muito diferente é o caso de William Pitt, que também presidiu os destinos do reino durante muitos anos. Ambos seriam exemplos, portanto, de "chefes únicos", que decidiam em nome de toda a coletividade, concentrando o Poder em suas mãos. Segundo Laffitte, deve-se evitar como um mal "confiar a direção dos negócios a uma assembleia sem responsabilidade, cuja inco-

---

[99] Ibid., p. 797.

erência não pode cessar senão pela subordinação a um ministério firme e dirigido por um chefe"[100]. Seu alvo reside em assembleias irresponsáveis, que criam uma situação de instabilidade institucional, impedindo, de fato, qualquer decisão, isto é, decidindo não decidir, contribuindo para o enfraquecimento senão o desmoronamento do Estado.

A questão de Laffitte, portanto, é a de que quem governa deve necessariamente decidir, tendo os poderes correspondentes para tal. Deve haver uma pessoa que centralize, ao longo do processo, a decisão. Em linguagem hobbesiana, poder-se-ia dizer que ao soberano cabe decidir, sendo natural que toda decisão, por mais elaborada que seja, comporte sempre um grau determinado de arbítrio. O arbítrio não pode ser subtraído da decisão política. Por último, observe-se que Laffitte utilizou estes exemplos do parlamentarismo inglês no interior, aliás, de um Estado constituído que se conservava e progredia. Poderia ter seguido uma outra via "ditatorial" conforme a própria história inglesa, a de Cromwell. Concentrou esse o Poder, submetendo pelas armas os seus oponentes e afirmando-se como o novo soberano. Foi um "ditador não parlamentar ou não republicano", enquanto os exemplos de Laffitte são os de "ditadores parlamentares ou republicanos". Para ele, o ditador republicano é aquele que exerce seu poder no interior de instituições representativas.

Laffitte chega ao ponto de elogiar Constant e seus colegas por estarem realizando no país um governo "ditatorial" no sentido filosófico – e inglês – do termo, agindo de acordo com os princípios do positivismo. Foram "sábios e razoáveis" em sua conduta, adotando uma máxima de prudência política. Elogia a tolerância usada no tratamento dos monarquistas, não sem antes observar que os mesmos não teriam tido em

---

[100] Ibid., p. 417; 797.

relação a eles o mesmo comportamento. Elogia igualmente a iniciativa do governo republicano de convocar uma Assembleia Constituinte no prazo superior a um ano, considerando a extensão do país e suas dificuldades de locomoção e comunicação. Uma nova Constituição seria absolutamente necessária segundo ele e, no caso, terminou culminando no governo representativo. Ou seja, o caminho do governo provisório a uma Assembleia Constituinte seria um percurso, na acepção de Laffitte, "ditatorial". Outra seria, porém, a via seguida pelos positivistas gaúchos, que vieram a adotar o modelo da ditadura republicana em outra acepção, elaborando, para este fim, uma Constituição própria, de lavra do depois presidente estadual Júlio de Castilhos. Ambos, aliás, não seguiram os preceitos do Apostolado.

Termina Laffitte sua carta a Constant elogiando-o por ter, com seus colegas, assumido a responsabilidade governamental, sem, no entanto, como poderia ocorrer em um momento revolucionário, com atos de força, impedir o debate de ideias, "deixando a imprensa convenientemente livre"[101]. Os revolucionários teriam sabido "aplicar esta maneira sábia e razoável de conceber a ditadura e permiti-me apresentar-vos por este motivo todos os meus cumprimentos"[102]. Segue, ainda, o seu apoio à convocação de uma "Assembleia Constituinte" e à "preponderância do poder civil". A doutrina política positivista estaria sendo, portanto, implementada no Brasil no seu sentido mais nobre, através, ressalte-se, de uma interlocução via correspondência de um grande líder positivista francês com o próprio Patrono da República, líder revolucionário por excelência. Algo muito distinto, conceitualmente, de uma interlocução de tipo religioso, como aparece, muitas vezes, em formulações que procuram reduzir o positivismo à

---

[101] Ibid., p. 418; 798.
[102] Ibid., p. 417; 798.

sua prática religiosa através do Apostolado. Laffitte e Constant dialogam enquanto homens públicos, que têm como alvo o esclarecimento, atividade racional e não dogmática.

A ORTODOXIA POLÍTICA

Lagarrigue, representante ele também da ortodoxia comtiana, tendo sido publicado no Brasil pelo Apostolado, com prefácio de Miguel Lemos, caracteriza a República ditatorial como um governo forte e estável, capaz de "conciliar as necessidades da paz social com as da liberdade, a ordem com o progresso"[103]. Ou seja, haveria uma simetria entre o conceito hobbesiano de paz social com o de ordem e o de liberdade com o de progresso, entendendo, segundo o filósofo inglês, a liberdade como o movimento natural dos corpos na realização de seus desejos e pulsões, evitando uma violência que possa inviabilizá-los. Não haveria liberdade sem Estado forte, capaz de garantir as leis e instituições, imune às querelas religiosas e parlamentares, pelo menos como ocorriam no Brasil e na França, sendo a Inglaterra um caso à parte por possuir um Estado bem estruturado historicamente.

Neste sentido, o apóstolo chileno ressalta que o pedestal do estadista republicano consiste na opinião pública, que deveria ser esclarecida segundo os princípios da doutrina positivista. Não se pode identificar a ditadura republicana a uma tirania que se imporia pela força, uma vez que o seu esteio consiste na adesão dos cidadãos via uma opinião pública esclarecida. Isto faz com que a doutrina positivista não acate soluções revolucionárias impostas de cima, pela violência, por estas desconsiderarem, precisamente, a necessidade de uma reorganização espiritual que preceda a toda reconstrução temporal. O risco

---

[103] Lagarrigue, Jorge. *A ditadura republicana*. Porto Alegre, Apostolado Positivista do Brasil, 1957, p. 13-4.

consiste no que ele denomina de uma metafísica revolucionária que orientou a Revolução Francesa, tendo essa permanecido em uma negatividade abstrata, impedindo toda reconstrução verdadeira. A violência revolucionária é o oposto de uma ordem que sirva de sustentação ao progresso[104].

Para que a ordem impere torna-se necessário que ela se fundamente em uma doutrina que confira coesão à sociedade, que lhe forneça um elo espiritual por todos compartilhado, afirmando-se na opinião pública. Eis por que é imprescindível uma fé que faça com que a opinião pública possa aderir a valores comuns. Uma sociedade une-se quando compartilha dos mesmos valores. Se não o fizer, tende à desagregação. Contudo, essa fé não pode ser uma crença dogmática que contrarie os princípios da ciência e do conhecimento, pois, neste caso, o progresso não seria possível. Impõe-se que ela seja diferente de todas as outras, uma "fé demonstrável"[105].

Convém assinalar que Lagarrigue considera o regime parlamentar da Inglaterra como uma espécie de ditadura aristocrática, associada que está às comunas, o que atenuaria o caráter desagregador de um regime parlamentarista, embora mantenha a ideia de que, mesmo neste país, o seu "único clarão republicano" tenha consistido na "admirável ditadura do grande Cromwell"[106]. Note-se que, enquanto Laffitte considera como "ditadores republicanos" Robert Walpole e William Pitt, que foram governantes de um sistema representativo, no interior de uma monarquia constitucional, Lagarrigue considera como exemplo de "ditador republicano" Cromwell, que saiu vitorioso de uma guerra civil, momento de refundação do Estado. Em linguagem hobbesiana, ele tinha se tornado o verdadeiro soberano, exigindo, sob novas circunstâncias,

---

[104] Ibid., p. 18-9.
[105] Ibid., p. 19.
[106] Ibid., p. 33.

a obediência de todos os cidadãos. Hobbes, em particular, decide prestar obediência ao novo soberano ao voltar de seu longo exílio francês, tendo sido, até então, partidário do monarca derrotado.

Observe-se que, na doutrina positivista, a ditadura republicana é vista desde uma perspectiva temporal, não lhe cabendo exercer nenhuma atividade espiritual. Isto faz, inclusive, com que não preveja nenhum orçamento para as atividades eclesiásticas, universitárias e acadêmicas, pois não seria função do Estado imiscuir-se nestas áreas. Isto asseguraria, segundo ela, uma plena liberdade de expressão e de discussão. A única exceção consistiria na repressão de doutrinas que visem, precisamente, a perturbar a ordem pública[107].

Assim, na esfera religiosa, o Estado deixa aos crentes a liberdade de seus distintos cultos em locais e templos por eles escolhidos, sempre e quando essas doutrinas não se disputem publicamente, com o objetivo de conquistar a mente de outros crentes ou de assenhorar-se do Estado. No dizer de Lagarrigue, "o poder temporal só deve imperar sobre atos. As doutrinas, as opiniões, a fé, são do domínio da consciência e devem ser deixadas à livre aceitação de cada um"[108]. Contudo, Comte, conforme veremos mais adiante, ao contrário de Hobbes, termina também por construir uma Igreja, tendo como função, precisamente, elevar esta religião/doutrina ao patamar de doutrina oficial por ser científica, baseada na "fé demonstrável". Reconheça-se, porém, que na primeira fase desta transição não poderiam os membros do Apostolado ocupar nenhum cargo público, embora o admitam para uma fase posterior quando a "sociocracia" tiver se instalado no nível do Estado, confundindo, novamente, o poder temporal com o espiritual. Ou ainda, quando a "fé demonstrável" já

---
[107] Ibid., p. 51.
[108] Ibid., p. 56.

estiver suficientemente demonstrada, aparecerá a "superioridade moral e mental da religião positiva", sendo-lhe, então, "confiado regular a educação universal", com a ressalva de que este monopólio não poderá ser "opressivo"[109].

Em outro opúsculo, publicado em 1896, Lagarrigue[110] adota um tom nitidamente religioso, embasado em livros de convencimento e conversão, muito utilizados na tradição católica. De ciência, muito pouco trata, salvo em suas afirmações reiteradas concernentes à unidade da obra comtiana. Segundo ele, a "ciência, com o conhecimento exato da realidade, lança as bases das regras que a religião prescreve"[111]. Ou seja, ele considera como legítima e, mesmo, científica, a passagem do conhecimento da realidade tal como ela é para postulações relativas a como ela deveria ser. É como se houvesse uma prescrição normativa de regras cientificamente fundadas.

Para os positivistas, o avanço das condições de bem-estar, para ser ele duradouro, dependeria da mudança de mentalidades, isto é, dos costumes, opiniões, ideias e valores. Qualquer ruptura operada no plano eminentemente socioeconômico, que não seja acompanhada de mudanças nas formas de sentir, pensar e agir, termina sendo de curta duração, produzindo a anarquia em seus mais diferentes níveis, tal como aconteceu com a Revolução Francesa. Eis por que o trabalho de transformação social deve estar baseado na persuasão e não na violência, produtora apenas de outras formas de desordem[112]. Os cidadãos e os excluídos, como os proletários, devem ser incorporados plenamente à sociedade através de

---

[109] Ibid., p. 57.
[110] Lagarrigue, Jorge. *A religião da humanidade*. Rio de Janeiro, Livraria São José, 1954.
[111] Ibid., p. 16.
[112] Ibid., p. 18.

um esforço político fundado na educação e nos valores morais. O convencimento, neste sentido, deveria alcançar todas as classes sociais, doravante voltadas para a solidariedade comunitária.

A ideia social positivista reside na "incorporação" dos excluídos, na formação de novas formas de coesão social, na unidade de princípios e crenças. Nesta perspectiva, o pensamento comtiano coloca-se em posição oposta ao marxista, fundado, por sua vez, na "luta de classes". Através dela, criar-se-iam as condições de uma conquista violenta do Poder, tornado instrumento de eliminação da classe dominante, considerada inútil. Sua expressão política seria a "ditadura do proletariado". Tal tipo de Poder político caracterizar-se-ia pelo recurso à violência, não necessitando da persuasão, pois seu objetivo consistiria na supressão do seu outro. Para Lagarrigue, o governo mais adequado, cientificamente justificado segundo ele, seria o da "ditadura republicana", capaz de compatibilizar o exercício do Poder com o da liberdade, estando efetivamente voltado para o "bem popular"[113].

"O poder temporal administra a riqueza material nas quatro seções que constituem a indústria humana: a agricultura, a manufatura, o comércio e o banco"[114]. Note-se que o Estado tem a função de administrar os recursos privados tanto no que diz respeito à alocação de recursos quanto à distribuição social, de renda para os mais desfavorecidos. Isto significa que um Estado, com tal função, agiria segundo sua vontade e consciência, como se pudesse intervir em uma economia de mercado a seu bel-prazer, sem se preocupar com a produção de riqueza que se faria à sua revelia. Ou seja, é como se o "poder temporal", instituído pelo sacerdócio em sua função de realização espiritual, fosse dotado de uma forma de onipo-

---

[113] Ibid., p. 136.
[114] Ibid., p. 103.

tência que o habilitaria a manipular arbitrariamente as relações socioeconômicas, intervindo diretamente na produção de riquezas. Os positivistas, por não terem conhecimento de uma economia de mercado, ao não reconhecerem o estudo científico da economia, terminaram fazendo propostas utópicas de regeneração social e da humanidade enquanto tais.

As divergências entre os comtianos tornar-se-ão mais clivadas ainda quando alguns discípulos, como Emile Littré e John Stuart Mill, optarem por recusar totalmente a religião universal proposta por Comte, atendo-se ao lado científico de sua obra. Tal clivagem tornar-se-á mais nítida quando transplantada ao Brasil nas figuras apostólicas de Miguel Lemos e Teixeira Mendes. A correspondência de Miguel Lemos com Pierre Laffitte é particularmente ilustrativa no que diz respeito ao caráter propriamente dogmático desta corrente do positivismo. Essa segue uma espécie de obediência à letra mesma de Comte, sem nenhuma nuance no que diz respeito a interpretações ou a afirmações do filósofo francês que poderiam ser estritamente circunstanciais, segundo contextos históricos específicos. É como se a palavra do mestre fosse uma palavra revelada que deveria ser seguida literalmente.

E isto que Miguel Lemos seguia inicialmente a corrente positivista de Laffitte, que chegou a ser considerado, inclusive por ele mesmo, "Segundo Grande Padre da Humanidade, sucessor de Auguste Comte", e não a de Littré, precisamente por esse ter abandonado a ideia positivista de uma religião científica. O Apostolado Positivista do Brasil segue a linha religiosa do positivismo e não a linha filosófico-científica. Ele recusa, inclusive, o lado esclarecido do positivismo, considerado pejorativamente como littreismo[115], uma espécie de heresia. Mais especificamente, chega a separar-se, posteriormente, de Laffitte por não o considerar suficientemente ortodoxo!

---

[115] Lins, op. cit., carta de 22 de agosto de 1881, p. 740.

Quanto a Littré, em uma longa carta de 5 de novembro de 1880[116], dirigida a Laffitte, em que expõe sua trajetória pessoal, Miguel Lemos considera que, infelizmente, seu percurso encontrou obstáculos iniciais por ter-se deparado com a obra deste outro discípulo de Comte. Não hesita em considerá-lo como "mau discípulo", de cujos livros emanam sofismas sem nenhum valor. E isto porque Littré o teria afastado da "leitura das últimas obras de Auguste Comte", precisamente as dedicadas à religião positivista. Ou seja, as posições filosófico-científicas do herético teriam sido obstáculos à verdadeira adesão ao positivismo, que deveria ser, em sua perspectiva, religiosa.

Escreve ter encontrado em Auguste Comte, "'esse Deus desconhecido' do qual falava São Paulo"[117]: o Deus *absconditus*, que terá tanta importância na teologia católica francesa do século XVII, segundo a doutrina dos jansenistas. Acrescenta ele, em carta de 22 de agosto de 1881, que as obras de Comte deveriam ser tomadas em sua totalidade, não admitindo nenhuma separação entre o seu lado científico-filosófico e o religioso, o que equivaleria a dizer que a religião positivista seria igualmente científica, aí compreendendo a organização religiosa com todos os seus credos, rituais, deveres e liturgia, inclusive o regramento familiar. O quarto tomo da *Política positiva* seria o seu *Levítico*[118].

As cartas mostram uma forma de tratamento de Pierre Laffitte, por Miguel Lemos, que é suficientemente eloquente do seu alto grau de religiosidade. Há uma evolução, por assim dizer, neste processo. Começam por "Cher et honoré Maître" (Querido e honrado senhor/professor), continuam por "Cher et vénéré Maître" (Querido e venerado senhor/pro-

---

[116] Ibid., p. 722.
[117] Ibid., p. 723.
[118] Ibid., p. 741.

fessor), culminando no reconhecimento de Pierre Laffitte "Segundo Grande Padre da Humanidade". Esse, por sua vez, o considera como "Mon cher disciple" (Meu querido discípulo), "aspirante ao sacerdócio da humanidade", estando, no estágio presente, na posição de "noviciado".

Observe-se: 1) a palavra "*Maître*" em francês possui tanto a acepção de "senhor" quanto a de "professor". Significa, portanto, alguém a quem se deve respeito por ocupar em uma cadeia hierárquica uma posição superior, alguém dotado de um conhecimento que o distingue como de uma elevação maior; 2) adjetivos como "honrado" e "venerado" caracterizam uma pessoa, objeto não apenas de reconhecimento como também de uma espécie de adoração religiosa, cuja palavra seria dirimente para qualquer questão apresentada, mormente, no caso, questões atinentes ao novo culto que então se propunha criar; 3) Miguel Lemos, por sua vez, está na posição do noviço, do discípulo, que tem muito a aprender, tendo um longo caminho pela frente. Não se trata, porém, de um discípulo na acepção restrita do conhecimento, mas de um noviço que veio a fazer parte de uma cadeia hierárquica de tipo religioso, aspirando ao sacerdócio, obediente a dogmas que são meramente impostos. Em uma carta de 5 de novembro de 1880[119], endereçada a Laffitte, declara aceitar "o sacramento da destinação sacerdotal", enquanto "aspirante ao sacerdócio da humanidade". Fala, inclusive, de sua "conversão" e não de um convencimento propriamente filosófico.

Predominam, na correspondência entre Miguel Lemos e Pierre Laffitte, questões de tipo religioso e, algumas, de cunho político, porém sempre atreladas ao que se pode considerar como os dogmas de Comte e suas eventuais lacunas de cultos e ritos, que deveriam ser preenchidas por seu sucessor, exercendo esse a última palavra. Boa parte dessas re-

---

[119] Ibid., p. 714-5.

fere-se aos modos de celebração de casamentos, de registro de nascimentos e de laicização dos cemitérios. Note-se que não são questões de cunho científico-filosófico, aliás raramente presentes, e quando essas comparecem são apresentadas subsidiariamente como demandas de terceiros. Assim, tornam-se "problemas" os ritos do casamento, a questão de quem pode celebrá-los, a consanguinidade próxima ou afastada dos cônjuges, o casamento de pessoas de religiões diferentes, a conversão e assim por diante.

Aliás, é particularmente interessante ressaltar que as demandas do Apostolado na Constituição Republicana de 1891 dizem respeito a questões pontuais como o casamento civil e o registro também civil dos nascimentos. Na época, o que consideramos hoje como registro civil era feito pelas Igrejas, mormente a Católica, sendo também reconhecidas a Protestante em suas diferentes vertentes e a Judaica. O Estado não exercia aqui nenhuma função. Poder-se-ia dizer, em uma perspectiva, que o Apostolado seria um defensor do Estado laico, apregoando uma separação entre os Poderes temporal e espiritual. Há verdade nesta formulação. Por outro lado, porém, tratava-se de uma demanda estritamente particular, voltada para resolver o problema específico da religião positivista no Brasil.

Na França, os registros de casamento e nascimento eram feitos civilmente, podendo, depois, as pessoas envolvidas dirigirem-se a celebrações religiosas específicas. Valiam, portanto, os casamentos e nascimentos civis. As celebrações positivistas eram, então, posteriores, reconhecendo o ato estatal que as antecedia. Logo, qual era o problema dos positivistas ortodoxos no Brasil? Na medida em que o casamento católico, por exemplo, tinha valor de união civil, os positivistas ortodoxos deveriam ou não se casar primeiro em uma das religiões existentes e, depois, na religião positivista? Não haveria um conflito de religiosidade? Como deveriam proceder? Ou ainda, deveriam pais positivistas, antes de conferirem o sacramento da apresentação a uma criança, submetê-la ao batismo católico?[120]. Eis exemplos das questões colocadas por Miguel Lemos a Pierre Laffitte!

Uma das mais importantes questões políticas colocadas diz respeito a se os positivistas deveriam ou não participar de atividades políticas e públicas, devendo restringir-se ao papel de conselheiros e, na verdade, de sábios. O problema colocou-se a propósito de um problema de cunho dogmático, pois Comte asseverou que os positivistas deveriam dedicar-se ao culto e às suas formas de religiosidade, devendo abster-se de qualquer atividade política e, mesmo, pública, como a do jornalismo. Pelo menos até o advento da "sociocracia". Miguel Lemos era partidário de uma aplicação estrita desta regra por ter sido proferida pelo mestre. E tinha a intenção de aplicá-la a seus membros, que deveriam lhe prestar obediência. Quem não seguisse a regra seria objeto de exclusão da Igreja.

Laffitte, por sua vez, tinha uma concepção mais nuançada, colocando esta questão como não propriamente dogmática, podendo ser objeto de interpretação. Seria uma afirmação de Comte feita em um contexto político muito específico, não podendo ser elevada à posição de um princípio propriamente dito. Quando muito, poderia ser válida para o núcleo propriamente sacerdotal e não para os membros da Igreja em seu conjunto. Aduz, também, que eminentes positivistas franceses, como o dr. Robinet, em certas circunstâncias, exerceram cargos públicos, não tendo sido objetos de recriminações, continuando a ser positivistas reconhecidos. A rigor, se tivéssemos que seguir esta formulação de Miguel Lemos, Benjamin Constant e Júlio de Castilhos não poderiam ser, *stricto sensu*, considerados como positivistas.

---

[120] Ibid., p. 732-3.

Em uma carta de 28 de janeiro de 1882[121], Miguel Lemos reclama de – e por assim dizer exige a – Pierre Laffitte tomar uma posição relativa a uma desavença sua com um positivista, Álvaro de Oliveira, que ousou contestar a sua autoridade. Acontece que esse último era amigo íntimo de Benjamin Constant, que termina sendo, ele também, objeto de reproche por parte deste positivista ortodoxo, que se imbuía do sentimento próprio de diretor do positivismo do Brasil, ao qual todos deveriam prestar obediência. O seu autoritarismo religioso transparece claramente nesta missiva. No caso específico de Constant, elogia a "excelência de seu coração", não sem depois pontuar a sua "fraqueza de caráter". Seria, inclusive, um dissidente em matéria de política e educação. Ele teria ido mesmo, em sua visão, a aproximar-se do littreismo, uma vez que adotaria as posições filosófico-científicas de Comte, sem necessariamente compartilhar sua concepção religiosa. Espíritos científicos são condenáveis; religiosos, elogiáveis.

O rompimento de Miguel Lemos com Pierre Laffitte é consumado em uma carta de 15 de novembro de 1883[122], baseado, segundo ele, na "rigorosa fidelidade a Auguste Comte", chegando a dizer, em uma clara demonstração de não reconhecimento da autoridade do até então "Segundo Padre da Humanidade", que está à espera de um "verdadeiro sucessor", pois, ele, o atual, só teria produzido uma "unidade nominal e fática". Note-se que um dos motivos da ruptura residiu na questão Álvaro Mendonça/Benjamin Constant, girando em torno de problemas pecuniários, como o da contribuição/subsídio que ambos desistiram de verter em proveito do próprio Miguel Lemos.

---

[121] Ibid., p. 751.
[122] Ibid., p. 782-3.

## A BIOGRAFIA CRÍTICO-RELIGIOSA DO BIOGRAFADO

Teixeira Mendes, por sua vez, não escreve apenas uma biografia de Benjamin Constant[123], mas aproveita a ocasião para marcar a sua distância em relação a ele, ressaltando, principalmente, o seu distanciamento ao que Comte ele mesmo considerava como um "positivista completo", aquele que unia ciência, filosofia, sociologia e religião. Ou seja, o apóstolo não cessa de recriminar o biografado por sua falta de religiosidade positivista, tendo permanecido adepto das primeiras obras do filósofo francês. A sua biografia é um retrato crítico-religioso do biografado. De fato, digno de nota é o fato de o autor fazer tantos reparos ao positivismo de Benjamin Constant, considerando-o como uma pessoa cujo percurso doutrinário seria inconcluso.

Mais especificamente, considera, repetidas vezes, que o Patrono da República não teria completado a sua "conversão", na medida em que não teria efetivamente aderido à religião positiva. Na verdade, seu espírito, mais científico, mais voltado para a matemática, encontrou na filosofia de Comte uma inspiração filosófica baseada, no seu entender, em verdadeiros princípios, a partir dos quais poderia empreender a sua atividade docente e orientar a sua visão de mundo. Não há, por assim dizer, nenhum ranço dogmático em sua posição, algo que contrariava profundamente Miguel Lemos e Teixeira Mendes. Esses eram avessos a qualquer aplicação doutrinária que implicasse, o mínimo que fosse, um grau qualquer de interpretação, algo que não correspondia, precisamente, ao espírito de Constant.

Note-se, aliás, que se trata da primeira e única biografia do Patrono da República, nenhuma outra tendo-lhe sido dedi-

---

[123] Mendes, Teixeira R. *Esboço biográfico de Benjamin Constant*. Rio de Janeiro, Igreja Pozitivista do Brasil, 1913.

cada depois. E de uma biografia feita para ser utilizada em seu enterro, em 1891 (e publicada em 1892), seguindo um espírito de discordância com o líder republicano. Suas considerações biográficas utilizam sempre o artifício de comparar uma determinada posição de Constant tomando como parâmetro uma formulação de Comte, visando a mostrar a sua inadequação. Tal procedimento dá, inclusive, lugar a afirmações segundo as quais se Constant tivesse naquele ocasião bem conhecido a doutrina de Comte, não teria tomado as decisões que tomou. Há uma espécie de metro sagrado a partir do qual as falhas e imperfeições são expostas. Esse metro Teixeira Mendes o considera o "critério decisivo" para julgar os seus atos[124]. Disto se trata precisamente: de um juízo feito por juízes apostólicos. Louve-se, entretanto, a honestidade de Teixeira Mendes em adotar claramente esta postura, em muito ajudando, embora indiretamente, a melhor compreender a concepção de Benjamin Constant. Postura tampouco oculta que, desde que romperam totalmente, jamais restabeleceram convenientemente as suas relações, que não eram, aliás, próximas[125].

Com 21 anos, em 1857, Constant leu o primeiro tomo do *Sistema de Filosofia Positiva* de Comte e mandou buscar suas outras obras. Observe-se que sua formação positivista fez-se por intermédio das obras filosófico-científicas e não religiosas, algo que lhe será constantemente recriminado pelos positivistas ortodoxos brasileiros. Teixeira Mendes chega a escrever que, por esta época, Constant encontrava-se, em assuntos de religião, em um estado de "vago deísmo das classes letradas, que entre nós tão comumente se decora com o nome de catolicismo[126]. Isto o leva a considerar, ainda anos depois, que Constant tinha um "imperfeito conhecimento"

---

[124] Ibid., p. XII.
[125] Ibid., p. IX e X.
[126] Ibid., p. 55.

do positivismo e que não tinha "assimilado as lições do Fundador da Religião da Humanidade"[127].

Note-se a ênfase posta na "Religião da Humanidade" e não nos escritos filosófico-científicos, como se esses fossem apenas etapas conduzindo a uma culminação religiosa. Conhecimento imperfeito seria o filosófico-científico, perfeito o religioso. Teria, portanto, Constant ficado limitado "às primeiras concepções de nosso mestre"[128], escreve Teixeira Mendes. Ou ainda, ele teria chegado apenas a uma "imperfeita assimilação teórica" do positivismo, pois não teria galgado à compreensão da "Religião da Humanidade"[129]. Se tivesse chegado a essa compreensão não teria apresentado desvios de conduta recorrentes. Desvios não existentes em sua conduta moral propriamente dita, por ser um homem probo, dedicado à família, generoso e altruísta, mas por não seguir os preceitos religiosos do comtismo e do Apostolado positivista.

Seriam desvios em relação a códigos religiosos positivistas, sem nenhum reparo à sua conduta moral propriamente dita. Mesmo suas vagas menções elogiosas à religião positiva, em uma carta íntima à sua mulher, em 5 de junho de 1867[130], estando, nesta ocasião, na Guerra do Paraguai, são fundamentalmente científicas, pois moldadas pelo conhecimento das leis da natureza, e subordinadas ao amor da família, que é o primeiro e mais forte dos amores, ficando o amor à humanidade em segundo plano. Algo, sublinhe-se, que não é tolerado por Teixeira Mendes, que aproveita a oportunidade para reafirmar que sua suposta "filiação" à religião positiva seria bem incompleta[131].

---

[127] Ibid., p. 176-7.
[128] Ibid., p. 194.
[129] Ibid., p. 202.
[130] Ibid., p. 206.
[131] Ibid., p. 209.

Em seu afã religioso, critica Laffitte por ser um sofista, indigno sucessor de Comte, sem deixar de expressar todos os seus reproches a Littré e a Stuart Mill, também tidos por indignos em relação ao mestre. É como se todos eles, inclusive Benjamin Constant, tivessem caído na "mistificação littteista"[132], o que significa dizer que apenas os apóstolos brasileiros seriam os verdadeiros herdeiros de Comte. Seriam eles os defensores da palavra sagrada, os demais sendo heréticos, sofistas e mistificadores. Note-se que são estes homens que se colocam na posição de juízes de Constant, como se fossem detentores, praticamente únicos no planeta, dos "critérios objetivos" e intocáveis da doutrina comtiana. Seriam os guardiões do dogma em sua própria letra, não dando margem a nenhuma hermenêutica.

Um testemunho de época é aqui importante. Ximeno de Villeroy[133], quando da Proclamação da República, era tenente do Exército e próximo colaborador de Benjamin Constant, a quem devotava a máxima admiração e obediência. Tinha uma posição bastante crítica em relação à religião positivista, não hesitando em expor o ridículo do culto a Clotilde de Vaux, dentre outras bizarrices de Comte na segunda fase de sua vida. Para ele, a revelação que teria alcançado o filósofo francês seria nada mais do que uma expressão do que Stuart Mill veio também considerar a sua decadência intelectual. Sai, neste sentido, em defesa de Benjamin Constant contra as alegações de Teixeira Mendes, sustentando que ele sim conhecia muito bem toda a obra de Comte, inclusive a parte da *Política positiva* e o seu desdobramento religioso. Ocorre, porém, que não a seguia como um "fanático", que se imobilizaria diante do fundador do positivismo. Era uma pessoa dotada de es-

---

[132] Ibid., p. 238.
[133] Ximeno de Villeroy, A. *Benjamin Constant e a política republicana*. Rio de Janeiro, 1928.

pírito científico que tudo questionava e avaliava. Não era um seguidor religioso, distanciando-se, neste aspecto, da filosofia comtiana. O autor chega a escrever que, no seu entender, Constant "era completamente emancipado fazendo grandes restrições mentais no tocante à religião da humanidade"[134].

Este próximo colaborador de Constant posiciona-se, claramente, a respeito das relações entre a filosofia comtiana e a sua religião, optando pela primeira em detrimento da segunda. Ressalta, ainda, o caráter intolerante dos apóstolos positivistas, vindo mesmo a destratar Pierre Laffitte como "cínico". No mesmo diapasão considera que o prestígio que o Apostolado chegou a gozar deveu-se, sobretudo, à figura pública de Constant por ter esse provocado, por sua filiação positivista, uma adesão de inúmeros republicanos ao positivismo. Isto é, foi a relação estabelecida entre Constant, a República e o positivismo que fez com que muitos se interessassem pela nova doutrina. Não foi o trabalho do Apostolado, caracterizado por ser uma organização que não enfrentava questões sociais e políticas, mais preocupados em "organizar o culto que pronto degenerou em verdadeiras pantominas". Terminou por criar um "estranho bigotismo", responsável por sua rápida decadência"[135].

No viés político, Ximeno de Villeroy ressalta que o parlamentarismo brasileiro era amplamente criticado e, mesmo, desconsiderado por políticos brasileiros das mais diversas orientações, como Ruy Barbosa, Ferreira Viana e Silveira Martins, não sendo um privilégio dos positivistas. Inclusive os defensores do modelo inglês avaliavam que esse, uma vez transplantado para o país, teria sofrido deformações importantes. Haveria um descrédito local do sistema parlamentar, o que teria propiciado um terreno fértil ao acolhimento da

---

[134] Ibid., p. 29.
[135] Ibid., p. 187-8.

doutrina positivista de crítica ao governo representativo. Comte, neste sentido, teria vingado no país por, neste momento, ter encontrado condições adequadas para o exercício político de sua influência. Ressalte-se, ainda, que o autor cita abundantemente o livro de Oliveira Vianna, *O ocaso do Império*, que retoma, precisamente, essa perspectiva crítica.

As contendas filosóficas dos discípulos franceses tiveram forte repercussão entre nós. Até neste ponto, operou-se uma "importação". Caberia, aqui, desde uma perspectiva filosófica, esclarecer sob quais condições pode-se falar propriamente de "importação". Cruz Costa, em seu livro, *O positivismo na República*[136], assinala que o positivismo em sua implantação no país não teria vingado, apesar de fazer a ressalva de que uma análise mais detida deveria ser feita. Tal afirmação, na verdade, está ancorada na identificação por ele feita entre positivismo e apostolado, que ressalta apenas um aspecto do problema e certamente não o mais importante. Em todo caso, interessa-nos realçar a utilização deste conceito de importação, na medida em que, sob outra ótica, foi exaustivamente analisado por Oliveira Vianna. Ora, esse empregou um argumento análogo para desqualificar a importação das ideias liberais, a forma inglesa do governo representativo.

O mesmo argumento poderia ser utilizado para a importação do marxismo nos cursos de ciências sociais e filosofia no Brasil, em particular na USP, e depois em outras universidades, seguindo, aliás, o mesmo padrão francês. O padrão de importação do marxismo seguira o caminho da França e não o da Alemanha, quando mais não seja porque os marxistas, com poucas exceções, não manejavam este idioma. Ora, o contra-argumento seria o de que a importação do marxismo,

---

[136] Costa, Cruz. *O positivismo na República*. São Paulo, Companhia Editora Nacional, Brasiliana, 1956, p. 162-5. Consultar para outra abordagem Paim, Antonio. *História das ideias filosóficas no Brasil*. Editora Convívio, 1987.

ao contrário das outras, seria a de uma doutrina científica, o que é o mais capcioso dos argumentos, sendo a sua cientificidade altamente questionável, para não dizer inexistente. Ademais, a partir desta importação surgiu com força a sua proposta socialista, como se dela pudessem se depreender, "cientificamente", a reconstrução da sociedade e a regeneração da humanidade no comunismo, da mesma maneira que Comte falava de regeneração moral e de nova religião da humanidade. Acrescente-se, ainda, que os padrões de importação do marxismo e do positivismo são muito semelhantes: a) O país de origem é a França; b) Os dois apresentam-se enquanto científicos, desqualificando outras doutrinas; c) Ambos se dizem portadores de uma metodologia universalmente válida; d) De sua suposta cientificidade deduzir-se-ia uma proposta de refundação da sociedade e da humanidade; e) De um suposto conhecimento do ser seria deduzido um projeto de dever-ser da sociedade.

Aliás, para Oliveira Vianna, a questão consistia em ressaltar a necessidade nacional de um pensamento voltado para a própria realidade, que não seguisse marcos históricos de outros países, incapazes que são de apreensão de nossa particularidade. Não se trata de tomar como modelo métodos oriundos de realidades totalmente distintas, como os provenientes da Revolução Francesa, das agitações parlamentares inglesas e do espírito liberal das instituições da República americana. Uma coisa consiste em aprender com elas, outra muito distinta consiste simplesmente em imitá-las. Em termos atuais, ele apregoava um pensamento voltado para a realidade, para as suas peculiaridades, não repetindo, portanto, modelos de outros países, elaborados sob outras condições, não suscetíveis de dar conta das próprias condições nacionais.

O problema torna-se ainda mais grave pelo fato de tais teorias serem apropriadas por políticos, líderes de Estado, que passam, assim, a agir segundo critérios e fórmulas que não correspondem à nossa própria realidade. Assim fazendo, em vez de resolverem os problemas, criam-nos ainda maiores, produtos que são das distorções de sua própria base de pensamento. Não apenas não resolvem os problemas, como ainda os agravam. São muitas vezes ofuscados por uma realidade de tipo ficcional que só existe em suas mentes. Diríamos, mesmo, que, hoje, são tomados por fórmulas ideológicas que não guardam correspondência com o real, como se tudo pudesse ser resolvido por uma vontade política. "Como os fumadores de ópio, gozam a volúpia dos paraísos artificiais e encontram nessa ilusão procurada a sensação eufórica da força e do triunfo"[137].

---

[137] Vianna. *Populações meridionais do Brasil*, volume I, p. 21.

# III
# O POSITIVISMO E A POLÍTICA CIENTÍFICA

O fundamento da filosofia de Comte e, em particular, de sua filosofia política, reside em que "as ideias governam e subvertem o mundo, em outros termos, que todo o mecanismo social repousa finalmente sobre opiniões"[138]. Ideias são utilizadas tanto para governar positivamente o mundo, conferindo-lhe, mediante seu embasamento científico, uma reorganização da sociedade, quanto para subvertê-lo mediante uma crítica e uma negatividade sistemáticas, próprias do espírito metafísico. Entenda-se, na acepção comtiana, espírito metafísico como correspondendo a um estágio da humanidade cujo significado provém de ser abstrato, crítico e negativo, misturando a explicação teológica com uma compreensão racional dos fenômenos, que seriam não mais tributários de causas arbitrárias e sobrenaturais, mas de leis invariáveis. É definido como um estado de transição. Seria precedido de um estado teológico cuja acepção seria dada por um sistema de concepções relativo a um conjunto de fenômenos que se tornaria "explicável" pela vontade dos deuses. Os fenômenos seriam compreendidos por causas sobrenaturais e arbitrárias. Teológico significaria, portanto, fic-

---
[138] *Curso de Filosofia Positiva*. In: *Auguste Comte*. São Paulo, Abril, 1983, p. 17.

cional. Tal processo culminaria no estado religioso, que seria o definitivo da humanidade, fruto da fé demonstrável, resultante de uma unidade de crenças, metodologicamente fundada, do conhecimento humano. A religião, sob esta forma, passaria a regrar toda a atividade humana. A anarquia intelectual, essa "doença ocidental", estaria, então, definitivamente superada.

Torna-se, portanto, uma questão central a da disputa pelo controle de ideias, pela formação da opinião pública, pois é essa que, em última instância, decide os destinos de uma sociedade. Uma sociedade qualquer, por exemplo, rumando para o estado religioso poderia ter tanto uma recaída teológica quanto metafísica. Qualquer transformação ou conservação de uma sociedade passa necessariamente pela solidariedade ou não produzida por estas ideias, que tanto podem ser agentes de desagregação quanto de união de uma comunidade humana. Ideias podem unir ou desunir. Eis por que ideias científicas, no sentido comtiano, seriam de natureza a produzir uma comunhão espiritual e uma solidariedade social, sustentáculos mesmos de uma autoridade temporal estável.

Lévy-Bruhl ressalta que "as instituições, segundo Comte, dependem dos costumes e os costumes, por sua vez, dependem das crenças"[139]. São as ideias, sob a forma de adesão das pessoas às crenças, que dão consistência aos costumes que ancoram as instituições. Sem essa sua conexão com costumes e crenças, as ideias operariam no vazio. Não há sistema de leis, por sua vez, que perdure sem uma adesão a ele, embasada em valores e ideias. Eis por que Comte advoga por uma reformulação das ideias e opiniões, de todo um conjunto de crenças, que venha a fornecer bases sólidas para novas instituições. O seu empreendimento metodológico, visando a constituir um corpo doutrinário unificado, tem precisamente o objetivo de apresentar um

---

[139] Lévy-Bruhl, L. *La philosophie de Auguste Comte*. Paris, Félix Alcan, 1900, p. 5.

fundamento científico que possa suprir metodologicamente a anarquia intelectual vigente. Note-se que o seu empreendimento é, neste sentido, cartesiano, o de produzir um método que seja indubitável com o intuito de fornecer um caminho seguro para o conhecimento. Mais ousado ainda, Comte pretende estender esse método e o conhecimento por ele adquirido para a "física social", para a "sociologia", que, estabelecida sobre bases científicas, viria a servir de guia para a regeneração social e política da humanidade, dando lugar a uma nova forma de religião, a religião positiva.

As crises políticas e morais das sociedades proviriam de uma anarquia intelectual[140], que só poderia ser conjurada por uma filosofia científica capaz, por intermédio da observação e da descoberta das leis da sociedade, de produzir a ordem no conhecimento, traduzindo-se ela na ordem social e política. Toda ordem política alcançada por um mero ato de força seria, necessariamente, transitória, não podendo alicerçar-se em fundamentos sólidos. Eis por que a tarefa prioritária consistiria em trazer ordem e unidade ao conhecimento, porém não uma ordem absoluta, imposta de fora, mas uma ordem proveniente de uma filosofia positiva, cujo desfecho seria uma religiosidade positiva, tendo como fundamento uma "fé demonstrável". O elo primeiro entre os homens seria um elo espiritual, um elo de concepções e ideias. Deveria haver uma "comunhão de princípios" na qual se assentaria a ordem social. Os cidadãos deveriam, neste sentido, aderir a doutrinas e valores comuns, compartilhando, em suas vidas, destes princípios.

Para Comte[141], as dificuldades de um tempo de transição, de um tempo de convulsão social, são eminentemente morais, mais do que políticas, embora ambas dimensões encontrem-se

---

[140] Comte, op. cit., p. 17.
[141] *Discurso sobre o espírito positivo* (1844). In: *Auguste Comte*. São Paulo, Abril, 1983, p. 69.

igualmente presentes. De nada adianta uma revolução política, na medida em que essa muda somente as instituições sem ser o resultado, em um processo necessariamente preliminar, de mudança das ideias e opiniões, concretizando-se, então, nos costumes e nas ações humanas. Uma mera revolução política seria uma mera repetição sem efeitos no aperfeiçoamento da humanidade, pois a situação espiritual teria permanecido a mesma. Torna-se necessário um longo processo de transformação espiritual, das mentalidades, passando, politicamente e socialmente, pela educação e formação da opinião pública. Sem essas condições preliminares, todo trabalho de transformação política estaria fadado ao fracasso.

Nesta perspectiva, a sofística seria um estado de espírito próprio da anarquia intelectual, não reconhecendo nenhum princípio sólido, inquestionável, que deveria, no seu entender, provir do espírito positivo, científico. Em linguagem comtiana, a sofística seria própria da negatividade de um espírito metafísico, incapaz de analisar as leis que regem tanto os fenômenos astronômicos, físicos, químicos e biológicos quanto os sociais. A anarquia política seria a expressão de uma anarquia intelectual, ambas perdidas na ausência de um conhecimento positivo que, uma vez conquistado, poria termo a uma e à outra. Comte chega, inclusive, a falar da "anárquica influência exercida em nossos dias por sofistas e professores de retórica"[142].

Logo, a sofística e a retórica não seriam próprias à política, salvo em seu estágio metafísico, que seria ultrapassado por seu estágio positivo. Ou seja, a sofística e a retórica dariam lugar a uma política científica, que beberia nas fontes do positivismo. E esse deveria vir a exercer uma influência decisiva na educação, principalmente entre as classes populares, para que a transformação política seja gradual e precedida por uma transformação fundamental na educação, nos costumes e na opinião pública.

---

[142] Ibid., p. 87.

Não basta a conquista de direitos políticos se a mudança maior, a social, a dos costumes e a da educação, não for levada a bom termo em um espírito positivo e científico.

O público-alvo de sua política, voltada para a transformação social, consiste no proletariado e nas mulheres, aos quais dedica amplas digressões em suas diferentes obras. Em sua proposta de renovação, que deveria passar preliminarmente por uma reforma das mentalidades via uma nova educação universal, Comte enfatiza o fato de os proletários, junto com as mulheres, serem os mais dispostos a acolhê-la. Isto porque, tendo uma educação ineficiente, estariam mais dispostos, por assim dizer, a um uso sensato e natural da razão, o que ele denomina de uma "inclinação natural das inteligências populares para a sã filosofia"[143]. Ora, tal formulação é uma retomada de uma muito semelhante de Descartes, quando esse escrevia, em uma carta à princesa Elisabeth, que as mulheres teriam melhores condições de acolher a sua filosofia, por não estarem imersas nos erros e preconceitos da filosofia escolástica. Essas seriam dotadas naturalmente de uma sã razão, podendo melhor avaliar a verdade de sua concepção. Chega, mesmo, a escrever que o "ponto de vista feminino é o único a permitir à filosofia positiva abranger o autêntico conjunto da existência humana, ao mesmo tempo individual e coletiva"[144]. Neste sentido, ele conservaria a posição cartesiana, ampliando-a aos proletários.

O destinatário da mensagem filosófica muda, porém a sua formulação permanece a mesma. Há, contudo, uma notável diferença. Enquanto Descartes considerava o espírito medieval em geral como veículo de falsidades e preconceitos, algo a ser descartado, Comte o considerava como uma concepção importante, na medida em que transmite uma visão unificadora

---

[143] *Discurso sobre o espírito positivo*, p. 87.
[144] *Discurso sobre o conjunto do positivismo*. In: *Auguste Comte*. São Paulo, Abril, 1983, p. 98.

do mundo e da sociedade, criando vínculos de união entre as pessoas, que se sentem compartilhando de uma mesma concepção e dos mesmos valores. O cristianismo seria um importante fator de coesão social e de solidariedade. Sua concepção não seria falsa, mas corresponderia, em sua verdade, a um estágio da humanidade, o teológico.

Considerando que os proletários não possuem instrução, eles foram muito impregnados pelo espírito teológico e não sofreram a sua contestação mediante a fragmentação dos saberes e o enfraquecimento da autoridade política. Esse espírito "não foi menos indispensável ao crescimento preliminar de nossa sociabilidade do que ao de nossa inteligência, seja para constituir primitivamente algumas doutrinas comuns, sem as quais o vínculo social não poderia adquirir nem extensão nem consistência, seja suscitando espontaneamente a única autoridade espiritual possível de surgir"[145]. Não viveram a dissolução da concepção religiosa em entidades genéricas como a natureza, em uma espécie de teologia diluída em entidades abstratas, incapazes de produzirem tanto um nexo espiritual quanto social. É o reino do argumentar e não o do observar, próprio do espírito positivo. Trata-se de um espírito crítico e dissolvente, não suscetível de "organizar algo que lhe seja próprio"[146]. Tal espírito sucumbe frequentemente à negatividade, inclusive em sua acepção política.

Considerando que os proletários não viveram tão fortemente esse espírito da negatividade, permanecendo ligados a suas crenças antigas, estariam mais propensos a receber o espírito unificador e de solidariedade social do espírito positivo. Seria uma espécie de passagem de uma concepção unificadora a outra, seria tentado a dizer de uma forma de religiosidade a outra, o que explicaria, neste sentido, o próprio desenvolvimento

---

[145] *Discurso sobre o espírito positivo*, p. 46.
[146] Ibid., p. 47.

de uma religião positivista visando à unificação dos espíritos, à solidariedade social e ao fortalecimento da autoridade. O cristianismo seria um preâmbulo necessário ao advento da religião positiva em uma mesma linha evolutiva. Ou ainda, "a filosofia positiva é a única capaz de realizar gradualmente esse nobre projeto de associação universal, que o catolicismo tinha na Idade Média, prematuramente esboçado..."[147].

Observe-se, também, o clima espiritual da época ao colocar o proletariado como receptor e agente desta nova transformação social, de cunho universal. Haveria uma sintonia entre a filosofia e a política, entre a teoria e a prática em moldes encontrados em outros filósofos da mesma época. Uma formulação semelhante encontra-se em Marx que, em sua juventude, por exemplo, procurava grupos proletários para estudarem a sua redenção teórica na *Essência do cristianismo* de Feuerbach. Depois, em suas *Teses sobre Feuerbach* retomará em linguagem própria uma filosofia que se faz prática de mundo, agente não apenas da mudança social mas também da revolução. Do ponto de vista histórico, Comte não sofreu influência de Marx, pois o seu escrito é de 1844, enquanto as *Teses sobre Feuerbach* são de 1845 e o *Manifesto comunista* de 1848.

No *Discurso sobre o conjunto do positivismo*, Comte chega mesmo a adotar uma posição de tipo profética, messiânica[148], ao caracterizar a sua doutrina como "regeneradora", voltada para uma transformação que abarcaria o conjunto da humanidade, passada doravante a ser escrita com letra maiúscula: "Humanidade". Mas por que "Humanidade"? Porque ela seria o término de um processo evolutivo desembocando em uma reforma das mentalidades, costumes e opiniões a partir de uma elevação moral e do conhecimento, que teriam como inspiradora e guia

---

[147] Ibid., p. 55.
[148] Talmon, J. L. *Political Messianism*. New York/Washington, Frederick Praeger, 1968.

a filosofia positivista. Ou seja, a regeneração da humanidade, rumo à Humanidade, seria empreendida por uma transformação radical do conhecimento, dotando os governantes de um instrumento científico, capaz de conduzí-los ao término deste processo. Eis por que os escritos de Comte desembocam em uma religião positiva, a da "fé demonstrável".

O título mesmo de sua obra *Catecismo positivista* já expõe seu significante religioso, visando a um resumo de seu pensamento voltado para fortalecer e popularizar o novo credo. Note-se, em particular, esta intenção de vulgarização, voltada para um grande público. O livro é feito sob a forma de um diálogo entre um sacerdote e uma mulher que vai se instruir sobre a nova doutrina, em uma interlocução voltada, retoricamente, para o convencimento. Não se trata, assinala ele, de uma demonstração científica, forma inapropriada para um catecismo, cujo objetivo reside na comunicação de verdades demonstradas alhures. O ponto consiste na comunicação de resultados, por isso apresenta-se sob a forma do diálogo e da conversação[149]. Apesar de suas críticas anteriores à sofística e à retórica, transparece seu objetivo claramente didático, tendo como foco a persuasão. O que distinguiria, segundo ele, a sua retórica das anteriores seria o seu aspecto científico, como se existisse algo do estilo de uma retórica positiva, cientificamente demonstrável, dotada de uma espécie de verdade absoluta, consubstanciada em uma religião, com catecismo, rituais e sacerdotes. Sacerdotes que deveriam "tomar dignamente a direção geral dos negócios terrestres"[150], também denominados de "padres da humanidade"[151].

O tempo histórico que conduz de Mazarin a Comte é, aqui, o de transformação de uma máxima de autoconhecimento fundada na simulação/dissimulação voltada ao engano do outro e à

---

[149] *Catecismo positivista*. In: *Auguste Comte*. São Paulo, Abril, 1983, p. 124.
[150] Ibid., p. 119.
[151] Ibid., p. 126.

conquista do Poder, para uma espécie de resgaste de seu significado socrático, voltado, por sua vez, para o aperfeiçoamento moral. Se há uma política amoral de cunho maquiavélico, seguida por Mazarin, surge uma outra de cunho moral, assentada no positivismo, que possuiria a pretensão de ser uma política científica, validada pelo conhecimento e conduzindo à moral enquanto forma de regulação das relações entre os homens. Eis o preceito fundamental do positivismo: "Conhece-te para melhorar-te"[152].

Comte o retoma da teocracia inicial para conferir-lhe uma nova forma de validação, ancorada nos conhecimentos científicos, em sua visão de unidade sistemática, na ordem do conhecimento que se concretiza na social, traduzindo-se pelo progresso moral, tendo como ápice deste desenvolvimento o aperfeiçoamento coletivo quanto o individual. Trata-se de uma incorporação do homem ao mundo, no qual a objetividade científica é interiorizada em uma subjetividade humana que assim se aprimora. Neste processo, o egoísmo individual, reconhecido em suas falhas, perde a sua preponderância em função dos sentimentos simpáticos em relação ao próximo, fazendo com que os sentimentos morais predominem sobre os não morais. Claro está que tal processo não poderia consumar-se apenas no nível individual, necessitando ele de uma entidade coletiva capaz de levar esse projeto a cabo, realizado em uma religião positiva, a religião própria da humanidade, grande deusa do novo culto.

Neste sentido, a doutrina filosófica ganha um contorno propriamente religioso, com regulações específicas de culto, de liturgia e de leituras que deveriam presidir à formação deste novo homem, desta nova humanidade. Apesar de a doutrina positivista, em sua formulação filosófico-política primeira, conferir plena liberdade de culto, expressão e discussão, recusando-se a entrar na interioridade das pessoas, mantendo o Poder político

---

[152] Ibid., p. 212.

enquanto Poder essencialmente temporal e não espiritual, em sua formulação religiosa ela segue outro caminho, vindo a propor rituais que regulariam a vida da pessoa, do dia à noite, nos vários dias da semana, conforme orações e sacramentos como batismo, iniciação e casamento, entre outros. Portanto, o positivismo tem como objetivo adentrar-se na subjetividade das pessoas, embora o faça de uma forma voluntária e não coercitiva, própria dos Estados totalitários na vertente marxista-leninista.

Em seu *Testamento*, adota a posição de Grande Padre da Humanidade, arrogando-se a posição de pontífice, inclusive na escolha de seu sucessor, no caso Pierre Laffitte, apesar de fazer-lhe algumas restrições quanto à "insuficiente energia de seu caráter". Note-se que ele é o primeiro sacerdote da humanidade ao qual caberia a função de escolher entre os seus discípulos aquele que possa dar continuidade à sua obra. Estamos em plena imersão em um mundo religioso com seus rituais, posições e cargo máximo, como se o seu testamento não fosse um assunto privado, mas um que ele estima válido para toda a humanidade[153]. Sua filosofia científica adentra-se nas profundezas da religião vindo a confundir sua vida privada com a pública de condutor da humanidade.

O *Testamento* é constituído de uma incrível mistura de assuntos privados e públicos, como se os primeiros tivessem uma significação universal, não devendo ficar restritos à sua privacidade. Assim, ataca sistematicamente a sua mulher, tratada reiteradamente de "mulher indigna", retrata fatos de alcova como os seus encontros quando ela era ainda prostituta, a pensão que se impôs a pagar, suas crises nervosas e assim por diante. Trata também de sua "deusa", Clotilde de Vaux, com quem teve uma relação "pura" (de fato, não tiveram propriamente uma relação amorosa, sexual), situação essa de mulher deixada por um marido que foi para a prisão por crimes come-

---

[153] *Testament d'Auguste Comte*. Paris, 1896, p. 4.

tidos e outras situações do mesmo tipo. Nada disto, porém, deveria ser assunto de interesse filosófico, não fosse pelo fato de, a partir de tais assuntos, terminar por elaborar toda uma série de regras do culto positivista, como a "viuvez eterna" (o marido não pode voltar a se casar após a morte de sua esposa, mas deve dedicar-lhe fidelidade eterna); a obrigatoriedade da pensão (pois a mulher não deve trabalhar e sim dedicar-se apenas ao lar, não havendo nenhuma igualdade de gênero); o culto a Clodilde de Vaux, fruto de seu "casamento espiritual" com sua "santa colega"[154], dentre os quais três rezas diárias dedicadas a ela, o fato de que poderia voltar a casar-se, pois a sua situação seria a de mulher de um apenado (regra voltada para o seu benefício próprio) e assim por diante. Ademais, há toda uma série de exortações para que os membros da Igreja positivista versem uma soma pecuniária, chamada de "subsídio sacerdotal", para a sua sustentação assim como para a pensão de sua mulher, uma vez morto. Aliás, a discussão sobre os "subsídios" perpassa toda a obra de Comte (cartas, prefácios, partes de livros), revelando-se, inclusive, presente no Apostolado Positivista do Brasil.

Interessa observar essa passagem, própria do que poderia denominar-se de uma mente doentia, do privado para o público, a partir da qual as regras da nova instituição religiosa são concebidas. Mais preocupante ainda é o fato de os fiéis da nova religião, como o Apostolado Positivista do Brasil, acolherem e seguirem tais regras, como se elas tivessem uma validade absoluta. O ridículo, como bem observa Stuart Mill, não teria aqui limites. Ele chega ao ponto de imiscuir-se na formação de um governo republicano por vir, onde reinariam os positivistas, sob a forma de um triunvirato, constituído de seus discípulos[155]. Coloca-se ele decidindo os assuntos políticos e governamentais do Esta-

---

[154] Ibid., p.10.
[155] Ibid., p. 21.

do francês. Sua distinção entre os Poderes espiritual e temporal simplesmente desaparece, evapora-se em sua nova forma de religiosidade política.

E é neste contexto, inclusive, que ele volta a fazer a distinção entre os positivistas completos e os incompletos. Os incompletos, que ironicamente ele não considera como os mais inteligentes, são os que desconsideram sua obra religiosa, enquanto os completos são os que a acolhem e seguem[156]. Inegável é a postura de Comte de rompimento com os que aceitam apenas a sua filosofia científica, fazendo fé naqueles que seguem a totalidade de sua obra, em sua completude. Entre outras consequências, o positivista completo é aquele que se devota ao culto venerável e sagrado de Clotilde de Vaux! Quem não o fizer será, necessariamente, um positivista incompleto!

No *Sistema de política positiva*, Comte retoma o mesmo ponto assinalando que os verdadeiros positivistas, os que aderiram plenamente à sua religião, são os "completos", enquanto os que se recusaram a dar este passo caem sob a qualificação de "incompletos"[157]. Ele considera esse passo como logicamente necessário, pois a filosofia conduziria à religião universal de onde procede, por sua vez, a verdadeira política. A política encontra sua fonte na religião universal que, por sua vez, é culminação da filosofia. Neste sentido, a política comtiana é necessariamente dogmática.

PERSUASÃO E POLÍTICA CIENTÍFICA

*Apelo aos conservadores* é um opúsculo escrito por Auguste Comte aos governantes franceses daquela época e, de modo mais geral, aos homens de Estado interessados em assumir a

---

[156] Ibid., p. 240.
[157] *Système de politique positive*, tomo IV. Paris, Librairie positiviste, 1912, Prefácio, XXVIII.

doutrina positivista, tendo como lema Ordem e Progresso, ou seja, a adoção das transformações necessárias ao progresso com um ordenamento regrado dessas mudanças[158]. Teve ampla repercussão no Brasil. Neste sentido, é uma obra de persuasão, voltada ao convencimento dos que detêm o Poder, para que dele façam um uso que não seja nem retrógrado, voltado ao passado, nem revolucionário, baseado na violência e na destruição de todo regramento. Para ele, a política, em sua acepção positivista, consistiria em evitar os dois escolhos, o da mera conservação da ordem estabelecida, sem a aceitação de nenhum progresso e mudança, o perseverar no *status quo* e nos seus privilégios, e o do que ele denomina de "metafísica revolucionária", fundada na destruição da ordem existente não pretendendo ou sabendo colocar algo em seu lugar. Ou ainda, dever-se-iam evitar duas aberrações contrárias próprias da "anarquia moderna", a saber, "o individualismo e o comunismo"[159].

Ocorre que essa persuasão, cujo efeito seria retórico, tem a pretensão de ser científica, pois estaria fundada em uma filosofia da história, da política e da sociedade, tendo como resultado o estabelecimento de uma nova forma de religiosidade. Na visão comtiana, teríamos uma combinação entre a retórica e a ciência, essa fornecendo os fundamentos do convencimento. Não se trataria de um convencimento qualquer, mas de um convencimento de valor universal, capaz, inclusive, de assentar-se em uma nova religião, que se postularia como a da fé demonstrável, científica, nessa acepção determinada. Pode parecer-nos estranha a concepção de uma fé científica, porém é isso mesmo o pretendido por Comte, reservando-se esse a posição daquele capaz de levar a nova mensagem aos governantes e aos políticos em geral.

A distinção comtiana entre o Poder espiritual e o temporal não pode ser compreendida no sentido liberal da palavra, pois

---

[158] Comte, Auguste. *Appel aux conservateurs*. Paris, 1855. Prefácio, p. IV; p. 92.
[159] Ibid., p. 98.

esse pressuporia que o primeiro não teria como função regrar espiritualmente os cidadãos, reservando-se somente o domínio do cumprimento das leis, da segurança dos corpos e do patrimônio, independentemente do que pensem os cidadãos. Uma versão radical desta posição encontrar-se-ia em Bernard Mandeville[160], para quem a função do Estado residiria na observância estrita dos contratos por mais imorais que sejam aqueles que contratem negócios. A ordem social seria perfeitamente assegurada uma vez que o Estado cumpra a sua função, reprimindo os que não observem as regras contratuais. Por mais imorais que sejam os agentes, tanto melhor se souberem agir de acordo com as leis. Nada mais é pedido deles. O problema consiste nos santos, nos que pretendem transformar a sociedade baseados apenas em suas intenções. Uma sociedade de santos, de pessoas religiosamente orientadas, voltadas para a condenação do lucro, da riqueza e da vaidade, produziria, a médio e longo prazos, uma sociedade de miseráveis moralmente e religiosamente controlada pelos governantes. O domínio da política, da sociedade e da economia deveria ser, portanto, evacuado de qualquer conotação religioso-moral.

A concepção comtiana de separação entre os Poderes espiritual e temporal guardaria, só aparentemente, uma certa afinidade com a concepção liberal. Segundo essa, tratar-se-ia de duas esferas cujas formas de existência e atuação seriam independentes. Caberia ao Poder temporal regular os conflitos de interesses e materiais entre os diferentes agentes econômicos, civis e sociais, pertencendo à esfera da consciência um regime que em tudo se diferenciasse da defesa dos meros interesses. Ou seja, a esfera religiosa, própria da consciência e de sua escolha, não seria regrada em seus dogmas, cultos e ideias por nenhum tipo

---

[160] Mandeville, Bernard. *The Fable of the Bees or Private Vices, Publick Benefits*. With a Commentary Critical, Historical, and Explanatory by F. B. Kaye. Indianapolis, Liberty Classics, 1988.

de ingerência do Estado. A tolerância religiosa seria, então, uma expressão desta liberdade de culto, com os indivíduos e famílias optando dentre as diferentes religiões que lhes são apresentadas. Nenhuma poderia apresentar-se como superior a outras, embora, em suas respectivas particularidades, possuíssem esta crença em sua posição própria.

A concepção comtiana encontra-se em seu antípoda. Defende ele a separação entre o temporal e o espiritual em um sentido muito específico que só é aparentemente liberal, pois prega um controle da consciência dos cidadãos, só que através de um Poder religioso separado do Poder temporal. O controle das consciências far-se-ia através do convencimento religioso dos governantes que, convertidos à nova religião, agiriam de acordo com os seus preceitos no domínio temporal. Ou seja, a função dos religiosos, do novo sacerdócio, o positivista, residiria em aconselhar os governantes que deveriam politicamente pautar-se por esta nova orientação. A separação entre os Poderes só valeria em uma acepção determinada, a de que os religiosos, na primeira etapa da transição para a efetiva realização da religião da humanidade, não poderiam viver de cargos temporais, não exercendo cargos políticos e governamentais. A máxima comtiana seria a de que cabe aos governantes administrar e comandar e aos religiosos-filósofos aconselhar. Estabelece-se, assim, uma nova forma de relação entre a autoridade propriamente política e a religiosa, cada uma atuando em sua esfera própria. Via aconselhamento e observação de preceitos religiosos, porém, o controle das consciências volta para o domínio da política.

Com tal intuito, a organização da nova crença não poderia estar submetida ao caráter aleatório da anarquia, mas deveria estar organizada em uma nova religião com seus cultos, fé e liturgia. Ela não seria, pelo menos em um primeiro momento, uma religião de Estado nos moldes da permanência estatal própria do catolicismo. Contudo, a ela incumbiria o trabalho de formar e controlar as consciências em uma nova ordem da humanidade. O Apostolado positivista, neste sentido, seria uma espécie de diretor de consciência dos governantes, que a ele se remeteria no que concerne aos assuntos religiosos e, mesmo, sociais e econômicos. Daí valeria, para este período, a interdição dos membros do Apostolado de participarem dos cargos políticos, com o intuito de que seja preservada o que ele entende por separação. Ressaltemos que Comte considera essencial uma direção espiritual da sociedade, capaz de produzir valores e princípios compartilhados por todos, fundamentos da coesão e solidariedade sociais.

Quando fala da separação de Poderes espiritual e temporal, ele não tem em vista esta concepção vigente nos séculos XVII e XVIII, mas o modelo católico que ele pretende renovar no século XIX. A retomada comtiana da religião católica, regenerada em religião positiva, é a da separação entre Igreja e Estado, cabendo à primeira o exercício do Poder espiritual e à segunda o temporal. O caráter, aliás, simplório de sua retomada, consiste em ter considerado a Igreja como tendo sido estritamente espiritual quando ela foi efetivamente temporal, inclusive forçando pela tortura a conversão durante a Inquisição entre tantos outros exemplos. Ou condenando Giordano Bruno e Galileu. Os exemplos abundam do exercício do Poder temporal da Igreja, o Estado moderno lutando constantemente para reduzir a sua esfera de atuação.

Para Comte, a coesão e a solidariedade sociais são fatores essenciais da ordem social, baseada em um compartilhamento de crenças e opiniões, sendo a Igreja Católica, no auge do estado teológico, o exemplo mais eminente. Lévy-Bruhl, muito apropriadamente, chega a citar Huxley, para quem o positivismo seria o "catolicismo menos o cristianismo"[161]. Acrescenta ainda que, salvo o dogma, Comte tomaria emprestado do catolicismo da Idade Média quase tudo: sua organização, seu regime, seu

---

[161] Lévy-Bruhl, op.cit., p. 330.

culto e, se pudesse, seu clero e suas catedrais"[162]. Procura ele, frente à anarquia intelectual do mundo moderno, de uma sociedade em rápida transformação, permeada por conflitos e contradições, reinstituir a unidade social. E isto só seria possível mediante o compartilhamento de uma nova crença que tivesse um caráter universal: o positivismo.

Note-se a esse respeito que a formulação comtiana é repleta de juízos morais sobre o capital e sobre o uso que os capitalistas fazem dos seus recursos, devendo eles, segundo a nova religião, seguir o comando de um Estado religiosamente orientado. O Estado teria todas as razões de interferir no funcionamento da economia e nas relações sociais na medida em que a sua religião seria científica. Comte chega, inclusive, a formular todo um conjunto de preceitos que deveria orientar a organização do planeta, tendo como centro a Europa e como núcleo a França e, mais especificamente, Paris como centro filosófico-religioso do mundo. Claro que ele se reserva a posição de ser ele mesmo o Apóstolo da Nova Religião e o Novo Guia da Humanidade. Ele não hesita diante dessa sua posição, colocando-se, inclusive, à disposição. Com efeito, a fé positiva, científica, exige um sacerdócio hierarquicamente organizado, cuja principal função consistiria em dar conselhos tanto aos governantes quanto aos governados. E, acrescenta, neste estágio inicial de transição rumo à concretização definitiva da religião da humanidade, que cabe ao "fundador da nova síntese" levar este empreendimento a cabo[163].

Ao contrário de uma certa concepção corrente da liberdade, frequentemente associada ao arbítrio de tudo poder fazer, Comte estabelece uma interessante correlação entre liberdade e lei. Da mesma forma que se segue a lei da gravitação caminhando, não se podendo caminhar para cima, por exemplo, o mesmo valeria para o domínio social e moral, pois deveríamos, nesta esfera, seguir

---

[162] Ibid. p. 332.
[163] Comte, *Appel...*, Prefácio, p. XIV.

o mesmo procedimento metodológico, tendo, evidentemente, como pressuposto o fato de haver leis sociais e morais equivalentes às da física e do domínio natural e biológico. Agir conforme a lei significaria seguir a ordem natural, que se traduziria, igualmente, no domínio social e moral, em seguir as leis da sociedade que, até então, teriam sido desconhecidas. Formulação semelhante, porém com outra significação, no domínio estritamente ético, encontra-se em Kant, por exemplo, para quem agir moralmente significaria seguir racionalmente a lei. A liberdade não consistiria no arbítrio de tudo fazer, mas na obediência à lei moral.

Ordem e Progresso, nesta acepção, seria um lema científico, pois a ordem teria uma fundamentação propriamente moral, derivada das leis sociais. "Se a liberdade humana consistisse em não seguir lei alguma, ela seria ainda mais imoral do que absurda, por tornar impossível um regime qualquer, individual ou coletivo"[164]. Note-se que não se trata apenas de um ato imoral, mas de um ato que inviabilizaria, no seu entender, qualquer ordem política e social. Nesta perspectiva, um ato deste tipo seria ilógico, por abalar os próprios fundamentos da ordem, da sociabilidade humana. O progresso, entendido como o "desenvolvimento da ordem"[165], não seria entendido como um mero progresso material, mas espiritual, identificado ao aperfeiçoamento moral. Logo, quanto maior for a liberdade, tanto maior será a ordem. Quanto maior for o progresso, maior será também o desenvolvimento da liberdade.

O progresso, segundo Comte, deveria ser entendido em um sentido preciso, que não é somente o do bem-estar material, nem tampouco o do esclarecimento, mas sobretudo o religioso-científico que englobaria os dois anteriores. Uma acepção do progresso seria a do progresso material, com a generalização do bem-estar material para todos os membros de um Es-

---

[164] Comte, *Catecismo...*, p. 235.
[165] Ibid., p. 236.

tado e, em um sentido mais geral, para toda a humanidade. Tal concepção do progresso, porém, seria muito incompleta e, a bem dizer, insuficiente, pois poder-se-ia ter uma sociedade organizada segundo o bem-estar material, sem que os indivíduos avançassem no conhecimento de si mesmos, da sociedade e do mundo. Seria, para Comte, uma sociedade de egoístas, centrada em si mesma.

A segunda acepção, a de um progresso no nível racional, dependeria da acepção conferida à racionalidade, na medida em que essa estaria desvinculada da moralidade e da religiosidade, uma acepção que compartilharia com a primeira a ausência de solidariedade e de amor ao próximo, características, conforme ele, da verdadeira humanidade. A terceira acepção seria a propriamente espiritual, capaz de engendrar simultaneamente o bem-estar material, principalmente o do proletariado, a racionalidade na significação do conhecimento científico, filosófico e social, e o religioso, integrando esses dois em uma nova religiosidade, a da fé demonstrável, ancorada na solidariedade, no amor ao próximo e em um sacerdócio dedicado à observância dos princípios positivistas, tendo como função aconselhar os governantes. Note-se que o Iluminismo, na acepção francesa, e a *Aufklärung*, no sentido alemão do termo, não tinham a significação do progresso introduzida por Comte. No caso do Iluminismo, esse era basicamente antirreligioso, anticatólico, sendo os seus representantes ateus ou deístas em sua boa parte. A *Aufklärung* tinha um componente religioso, porém nada próximo ao comtiano. Comte reata com a tradição católica, por ele mesmo reiteradamente elogiada.

Haveria uma acepção da ordem que só se coadunaria com sua acepção do progresso no sentido religioso do termo, na medida em que caberia ao novo sacerdócio fazer a mediação entre os empreendedores e os trabalhadores[166]. Seria sua função levar

---

[166] Comte, *Appel...*, p. 84.

a cabo a negociação entre capitalistas e proletários, orientando os governos no sentido da conciliação, obtendo concessões dos primeiros para a incorporação dos segundos à sociedade. Não seria o desenvolvimento próprio de uma economia de mercado, no sentido liberal do termo, que seria capaz de produzir o bem-estar material de todos, mas a intervenção governamental religiosamente orientada. É somente a partir do momento em que toda a sociedade e, em particular, os empreendedores e os trabalhadores se reconhecerem no comum credo da religião demonstrável que poderia vir a ocorrer essa mediação, impossível na ausência de tal forma de religiosidade.

Mais particularmente, se os proletários continuarem a dar sua confiança aos revolucionários, estariam esses e a sociedade em geral condenados à violência e à própria ausência do bem-estar almejado[167]. Comte chega, mesmo, a atribuir, como vimos, ao proletariado uma espécie de bom senso inato, que os predisporia a aceitar o positivismo enquanto doutrina verdadeira. Seus próprios hábitos os disporiam a tal afinidade, como se houvesse um destino comum entre proletários e sacerdotes positivistas. Tal formulação seria, inclusive, de natureza a afastar os proletários das concepções da soberania popular e da razão individual, ambas ancoradas em um desconhecimento das leis da história e da sociedade, só estabelecidas cientificamente pelo positivismo. Da posse e do conhecimento dessas leis, haveria o primado do coletivo e do altruísmo; de seu desconhecimento, o do individualismo e do egoísmo.

A UNIDADE DOGMÁTICA

Eis a linha seguida por seu sucessor Pierre Laffitte. Em seu livro, *De la Morale positive. Précédée d'un Aperçu sommaire sur sa Vie et son Oeuvre*, ele defende ardorosamente a unicidade da

---

[167] Ibid., p. 85.

obra comtiana, ressaltando, particularmente, sua concepção religiosa enquanto núcleo de sua filosofia e de sua política. É, neste sentido, secundado por seus zelosos discípulos do porto do Havre, um deles tendo escrito a apresentação desse seu livro. São, nesta perspectiva, ferozes críticos de Littré visto, segundo essa concepção, como uma espécie de herético. As críticas desse são consideradas como "calúnias" e "perfídias"[168].

O magnífico *Dicionário da língua francesa* de Littré chega a ser desprezado como uma mera compilação em ordem alfabética, sem nenhuma ordenação filosófica[169]. Seria apenas um amontoado de artigos, sendo sua ordenação meramente alfabética. Do ponto de vista filosófico, ele seria um sofista, como Stuart Mill. Observe-se que a discussão filosófica sobre a natureza da doutrina comtiana dá lugar a anátemas como o de sofista, uma vez que um filósofo desse perfil partiria da discussão pública de opiniões e argumentos, não concedendo a nenhum deles o caráter científico ou religioso. Segundo os positivistas ortodoxos, seria a cientificidade que perpassaria toda a obra de Comte, o que equivaleria a dizer que seria ele o criador de uma política, de uma moral e de uma religião científicas. Haveria em sua obra completa coerência doutrinária.

Ressalte-se, ainda, que eles veem igualmente com muito maus olhos o sucesso público de Littré, reconhecido, pelo presidente francês Gambetta, como uma glória da República, vindo esse a assumir o positivismo enquanto doutrina comum a ambos, "nossa" doutrina, em um banquete oferecido em 1873[170]. O presidente reconhece a influência positivista exercida sobre ele, sem, contudo, acolher o culto positivista, de uma maneira análoga à que seria assumida por Constant anos

---

[168] Laffitte, Pierre. *De la Morale positive. Précédée d'un Aperçu sommaire sur sa Vie et son Oeuvre.* Havre, 1880, p. 30; 51.
[169] Ibid., p. 53.
[170] Ibid., p. 57.

depois. Distinga-se, portanto, "influência" de assunção de uma "religiosidade".

Emile Antoine, que escreveu o *Aperçu*, chega a afirmar, consoante tal formulação, que "fazer da ciência a base exclusiva do culto, da educação e da política, eis o que distingue o positivismo de todas as outras doutrinas"[171]. Para ele, "por positivismo deve-se entender a religião da humanidade"[172]. O seu significado seria inequívoco. Teríamos uma política científica da mesma maneira que teríamos uma moral e uma religião científicas. Isto significa que uma política científica terminaria necessariamente conduzindo a um minucioso detalhamento da vida das pessoas, que passariam a observar regras aceitas enquanto científicas, estabelecendo-se aí as bases mesmas da obediência. Teria ainda o positivismo uma chave segundo a qual orientar, graças à sua moral, aquilo que um governo deveria fazer em todos os casos que se apresentarem a ele.

Tais regras "científicas" viriam a regular todas as relações humanas, embasadas que estariam em novos princípios[173]. Uma política científica assim entendida conduziria a uma obediência que poderíamos também denominar de científica. Laffitte desenvolveu, a partir das premissas de Comte, o culto doméstico, a administração dos sacramentos da apresentação (nascimento), o da iniciação (educação sistemática), o do casamento, o da destinação (escolha de uma profissão) e o da incorporação (julgamento depois da morte)[174]. O regramento é total, abarcando o conjunto da vida pessoal, familiar, profissional e social. A "ciência" toma conta do indivíduo e da família, asfixiando espiritualmente a sociedade. No dizer de Laffitte: a moral científica que substituirá a moral teológica "deve, para satisfazer as necessidades da situa-

---

[171] Ibid., p. 9.
[172] Ibid., p. 10.
[173] Ibid., p. 31.
[174] Ibid., p. 47.

ção, abarcar o conjunto dos assuntos humanos sob seus aspectos quaisquer, de modo a constituir uma política verdadeiramente universal"[175]. Os intérpretes da moral para cada caso específico seriam, portanto, os membros do sacerdócio republicano, cuja dignidade seria a de serem portadores da verdade.

Fruto de tal concepção é a doutrina do sacerdócio da humanidade instituído por Comte e seguido pelos positivistas completos, cuja função consistiria em educar a sociedade e a humanidade em geral, formando a opinião pública. É o que eles denominam de "sacerdócio republicano" ou "positivo". No dizer de Comte, seguido por Laffitte e seus discípulos: "A formação do sacerdócio positivo torna-se a primeira condição de uma regeneração não menos indispensável à ordem do que ao progresso"[176]. Neste sentido, o lema de Ordem e Progresso, retomado na bandeira brasileira, pressuporia um "sacerdócio positivo", tendo como função, entre outras, dirigir a consciência dos líderes políticos republicanos. Em seu aspecto propriamente social, o "positivismo é a religião do proletariado como a República é o seu governo"[177].

Considerando-se importância de tal formulação entre os seus crentes que um jovem converso, Miguel Lemos, acreditou-se entende-se por imbuído de toda uma missão, procurando doutrinar positivistas não ortodoxos como Benjamin Constant, pretendendo submeter todos à sua orientação por estar investido da posição de noviciado de tal sacerdócio. Ele coloca-se na posição de um dirigente espiritual, de um diretor de consciência. Seria a posição de Laffitte, em suas funções de padre máximo, a de aconselhar governantes e o público em geral, dando direcionamentos e conselhos sobre questões republicanas e, mesmo, planetárias[178]. Note-se que a figura de diretor de

---

[175] Ibid., p. 11.
[176] Ibid., p. 15.
[177] Ibid., p. 17.
[178] Ibid., p. 27.

consciência é própria do catolicismo. Por exemplo, o diretor de consciência de Descartes foi o cardeal de Bérulle, que era núncio apostólico, mais velho do que o filósofo e profundo conhecedor de Santo Agostinho e do movimento agostiniano. Observe-se que um jovem converso pretendeu impor a pessoas muito mais velhas, que conheciam o positivismo muito melhor do que ele, a obediência, pois essa seria obrigatória a todos.

De uma forma mais geral, poderíamos dizer que a concepção de uma política científica conduz a uma forma de religiosidade tida por absoluta, embora possa também apresentar-se sob formas não tão claras como no positivismo. Refiro-me à formulação marxista do "socialismo científico", depois prolongada em suas formas religiosas de estrita obediência ao partido – também científico neste sentido – no leninismo, no stalinismo e no maoismo, sem falar de outros derivados. Lembremo-nos de que Marx e Engels diferenciavam suas formulações teóricas das de outros socialistas, que passaram a ser denominados de "utópicos", sendo eles em contraposição, "científicos". De lá derivaram o materialismo histórico e o dialético, doutrinariamente tidos por cânones de cientificidade.

Chama particularmente atenção que Comte e Marx, escrevendo na mesma época, tenham tido a pretensão de oferecerem uma política científica, como se pudesse nascer da ciência um projeto de reconstrução de toda a humanidade, que estaria supostamente baseado em leis que seriam extraídas da história. Ambos veem, ademais, o "proletariado" como a classe que estaria destinada a realizar essa missão. Note-se, ainda, que igualmente compartilharam a ideia de um estamento especial que seria encarregado de conduzir a massa proletária, os sacerdotes de Comte e os revolucionários de Marx, culminando esse na concepção leninista do Partido Comunista, cujas bases seriam igualmente "científicas". Criticaram as formas de governo representativas, um defendendo a "ditadura republicana", outro a "ditadura do proletariado". Criaram-se, assim, as condições de modelagem da sociedade a partir de uma casta de filósofos e intelectuais, cuja superioridade seria "científica" e não ideológica, logo reduzindo seus opositores a preconceituosos e voltados a interesses particulares e escusos. Quem não compartilhar com eles suas posições ver-se-á reduzido a inimigo da ciência e, mesmo, da humanidade. Humanidade com h maiúsculo em Comte e Comunismo com c maiúsculo em Marx.

Observe-se que em seus prolongamentos histórico-políticos, o marxismo, em sua realização revolucionária concreta, teve como desfecho a teoria leninista do partido, segundo a qual a liderança, de cunho religioso, dispunha de todo o poder, impondo a máxima obediência, pois essa seria a obediência justificada. Detinha, inclusive, o poder de vida e morte, como mostraram à saciedade, entre outros exemplos, os "processos de Moscou", que colocaram os velhos bolcheviques à morte, mediante a tortura e toda sorte de ignomínias. Stalin chegou a ser considerado o Pai dos Povos, uma espécie de sumo pontífice do comunismo, tendo sido acompanhado por Mao, que seguiu os mesmos passos, colocando-se, inclusive, como rival. Dois "papas" disputando o mesmo "trono".

A "política científica", também denominada de "socialismo científico", teve como desfecho uma nova forma de religiosidade absoluta, com a distinção de que seria fruto de uma concepção também supostamente científica. Os militantes do partido seriam os que se dedicariam a um novo sacerdócio da humanidade, o comunista, obedecendo a toda a hierarquia do partido, sendo essa um êmulo da hierarquia eclesiástica, com a diferença de que possuía a força das armas, não operando somente pelo convencimento, como era próprio do positivismo. Note-se que o marxismo seria a doutrina do proletariado, o partido o seu guia, do mesmo modo que para o positivismo. Ambos seriam a "religião do proletariado", religião essa dotada, em diferentes sentidos, de cientificidade.

De uma forma análoga a Hegel, para Comte o indivíduo enquanto tal seria uma entidade inexistente, sendo fruto, apenas, de concepções filosóficas que o erigiram, ficticiamente, como ponto de partida do pensamento. Para ele, o indivíduo é, antes de mais nada, membro de uma família, de uma pátria e, desta maneira, membro moral da humanidade. O verdadeiro ponto de partida da filosofia política seria uma comunidade que, enquanto tal, seria tida por "natural", a família sendo o seu começo originário. Nela, os seus membros iriam desenvolver a sua noção de dever em relação à comunidade, sua forma política sendo a pátria. Na visão comtiana, os direitos afastariam os indivíduos da coletividade, enquanto os deveres estabeleceriam com ela um laço indissolúvel.

Não haveria, pois, direitos "imprescritíveis e inalienáveis", na medida em que tal formulação pressuporia um indivíduo autônomo, anterior à coletividade, que estipularia as suas condições para a vida social. Pelo contrário, a sociedade, a comunidade, é anterior ao indivíduo, não podendo, portanto, esse ser portador de direitos originários. Sua primeira condição que o liga à comunidade é o dever[179]. A permanecer na abstração da *Declaração dos Direitos do Homem*, a sociedade, mal orientada do ponto de vista das ideias, desembocaria na violência da metafísica revolucionária. Ideias mal elaboradas e mal justificadas conduzem a efeitos políticos dissolventes. Neste sentido, a formulação positivista encontrar-se-ia também nas antípodas do liberalismo político. A metafísica revolucionária e o liberalismo teriam fundamentos comuns. Contudo, diante deste problema, Laffitte observa que o positivismo seria "liberal", na medida em que a inserção comunitária, base do dever, deveria ser complementada pela adesão voluntária dos membros da comunidade aos seus valores e regras, podendo questioná-los e transformá-

---

[179] Ibid., p. 134-5.

los[180]. A subordinação comunitária far-se-ia por livre adesão, não constituindo uma servidão.

Depreende-se da formulação de Comte a clara preponderância dos deveres sobre os direitos. Os primeiros seriam provenientes de um correto estudo da sociedade, tendo como base celular a família, de tal maneira que o indivíduo seria, antes de tudo, membro dessa. Aí nasce a sua noção mesma de dever. O "estado de natureza" do homem é a família, segundo a sua filosofia da história. A nova sociologia mostraria, cientificamente, que o indivíduo tem basicamente deveres em relação ao Estado, na medida em que esse nasceria da correta compreensão das novas leis formuladas pela "física social". Em certo sentido, poder-se-ia dizer que os deveres seriam cientificamente demonstrados, enquanto os direitos seriam resquícios de uma concepção metafísica dos indivíduos. A sociedade, neste caso, diluir-se-ia em múltiplos e injustificados direitos individuais. Ela rumaria para a anarquia, desagregando a família e o Estado.

## Os dissidentes filosóficos

Ao escrever *Auguste Comte et la Philosophie positive*[181], Emile Littré fez uma espécie de *Vida e obra de Auguste Comte*, tornando-se pontos de referência posteriores, de mesmo estilo, os livros de Cassirer, *Kant. Vida e obra*, e Ferdinand Tönnies, *Hobbes. Vida e obra*, com duas diferenças que merecem ser ressaltadas. Primeiro, a obra está mesclada com capítulos relativos à vida mesma de Comte, em suas diferentes peripécias. Não faz ele nenhuma história de santo, mas mostra o homem com todos os seus problemas e fraquezas, não escamoteando nada que pos-

---

[180] Ibid., p. 135.
[181] Littré, Emile. *Auguste Comte et la Philosophie positive*. Paris, Bureaux de la Philosophie positive, 1877.

sa elucidar seja a obra, seja a vida do fundador do positivismo. Segundo, ao elogiar e criticar as atitudes e a filosofia de Comte, Littré faz, ao mesmo tempo, uma autocrítica de seu percurso positivista, expondo, particularmente, as razões que o levaram ao afastamento e à ruptura com seu mestre. E o faz nem sempre diretamente, mas com o auxílio de cartas que falam, por assim dizer, por si mesmas.

Em sua adesão ao positivismo, Littré deu vazão ao seu espírito científico, acolhendo como seus princípios científicos que estavam em franco desenvolvimento naquela época. O espírito enciclopédico de Comte o cativou, não apenas pelo seu acervo de conhecimento, mas pelo método que procurava introduzir na filosofia. O positivismo seria uma espécie de desfecho de etapas anteriores da humanidade, a teológica e a metafísica, englobando-as e superando-as. Sua superioridade seria propriamente metodológica, baseada nas conquistas científicas e elaborando, a partir delas, filosofias de ciências particulares que desembocariam em um grande conjunto doutrinário, uma filosofia das filosofias da ciência segundo princípios claramente estabelecidos, alcançando inclusive a sociologia.

O método da filosofia das ciências seria o método positivo, em uma visão abrangente do avanço do conhecimento científico em suas diferentes especialidades, atento à hierarquia e à classificação das ciências, desde uma perspectiva universal e não particular a cada uma dessas áreas do conhecimento. Sua nova fase histórico-filosófica seria a da constituição de uma "sociologia", que viria a estabelecer as leis da sociedade e da história, fornecendo aos dirigentes políticos um guia seguro em sua arte de governar. O governo dos Estados passaria a ser regido por uma política científica, encerrando, desta maneira, a fase de conflitos e contradições existentes nos Estados e entre eles. Neste sentido, Comte teria conseguido capturar os adeptos do socialismo que a ele viriam aderir, tal como Saint Simon, na mesma época, fazia com os seus. Lévy-Bruhl faz um relato[182], assaz interessante, das relações entre Saint Simon e Comte, assinalando a influência marcante que o primeiro exerceu sobre o segundo em questões políticas, sociais e religiosas, graças ao seu gênio e intuições fulgurantes, que encantaram o jovem Comte naquele momento. Não se seguiria, porém, que o fundador do positivismo fosse um mero discípulo, pois, devido à sua formação científica, não poderia ficar satisfeito com formulações não solidamente fundamentadas. O seu espírito cartesiano não poderia contentar-se com o vago socialismo saint-simoniano.

Littré é capturado pelo método científico, em que tudo seria passível de demonstração, e pelos novos modos de intervenção social, em que uma nova sociedade coincidiria com os mais elevados valores morais, os que se consubstanciariam no novo conceito de humanidade. Ciência, filosofia e elevação moral seriam etapas e condições de um mesmo processo, em um percurso de aquisição contínua de conhecimento, sem dogmas que inibiriam o seu desenvolvimento. Eis o charme do comtismo na perspectiva dos seus discípulos, dentre os quais a oficialidade do Exército brasileiro, que adere a esta doutrina. Contudo, daí não se segue uma adesão incondicional a tudo que nasce da escrita de Comte. Ele é visto como o fundador de uma filosofia científica e não como o fundador de dogmas que não poderiam ser questionados.

Nascem daí as condições da ruptura de Littré. No momento em que Comte abandona o método objetivo das ciências e envereda para deduções teológicas que não podem ser verificadas a posteriori, ele estaria distanciando-se de si mesmo, caindo em contradições insolúveis. É o caso, especificamente, da religião positivista, que, para Littré, seria uma recaída em concepções teológicas que Comte afirmara haver abandonado. Não seria possível, a partir de uma metodologia objetiva, elaborada no

---

[182] Lévy-Bruhl, p. 8-9.

trabalho das diferentes ciências, derivar qualquer "dever-ser" da sociedade, que, ademais, seria controlado por uma casta de sacerdotes, imbuídos desta nova forma de intervenção. Seria falso pretender deduzir as doutrinas da *política positiva* da *filosofia positiva*[183]. Regras religiosas e de convivência social não podem ser derivadas de metodologia científica. Este passo, de cunho essencialmente religioso, era inadmissível para discípulos esclarecidos como Littré.

Para ele, haveria, por assim dizer, dois Comtes, o filosófico-científico e o religioso, que seriam, doutrinariamente e metodologicamente, contraditórios entre si. O primeiro, em sua fase de elaboração de seu *Curso de filosofia positiva*, criticou acerbamente a fundação dos saint-simonianos de uma nova religião, dentre os quais se encontrava um amigo seu, Gustave d'Eichtal. Chega, inclusive, a falar de "mediocridade intelectual" e recaída no "estado teológico", na "infância da humanidade"[184]. Não esquecendo, tampouco, que Comte foi durante um período secretário particular de Saint-Simon ele mesmo. Sua relação durou sete anos[185]. Acrescentou, ainda, que um dos motivos de sua ruptura teria sido que, já naquela época, percebia no socialista uma "tendência religiosa", profundamente incompatível com sua "direção filosófica"[186]. Ora, depois de tanto criticar essa deriva saint-simoniana, como podia o novo filósofo, em seu *Curso de política positiva*, ter efetuado uma tal conversão? Em todo caso, ela seria filosoficamente e cientificamente injustificada.

A propósito da interpretação comtiana de Littré, Lévy-Bruhl observa que esse estaria equivocado do ponto de vista histórico, porém termina por lhe dar razão na perspectiva propriamente

---

[183] Littré, Prefácio, p. VI.
[184] Ibid., Prefácio, p. VI.
[185] Ibid., p. 5.
[186] Ibid., p. 188.

filosófica. Historicamente, nota que a concepção religiosa de Comte remonta à sua juventude, havendo textos e opúsculos, anteriores ao *Curso de filosofia positiva*, como o *Plano dos trabalhos científicos necessários para reorganizar a sociedade*, que atestam esta interpretação[187]. Ele coloca-se na posição do historiador da filosofia que analisa e interpreta textos em uma visão sistemática, seguindo a ordem histórica de sua formulação. Dito isto, por outro lado, termina dando razão ao mesmo Littré desde o que ele denomina de uma visão dogmática, entendida ao nível dos princípios, ressaltando os problemas metodológicos de passagem do *Curso de filosofia positiva* ao de *Política positiva*, mormente o seu quarto tomo, ou seja, da passagem da filosofia, com seu método específico e sua classificação correspondente das ciências abstratas, à religião, com seus rituais, liturgias e preceitos. O método da filosofia seria fundamentalmente distinto do da religião. Littré teria razão desde uma perspectiva filosófica, porém estaria errado desde uma perspectiva genética de formação do pensamento comtiano. O discípulo dissidente teria "admiração pelo filósofo", mas não foi persuadido de se "submeter ao pontífice"[188].

Stuart Mill, de uma maneira ainda mais precisa e ácida do que Littré, fez uma clara distinção entre sua obra propriamente científico-filosófica e a político-moral-religiosa, situando essa segunda e, principalmente, sua última parte como produto de uma sorte de delírio, próprio de uma pessoa em decadência intelectual. Suas observações sobre a religião comtiana ressaltam que o filósofo, tomado pelos mais diferentes tipos de paixão, inclusive a platônica por Clotilde de Vaux, prematuramente falecida, sua relação tendo durado pouco mais de um ano, expõe uma mentalidade autoritária voltada a disciplinar as mais distintas esferas da vida privada e familiar.

---

[187] Lévy-Bruhl, p. 12-3.
[188] Ibid., p. 12.

Comte chega a regrar a "viuvez eterna", o interstício sem relações sexuais durante três meses entre o matrimônio civil e o religioso-positivo, chegando, mesmo, a elucubrar uma ficção como motivo de sua devoção religiosa à Virgem Mãe, outra de suas criações baseadas na Virgem Maria. "Biologicamente", chegou a considerar como possível uma autofecundação das mulheres enquanto fruto do "progresso" da espécie. Stuart Mill trouxe esses pontos à consideração com o intuito de mostrar a que ponto pode chegar um tipo de delírio político-religioso. Se o delírio permanecesse na esfera unicamente individual, seria próprio da pessoa e dos seus familiares, ficando restrito a essa esfera privada. O problema ganha outra dimensão quando se torna objeto de religião, de culto, dogma e veneração, tendo seguidores que prestam obediência a esta forma de religiosidade. O delírio pessoal torna-se, então, coletivo.

Stuart Mill coloca-se explicitamente ao lado de Emile Littré, recusando, como esse, toda a parte religiosa da filosofia positivista. Seus elogios são claríssimos[189]. Ambos não aceitam o dogmatismo. Na verdade, Comte teria passado arbitrariamente da explicação científica, que estabelece criteriosamente, mediante verificação pela experiência, as regras de produção de fenômenos, fenômenos causados por fenômenos, às regras do dever e à condução da vida, minuciosamente regrada[190]. Em sua análise relativa à filosofia positiva, o filósofo inglês assinala que os grandes avanços de Comte residem em sua abordagem da filosofia da ciência, sobretudo na parte relativa aos métodos de investigação e, com menos alcance e vigor, na das condições da prova[191]. No que concerne a esse último ponto, ressalta, seria

---

[189] Stuart Mill, John. *Auguste Comte et le positivisme*. Paris, Librairie Germer Baillière, 1879, p. 41.
[190] Ibid., p. 69.
[191] Ibid., p. 56.

ele responsável pelo que denominará de "perversão" de Comte em sua obra dos últimos anos, em que acabam prevalecendo, sem nenhuma base científica, considerações estéticas de "ordem e harmonia", "necessidade de idealidade", "destinação das leis naturais", chegando mesmo, no final, a tomar a sério formulações como a de números sagrados, que mais parecem provir da cabala.

Por último, Littré, retraçando a trajetória intelectual de Comte, assim como suas novidades em relação à história da filosofia e, em particular, às filosofias de seu tempo, narra o conhecimento que teve ele das *Ideias para uma história universal de Kant*. Embora as ideias desse fossem anteriores às suas, ele as desconhecia, dentre outras razões por não manejar a língua alemã. Foi Gustave d'Eichtal, residindo em Berlim, e então amigo, que traduziu o opúsculo de Kant, de 1784, e o enviou a Comte[192]. Esse ficou literalmente contente com a coincidência de opiniões e veio a considerar o filósofo de Könisberg como aquele pensador que mais se aproximava dele. Em sua linguagem, tratar-se-ia de uma filosofia que estaria passando do estágio metafísico para o positivo, isto é, na cadeia do conhecimento, Kant estaria chegando ao estágio positivista que teria em Comte a sua culminação[193]. De Hegel[194], aliás, tem apenas informações esparsas, que lhe foram transmitidas pelo mesmo amigo, segundo o qual haveria importantes pontos de contato entre ambos. O juízo de Comte também seria o de que Hegel estaria encaminhando-se ao estágio positivista, embora não estivesse tão próximo quanto Kant. Almeja um eventual encontro entre eles que jamais teve lugar. Planejou mesmo aprender o alemão, projeto que não foi levado a termo.

---

[192] Littré, p. 51-71.
[193] Ibid., p. 150-1.
[194] Ibid., p. 155.

## A LIBERDADE, A CIÊNCIA E A ECONOMIA

Quanto às mulheres, apesar de Comte considerá-las como destinatárias de um mesmo acolhimento dado aos proletários, Littré e Stuart Mill são particularmente críticos. Consideram a sua posição como equívoca, oscilando continuamente: a) em uma formulação, coloca as mulheres no mesmo nível dos proletários, sendo eles os agentes de uma emancipação universal, libertando-se conjuntamente da opressão da qual são objetos; b) em outra, pensa que as mulheres são racionalmente inferiores aos homens, sua superioridade dando-se no nível da sensibilidade e nos afazeres da família e educação dos filhos. Esta posição transparece claramente na troca de cartas de Comte com John Stuart Mill, que sustentava tanto a emancipação das mulheres quanto sua igualdade em relação aos homens. Se Comte não seguiu as posições de seu colega não foi por um qualquer preconceito de época, mas por convicção "racional"; c) em outra formulação, ainda, considera o livro de Henriette Martineau, positivista inglesa, uma das melhores apresentações de sua filosofia em seu caráter estritamente científico e metodológico. Note-se que Miss Martineau não aderiu à religião positivista, tendo-se mantida adstrita às suas características estritamente conceituais; d) por último, tomado por seu amor platônico por Clotilde de Vaux, veio a considerar essa mulher como deusa da nova religião, alçando-a a um pedestal propriamente divino.

Stuart Mill destaca o caráter profundamente católico da concepção comtiana do casamento e da posição da mulher[195], contrastando-a com a concepção protestante por ele criticada. Segundo essa última, o divórcio seria consentido por estar baseado na livre escolha dos contratantes, elevando, inclusive, a mulher a uma posição de paridade em relação ao homem, algo inaceitável para Comte. O filósofo inglês ressalta o caráter pro-

---

[195] Stuart Mill, p. 91-2.

priamente livre do protestantismo, por esse trazer para si a inteligência ao domínio da fé, fazendo do crente um ser, neste sentido, racional, ativo, e não simplesmente passivo no acolhimento de dogmas[196]. É a mesma posição adotada por Hegel ao fazer o elogio desta religião por seu caráter racional, fundado, conforme ele, na liberdade da subjetividade, inclusive na relação direta com Deus sem a intermediação dos padres. Até neste ponto é Comte "católico" ao conferir ao sacerdócio positivista a mesma posição do sacerdócio católico, com uma diferença de dogma, porém não de culto, ritual e sacerdócio.

Mais especificamente, Stuart Mill critica a posição que Comte atribui ao sacerdócio enquanto Poder espiritual encarregado da orientação da sociedade segundo seus interesses públicos e coletivos. Não seria a consciência do indivíduo o árbitro do bem e do mal, em um processo racional de discriminação pessoal, mas esse Poder espiritual cujo conhecimento o levaria a conduzir a sociedade. É como se as opiniões deste sacerdócio, por seu caráter pretensamente científico, tivessem uma função análoga à dos astrônomos em seu conhecimento científico. Da mesma maneira, que não contestamos a opinião dos astrônomos, não deveríamos contestar a dos sacerdotes[197].

Comte ele mesmo terminara relegando a um segundo plano a distinção por ele estabelecida entre os Poderes temporal e espiritual, conferindo a esse último uma eficácia propriamente mundana, através de um corpo organizado, os sacerdotes, que introduziriam, acrescenta ele, um "despotismo espiritual"[198]. A influência das ideias deveria ser fruto dessas mesmas ideias e não de um corpo organizado de sacerdotes que viria a ditar o comportamento de cada um. Em astronomia, a eficácia de suas concepções é resultado de um sistema de conhecimentos que,

---

[196] Ibid., p. 113.
[197] Ibid., p. 96.
[198] Ibid., p. 99.

nascido da ciência, termina sendo compartilhado pela sociedade que acata voluntariamente a sua autoridade. Ela não se deve a uma "Academia de Ciências ou a uma Sociedade Real lançando decretos ou tomando decisões"[199]. Isto é, o resultado da implantação de um tal Poder espiritual seria a "supressão de qualquer pensamento independente"[200], de qualquer espírito de "exame e de discussão"[201].

Stuart Mill faz uma importante distinção entre dois níveis da liberdade de consciência e de expressão na obra de Comte, um relativo à ausência de restrições legais a que cada um exerça livremente sua opinião publicamente e o outro relativo ao que ele denomina um direito moral a externar publicamente a opinião[202]. No primeiro caso, cada um exerce em uma sociedade livre a sua opinião; no segundo caso, contudo, coloca-se a questão de quem a exerce, já que existe toda uma instrução, cultura e educação para tal. Ou seja, nesta segunda acepção, a liberdade de opinião estaria assegurada às pessoas ilustradas, e ilustradas na cultura positivista, que a voltariam para a educação e formação da opinião pública.

Aparentemente, a formulação comtiana poderia ser tida por liberal, quando, na verdade, via religião positiva, ganha uma dimensão claramente autoritária. Em sua formulação de uma política científica, os detentores deste conhecimento teriam um direito distinto em relação aos demais componentes da sociedade, pois seriam detentores da verdade. A analogia que Comte formula é a de que verdades estabelecidas, como a da gravitação universal, não poderiam ser questionadas publicamente por pessoas incapazes de fazer por elas próprias todo esse trabalho de demonstração. *Mutatis mutandis,* isto valeria para quem pos-

---

[199] Ibid., p. 98.
[200] Ibid., p. 171.
[201] Ibid., p. 180.
[202] Ibid., p. 74.

suísse um conhecimento científico da moral, da política e da sociedade. Acrescente-se ainda que ele estaria convencido de que a sua sociologia, a sua política, a sua moral e a sua religião já tinham se constituído cientificamente, tendo ganho um estatuto equivalente ao da astronomia e da física. Como não cabe à opinião pública questionar as verdades científicas da astronomia e da física, tampouco caberia a ela contestar uma política, uma sociologia, uma moral e uma religião científicas.

O sacerdócio seria a consagração da servidão de qualquer pensamento livre e crítico, condição, porém, de qualquer conhecimento científico. Comte começa pelo conhecimento científico e termina, por intermédio de sua religião, com sua total asfixia. Stuart Mill não cessa de considerar como "ridícula" essa fase do pensamento de Comte, que revelaria, na verdade, um processo, lamentável, de "degeneração intelectual"[203]. Ocorre, contudo, que essa mesma degeneração intelectual deu lugar a uma religião positivista que, no Brasil, teve a pretensão de exercer um Poder espiritual/temporal nos moldes propostos pelo novo pontífice da humanidade. Seriam degenerados governando.

Lévy-Bruhl[204] assinala que os problemas filosófico-políticos de Comte são os de toda a sua geração, a saber, o de como reorganizar a sociedade após a Revolução Francesa. Seja os seus continuadores, seja os seus críticos das mais variadas correntes defrontaram-se com uma dissolução da sociedade de Antigo Regime que, no entanto, sob outros aspectos, continuava vigente, segundo a preponderância do credo católico ou a retomada de um Estado forte e centralizado. Comte, em particular, é atento ao desmoronamento da crença que fundava esta forma de organização de Estado, não tendo sido substituída por nenhuma outra, senão pela fragmentação dos saberes e por sofismas políticos das mais diversas espécies. O problema que se

---

[203] Ibid., p. 191.
[204] Lévy-Bruhl, p. 2.

coloca é o dos reformadores sociais, a saber, o de transformar a sociedade desconhecendo o seu modo próprio de funcionamento. Nesta perspectiva, um ponto que merece destaque diz respeito a como os positivistas compreendiam a economia e a sua forma de expressão teórica enquanto economia política. A questão residia em considerar até que ponto a economia de mercado poderia ser estudada enquanto domínio específico da realidade e se seu estudo poderia ser considerado científico. Poder-se-ia considerar a economia como uma ciência?

As respostas de Comte e de Laffitte foram negativas. Ambos consideravam que a economia política não poderia ser tida por científica e as suas propostas políticas e morais não partiriam, por exemplo, da impessoalidade das relações de troca, da acumulação de riquezas e da autonomia do mercado. Consideravam que a economia deveria ser objeto de forte intervenção do Estado, sendo esse não apenas o seu regulador, mas o seu orientador naquilo que deveria ser feito do ponto de vista social e econômico. Não tinham a menor noção de que tal intervenção poderia produzir uma grande perturbação econômica e social ou, simplesmente, criar o efeito contrário ao desejado. Tudo seria, para eles, uma questão de vontade moral e política, como se o mercado pudesse ser manipulado ao bel-prazer do Estado, sendo ele mesmo objeto de desconfiança. Note-se, ainda, que, à época, os teóricos da economia política como Adam Smith, David Ricardo e Jean-Baptiste Say já haviam publicado as suas obras. Marx, na mesma época, vislumbrou toda a importância da economia política, produzindo sua própria obra neste domínio.

A resposta de Littré, por sua vez, é positiva. Para ele, uma das falhas do sistema positivista residia em sua recusa em considerar a economia política enquanto ciência, devendo ter sido incorporada em sua arquitetônica filosófica de classificação. Não está minimamente convencido dos argumentos comtianos e reclama por um debate desta questão. Não seguiu, tampouco neste domínio, a ortodoxia comtiana e a de seus discípulos religiosos. Teve a nítida percepção da insuficiência das propostas sociais, políticas e religiosas positivas, dentre outras razões, por este desconhecimento do modo de funcionamento de uma economia moderna, capitalista.

Stuart Mill[205] não aceita tampouco a rejeição comtiana da economia política, que teria avançado cientificamente na elaboração das leis que regem os fenômenos sociais. Ele chega, mesmo, a escrever que as considerações comtianas são superficiais, não atentando ao conhecimento, já estabelecido, desta esfera da realidade. Cita Littré[206] por esse não aceitar a recusa comtiana da economia política, salientando que essa ciência corresponderia às "funções nutritivas" da sociedade, à produção de riquezas, sem as quais toda política distributiva seria capenga. Ou seja, o conhecimento da economia enquanto ciência voltada para um domínio específico do real torna-se a condição de uma correta compreensão dos fenômenos políticos e morais. Residiria aí uma das causas de as propostas comtianas estarem completamente desvinculadas da realidade, algumas delirantes, procurando impor um dever- ser moral sem conhecer o ser mesmo da sociedade na sua base "nutritiva".

A propósito da concepção comtiana de ditadura, Littré[207] toma este termo em sua acepção habitual e o considera incompatível com o exercício das liberdades. Para ele, com efeito, as liberdades só seriam compatíveis com o governo representativo, que é objeto de uma crítica mordaz de Comte, no que foi ele seguido pelos positivistas gaúchos que tentaram, a seu modo, estabelecer um tipo de "ditadura republicana", adaptada às circunstâncias do Extremo Sul do país. A ditadura caracterizar-se-ia pelo cerceamento das liberdades e o seu exercício viria a suprimir as liberdades de pensamento, culto e impren-

---

[205] Stuart Mill, p. 80-1.
[206] Ibid., p. 82.
[207] Littré, p. 558.

sa, preconizadas pelo próprio Comte. Esta função seria muito melhor preenchida pelo governo representativo que, na Europa da época, começava a ampliar-se, garantido precisamente as liberdades.

Littré assinala também que esse foi o caminho empreendido por John Stuart Mill, que, positivista no método filosófico que tinha acolhido, era defensor do governo representativo, tema ao qual dedicou um livro[208]. Note-se que Littré e Stuart Mill não compartilharam a concepção comtiana da "ditadura republicana" e vieram a sustentar o "governo representativo", afastando-se de seu mentor. Não se tornaram defensores de uma política científica assim entendida. Entende-se melhor, então, por que Benjamin Constant seguira o caminho do governo representativo na elaboração da nova Constituição, a qual acolheu ideias positivistas, e não o espírito de uma Constituição positivista, o que ocorreria logo após, no Rio Grande do Sul, com Júlio de Castilhos.

O AUTORITARISMO POSITIVISTA

A discussão sobre o autoritarismo cai, frequentemente, em uma armadilha de tipo conceitual, quando os representantes de um são identificados ao arbítrio, e os de outro ao exercício das liberdades. Sob esta ótica, preconceitos são destilados contra o autoritarismo e, mais além, contra a própria autoridade estatal, como se essa fosse, por natureza, contra o exercício das liberdades. Surge uma falsa oposição, na verdade de cunho anarquista, servindo tanto à direita quanto à esquerda, segundo a qual o Estado, enquanto tal, seria algo daninho. Da mesma maneira, o liberalismo é identificado à existência de instituições representativas, como se essas, por sua mera existência, fossem garantias suficientes de realização das liberdades. Pode muito bem

---

[208] Ibid., p. 664.

acontecer, e a história brasileira é repleta de exemplos, tanto na Monarquia quanto na República, que as instituições representativas, também ditas liberais, sirvam de escudo para formas não democráticas de exercício de Poder e, inclusive, de severas limitações às liberdades em suas acepções políticas, eleitorais e de manifestações públicas do pensamento, no momento em que são capturadas por chefetes ou coronéis municipais e estaduais.

Seria tentado a dizer que o problema reside nas significações dadas, de um lado, ao autoritarismo e à autoridade estatal e, de outro lado, ao liberalismo e às instituições representativas. No interior de cada um destes campos, dependendo de suas significações, uma pessoa pode estar de acordo com o exercício da autoridade ou não, com as instituições representativas ou não. Palavras são utilizadas dos mais distintos modos, seus sentidos sendo dados meramente por aqueles que as proferem. Se os conceitos não são esclarecidos, não há avanço no conhecimento, pois supostos acordos ou desacordos seriam meramente nominais e não concernentes às coisas mesmas. E, especialmente no campo da política, são os equívocos que frequentemente produzem acordos. Pode igualmente acontecer que desacordos desapareçam, uma vez que os significados dos conceitos sejam esclarecidos.

Nesta perspectiva, poderíamos dizer, à maneira de Aristóteles[209], que há bons e maus regimes políticos. Os bons regimes seriam a monarquia, a aristocracia e a democracia, enquanto suas formas degeneradas seriam a tirania, a oligarquia e a oclocracia (tirania da maioria). Dentre as boas, tanto faz a escolha de uma ou outra, tudo dependendo das condições políticas e históricas de cada pólis, de cada Estado. O problema, porém, reside na degeneração possível de cada uma delas, podendo todas desembocarem em distintas formas de tirania. Analogamente, poder-se-ia dizer que tanto o exercício da autoridade quanto o das liberdades podem cair em formas degeneradas, uma po-

---

[209] Aristote. *Politique*. Paris, Librairie Jean Vrin, 1995.

dendo transformar-se em tirania, normalmente associada ao autoritarismo, na linguagem habitual, outra podendo resultar na anarquia, no governo de chefetes e coronéis, que procuram apropriar-se da autoridade estatal. Em linguagem hobbesiana, ambas seriam formas historicamente e politicamente distintas que cairiam dentro do conceito de estado de natureza. Os nomes, nestes casos, podem ser empecilhos para o pensamento.

O Rio Grande do Sul, à época de Castilhos, era vítima incessante de conflitos políticos que desembocavam frequentemente na luta armada. A autoridade estatal era enfraquecida por estas disputas, com governos de curta duração sucedendo-se uns a outros no final da Monarquia e no início da República. De 1888 a 1891, quando da eleição de Júlio de Castilhos para presidente constitucional, seis governadores sucederam-se na cabeça do Estado. Era a instabilidade total das instituições. O Exército nacional, de forte presença estadual dada a situação fronteiriça com o Uruguai e a Argentina, de árbitro tornava-se, muitas vezes, parte, aderindo, segundo as circunstâncias, a um lado ou a outro. Nestas desavenças, terminou aderindo decisivamente a Júlio de Castilhos, viabilizando a sua ascensão definitiva ao Poder, graças à aliança estabelecida com o presidente general Floriano Peixoto. Os confrontos dos republicanos com os liberais monarquistas, os primeiros liderados por Júlio de Castilhos, os segundos por Gaspar Silveira Martins, eram pródigos na utilização de conceitos que surgiam como palavras e bandeiras para um e outro lado, conforme os interesses de cada um. Eram os "republicanos" contra os "monarquistas", os "centralizadores" contra os "federalistas" e assim por diante.

De fato, o Estado estava constantemente submetido a lutas ferozes, em que a degola era apenas o símbolo de uma violência desmedida. Essa[210], assinale-se, era uma prática comum tanto

---

[210] Love, Joseph L. *O regionalismo gaúcho e as origens da Revolução de 1930*. São Paulo, Editora Perspectiva, 1975, p. 61-2.

entre os republicanos quanto entre os federalistas. Matava-se um homem como degolava-se um carneiro. Os requintes de crueldade poderiam também incluir que, antes deste ato, a vítima devesse ainda presenciar o estupro de suas filhas e sofrer a sua própria castração. A guerra civil durou 31 meses, teve de dez a doze mil mortes, numa população, à época, de um milhão de pessoas[211]. Logo, quando se fala de "estado de natureza", de "guerra civil", isto significa, efetivamente, um estado de violência generalizado, com ausência de Estado. O vencedor da disputa é o que surgirá como "senhor da guerra" e, logo, como fundador do Estado. Na ausência de Estado, a degola seria um meio de dirimir conflitos políticos.

Pouco tempo depois de Júlio de Castilhos assumir o Poder, ocorreu a Insurreição Federalista, expondo, às claras, a guerra civil. Em termos filosófico-políticos, o Estado foi capturado pela violência, passando a viver em um estado de natureza. Urgia, portanto, que se estabelecesse uma autoridade estatal capaz de conter a anarquia reinante. Júlio de Castilhos, o vencedor da contenda, veio a encarnar a nova autoridade sob o signo de um governo republicano de inspiração positivista. Na perspectiva de seus opositores, ter-se-ia estabelecido uma forma de ditadura, de autoritarismo. Note-se que o governo castilhista prolongou-se nos governos posteriores de Borges de Medeiros, ganhando expressão nacional com Pinheiro Machado e Getúlio Vargas. Getúlio, recorde-se, foi indicado governador por Borges de Medeiros segundo a regra positivista de que o governador nomeava o seu sucessor[212], mesmo que eleições, fraudadas, tenham se realizado.

Ora, o que para os "liberais" era "ditadura" em sua acepção negativa, para os "republicanos" era a "ditadura republicana",

---

[211] Ibid., p. 77.
[212] Cf. Schwartzman, Simon. *Bases do autoritarismo brasileiro*. Campinas, Editora Unicamp, 2015, p. 78-9.

em sua acepção positivista de um Estado fundado a partir de leis científicas. Conforme os liberais, instituições representativas como as assembleias de deputados seriam instâncias políticas a partir das quais estabelecer-se-ia a mediação da vontade popular; conforme os republicanos, eram instâncias meramente administrativas cuja função única e essencial consistia na aprovação e na fiscalização do prçamento público. Seriam, neste sentido, Assembleias "orçamentárias".

A esse respeito, assinale-se o texto de Pedro Moacir, diretor do jornal castilhista, *A Federação*, em 17 de agosto de 1897[213], quando justificou o exercício da autoridade acima de qualquer lei e código enfrentando uma situação de "revolução", em que está em questão precisamente a ruptura institucional. Ou seja, quando o Estado está na iminência de recair no estado de natureza, na guerra civil, é mister que a autoridade estatal recorra à força e a mecanismos que ela normalmente não utilizaria em uma situação de paz, de normalidade institucional. Escreveu ele: "Seja a legislação empregada nos casos normais. Quando as situações, porém, se anormalizam, máxime em caráter extremo, violento e decisivo dos destinos de um povo, à autoridade é lícito, é indispensável fechar as páginas de todos os códigos para aplicar o texto vigoroso de uma lei mais alta, que é a mesma expressão de harmonia social – a lei da conservação, a lei da salvação coletiva... Não admitimos o suicídio do governo na asfixia de um código, quando o povo se debate nas agonias de uma revolução"[214].

Em momentos em que a violência foge do controle, em que os interesses particulares prevalecem totalmente sobre os públicos, em que grupos políticos resolvem suas diferenças no emprego das armas, cabe aos que representam o Estado utilizar

---

[213] Citado por Rodríguez, Ricardo Vélez. *Castilhismo: uma filosofia da República*. Brasília, Senado Federal, 2010, p. 133-4.
[214] Ibid., p. 134.

todos os meios disponíveis para a conservação do Poder, pois o que está em jogo é a possibilidade de uma recaída no "estado de natureza" ou em sua perpetuação. É a emergência da revolução ou, o que é a mesma coisa, da guerra civil. O castilhismo, neste sentido, seria uma resposta a uma sociedade fraturada aspirando à sua união, à paz pública.

E os castilhistas entendiam a sua postura política enquanto inserida em um vasto quadro da história ocidental, vindo, assim, a fazer parte dos seus feitos mais notórios. Digno de nota é o fato de surgirem, muito tempo depois, em uma publicação intitulada *Monumento a Júlio de Castilhos*[215], menções a Danton, o grande líder revolucionário, a Hobbes e aos imperadores Fredericos da Alemanha. No caso do último deles, temos o exemplo de um monarca ilustrado, em cuja Corte estavam presentes grandes nomes da Ilustração Francesa. No caso de Hobbes, aparece a questão central do soberano, da centralização administrativa e política e a da saída do "estado de natureza", da desordem pública incessante. Seria a "conciliação da força com a liberdade e a ordem"[216].

Subsequente à dissolução do Congresso Nacional pelo marechal Deodoro, em 3 de novembro de 1891, instaura-se todo um debate no Rio Grande do Sul, inclusive entre os republicanos, sobre se a reação de Júlio de Castilhos, então presidente da província, teria sido adequada, visto que muitos o criticaram pela lentidão de sua resposta. Abriu-se, naquela ocasião, um período de crise, expondo a República às suas contradições. A evolução republicana não se mostrara tão pacífica, evolutiva e ordenada como se previra. Os ideais não estavam correspondendo à realidade. Fiel às suas posições políticas, de fato, não podia Júlio de Castilhos aprovar a grave decisão do marechal, infringindo um artigo constitucional, sendo ele mesmo um sus-

---

[215] Citado por Rodríguez, p. 61.
[216] Ibid., p. 61.

tentáculo do novo regime, embora o tivesse alertado, anteriormente, de que deveria fazer uma recomposição ministerial para evitar este desfecho.

A questão residia em como assegurar a paz social quando de tão aguda crise, situada na transição da Monarquia para a República, que foi feita com ruptura institucional, embora sem banho de sangue. No estado do Rio Grande do Sul, Júlio de Castilhos procura, em sua posição de governador, assegurar a "paz social", mas, pressionado por adversários e correligionários, vê-se obrigado a abandonar o Poder e o fez prenunciando o que vai acontecer: a anarquia e a desordem[217]. Entrega o Poder para evitar um confronto maior, porém está ciente de que o Estado caminha para o estado de natureza, algo que se concretizará pouco tempo depois na Revolução Federalista. Chega a anunciar que voltará com o apoio da opinião pública e quando isto acontecer o fará na perspectiva de um Estado forte, que se afirmará enquanto controlador dos destinos do estado gaúcho por mais de duas décadas. Ou seja, apresentava-se a disjuntiva hobbesiana entre Estado e estado de natureza.

Convém observar que, segundo o entendimento dos republicanos gaúchos, e mormente de Júlio de Castilhos, os destinos da República nacional jogavam-se na terra gaúcha. "A República iria pelejar a sua batalha campal em terras do Rio Grande"[218]. Isto é, o dito autoritarismo gaúcho, essa outra via adotada em relação à alternativa pacífica de Benjamin Constant, com sua leitura representativa da "ditadura republicana", aparece sob outra luz enquanto resposta a uma situação atual de guerra civil. Um coisa é a Proclamação da República, em 15 de novembro de 1889, outra a da República rio-grandense, quando Júlio de Castilhos reassume o governo do estado em 25 de janeiro de 1893.

---

[217] Ibid., p. 144.
[218] Ibid., p. 186.

Mais de três anos já tinham se passado, o estado estava, naquele momento, à beira de uma guerra civil, com os dois lados contendores articulando respectivamente as suas forças. Ou seja, a via autoritária assumida poderia ser vista como resposta a uma situação igualmente distinta, em que outras formas de ação foram consideradas necessárias, tendo em vista a iminência da luta armada. A convicção positivista de Benjamin Constant, que neste ínterim já tinha morrido, correspondia e respondia a um contexto histórico determinado; a de Júlio de Castilhos, a outro. Consequentemente, os dois líderes atribuíram também significados distintos ao conceito de "ditadura republicana".

Talvez caiba aqui uma observação de Comte em seu *Sistema de política positiva*, relativa ao conceito de ditadura. Segundo ele, o positivismo estaria destinado a governar o Ocidente, dadas a superioridade e a cientificidade de sua doutrina, inclusive, e sobretudo, pelo caráter demonstrável de sua religião. Ele teria uma função análoga à do catolicismo durante a Idade Média, com a vantagem de seu caráter científico, ao qual seguir-se-iam suas formas próprias de religiosidade. Temporalmente, com o seu avanço, teria lugar a "ditadura sistemática"[219]. A ditadura sistemática, permeada por seu caráter propriamente religioso, obedecendo a um calendário próprio e dedicada ao "Grande Ser", representado temporalmente pelo "Grande Padre da Humanidade", a saber Auguste Comte e seus sucessores, seria precedida por uma "ditadura empírica", "provisoriamente indispensável à ordem material"[220]. A "ditadura empírica" asseguraria a manutenção da ordem material, embora ainda imperfeita, devendo ser aperfeiçoada pela "ditadura sistemática", única capaz de assegurar o progresso, identificado com o avanço da religião positivista.

---

[219] *Système de politique positive*; tomo IV, prefácio do terceiro tomo, p. XXVII.
[220] Ibid., p. XXVII.

Nesta perspectiva, poder-se-ia caracterizar o governo castilhista, nesta passagem do estado de natureza ao Estado propriamente dito, como uma "ditadura empírica", capaz de assegurar, nestas condições extremas, a paz social e a ordem material. Não entra diretamente em linha de consideração uma colocação como a de uma "ditadura sistemática", acompanhada por formas de religiosidade, que lhe serviriam como justificativa. Os positivistas gaúchos, neste sentido, não procuraram implantar a religião universal nem a tornaram um objeto de fé no exercício do Poder. Tampouco seguiram as orientações do Apostolado. Valeria, portanto, o conceito de uma "ditadura empírica", adaptada ao seu contexto político.

Em uma carta ao dr. Protásio Alves, então diretor da Faculdade de Medicina e Farmácia, em 22 de agosto de 1890, Júlio de Castilhos reafirma o valor da separação entre os Poderes espiritual e temporal, preconizando que o Estado não poderia ter uma religião própria, nem uma ciência própria. A liberdade de culto significa que nenhuma religião deve ser subvencionada, nem protegida, devendo haver uma completa liberdade espiritual. Analogamente, não deveria o Estado subvencionar universidades e faculdades, devendo essas, no pleno exercício de suas liberdades, viver do apoio da sociedade e dos cidadãos, que almejam o conhecimento e a ciência, não devendo essa ser a função do Estado[221]. A esfera de atuação da área governamental seria uma, a da espiritual outra, não devendo ser consideradas eventuais opções religiosas dos governantes.

Já nas peças justificativas da Constituição do Estado do Rio Grande do Sul, promulgada em 14 de julho de 1891, é ressaltada a separação entre os Poderes temporal e espiritual, em obediência a um princípio comtiano. Na Constituição, o princípio da divisão é claramente estabelecido, sendo a forma de assegu-

---

[221] *O monumento a Júlio de Castilhos*. Edição do Governo do Estado, 7 de setembro de 1922, p. 34-5.

rar as liberdades religiosa, profissional e industrial. Não há apelo a uma religião que porventura pudesse ser privilegiada, mas a uma "política fundada na ciência"[222], na sociologia tal como foi elaborada por Comte. A política castilhista, porém, não compartilharia das colocações teológico-políticas do último Comte, o que inaugurara uma nova forma de religiosidade[223].

Esta concepção castilhista não passou despercebida ao Apostolado Positivista, que não deixou de criticar a postura do estadista gaúcho. Miguel Lemos expressou todo o seu descontentamento pelo fato de esse abster-se de "recomendar à mocidade a leitura dos trabalhos doutrinários do Apostolado"[224]. Teixeira Mendes, por sua vez, o criticou por não ter criado um verdadeiro partido baseado na "comunhão de suas convicções"[225], entenda-se à maneira do Apostolado. Não seguia, e é essa a questão, uma comunhão religiosa, obediente a apóstolos, mas uma comunhão doutrinária de cunho político, baseada em princípios de Auguste Comte, porém depurados de sua religiosidade. Ora, Júlio de Castilhos tinha criado um verdadeiro partido, o Partido Republicano Rio-Grandense, com princípios e uma longa vida, que marcou profundamente a política gaúcha, com extensões para todo o Brasil na figura de Getúlio Vargas.

Observe-se, por outro lado, o profundo respeito que Castilhos tinha pela religião católica, mantendo-se como discípulo de Augusto Comte, que não cessava de elogiar a sua importân-

---

[222] Ibid., p. 30.
[223] Nelson Boeira assinala que, anteriormente à Proclamação da República, o positivismo religioso teve pouca ou nenhuma expressão no Rio Grande do Sul, predominando no estado, naquele momento, a versão littreísta do positivismo. A adesão castilhista a essa doutrina tinha como fundamento o método científico e não a religião. Cf. In: *RS: Cultura & Ideologia*. Porto Alegre, Mercado Aberto, 1980, p. 54.
[224] Franco, Sergio da Costa. *Júlio de Castilhos e sua época*. Porto Alegre, Editora Globo, 1967, p. 196-7.
[225] Ibid., p. 197.

cia histórica, inclusive na sua educação pessoal. É bem verdade que considerava também que a religião católica já tinha preenchido a sua função histórica, devendo ser substituída por uma fé demonstrável baseada na ciência. Ocorre que a sua existência histórica só cessaria na medida em que a humanidade conseguisse esclarecer-se filosoficamente mediante um longo processo evolutivo, sem rupturas. Enquanto perdurasse, a religião católica continuaria a preencher uma função de unificação das pessoas em torno dos mesmos princípios e valores que seriam, então, gradualmente substituídos.

Na visão de Castilhos, a validade desta formulação comtiana continuava intacta, destacando, enquanto estadista, o princípio político da separação entre os Poderes temporal e espiritual, baseado que estava na liberdade religiosa e na tolerância. Em uma *Carta à devoção do Menino Deus*, no início de 1900, em que recusa ter sido escolhido para participar da direção de uma muito popular confraria, reafirma todo o seu apreço pela religião católica, sem renunciar minimamente aos seus princípios positivistas. Esclarece ele, preliminarmente, não pertencer a essa confraria nem a nenhuma outra[226], não sem também aduzir que nutre um sentimento de "intransigente aversão à irreligiosidade"[227], de onde não se segue que proponha, enquanto chefe de Estado, uma religião qualquer. Faz parte tanto da história quanto da natureza humana uma fé no aperfeiçoamento constante da humanidade e uma crença em um ser superior, caracterizado por sua suma perfeição. A religião é um elo necessário entre os homens, na particularidade mesma de cada culto e de suas formas específicas de oração e liturgia. "Conceber a sociedade sem religião é tão absurdo como julgá-la capaz de subsistir sem governo"[228].

---

[226] *Monumento*, p. 42.
[227] Ibid., p. 44.
[228] Ibid., p. 44.

Segue Castilhos relatando a sua profunda reverência à "fé católica", dando-lhe, inclusive, o crédito de ter ela contribuído para a sua retidão de homem público, contra a qual nem os seus adversários tinham algo a dizer. No alvorecer de sua adolescência, acrescentava ele, empreendeu o "estudo dos livros portentosos do mestre dos mestres – Augusto Comte",[229] que elucidavam cientificamente a legitimidade da religião católica, surgindo, na visão comtiana, como uma condição e uma preliminar de uma comunhão universal entre os homens, sendo a filosofia positivista a sua digna herdeira. Teria Comte, no dizer de Castilhos, reunido em si "a sociabilidade de São Paulo ao gênio de Aristóteles"[230]. De sua própria lavra, presta homenagens profundas à "religião do poderoso S. Paulo, do grandioso S. Bernardo, do ardente S. Francisco de Assis, do admirável S. Ignacio de Loyola e de outros e outros inesquecíveis servidores do catolicismo e da humanidade"[231].

Em uma descrição do *Monumento a Júlio de Castilhos*, existente até hoje na praça da Matriz em Porto Alegre, o autor, Decio Villares, positivista ortodoxo, coloca o dirigente gaúcho passando em revista todas as construções políticas do passado. Frente a várias opções que lhe são historicamente oferecidas, decide-se "a aceitar os fundamentos da política científica fundada por Augusto Comte"[232]. Note-se que não se trata de uma simples opção entre doutrinas de igual valor, mas de uma que se destaca das demais por sua cientificidade.

Um contemporâneo seu, embora mais jovem, João Neves da Fontoura, observa em suas *Memórias*, a adesão de Júlio de Castilhos a Augusto Comte e à doutrina positivista[233]. O seu teste-

---

[229] Ibid., p. 45.
[230] Ibid., p. 46.
[231] Ibid., 46.
[232] Ibid., p. 23.
[233] Fontoura, João Neves da. *Memórias*. 1º volume, *Borges de Medeiros e seu tempo*. Porto Alegre, Editora Globo, 1969, p. 14.

munho é tanto mais valioso por ter sido, segundo os momentos de sua vida, colaborador e opositor de Getúlio Vargas, a questão da ditadura, por exemplo, os separando. Foi promotor, prefeito, deputado, embaixador em Lisboa e ministro das Relações Exteriores dos presidentes Eurico Gaspar Dutra e do próprio Getúlio Vargas. Notara que tudo separava o líder gaúcho de seus contemporâneos que comandavam o estado, principalmente, "a formulação filosófica e objetiva da forma de governo, como a professava o líder rio-grandense, que era, convictamente, partidário das soluções da política positiva de Augusto Comte, cujos livros lera e cujas doutrinas assimilara"[234].

João Neves da Fontoura relata haver uma ala do partido que não aceitava o caráter sociocrático da Constituição castilhista, utilizando um termo do vocabulário positivista em voga na época. Os conflitos ideológicos cresceram com a sucessão estadual. Em particular, era na *Federação* que se encontrava o núcleo duro positivista, algo perfeitamente compreensível, uma vez que era lá que se elaborava ideologicamente o partido, intervindo assim na cena pública[235]. Ora, quando Borges de Medeiros é alçado ao Poder e após a morte de Castilhos, as dissensões ganharam uma dimensão mais forte. Em uma ocasião, já sendo diretor do jornal, Olavo Godoy, designado pelo novo governador, foi posto a par da carta de um prefeito que o criticara por estar "lafitizando" a obra do dr. Júlio de Castilhos! Esse mesmo prefeito recheava suas missivas enviadas à Câmara Municipal com citações do *Apelo aos conservadores* e de Clotilde de Vaux. Não era um caso isolado[236].

---

[234] Ibid., p. 14.
[235] Ibid., p. 19, 25.
[236] Ibid., p. 29. Cf. também Gunter Axt, que faz um pormenorizado relato das dissensões na equipe de Borges de Medeiros, em particular a proeminência dos positivistas ortodoxos, principalmente engenheiros, em tarefas de obras públicas no governo do estado, p. 71-9.

## A DITADURA CASTILHISTA

Othelo Rosa[237], que foi chefe de gabinete de Borges de Medeiros e diretor da *A Federação*, transcreve um longo trecho do *Apelo aos conservadores* de Augusto Comte para melhor caracterizar a sua influência sobre Júlio de Castilhos e, particularmente, sobre a Constituição Estadual. Digno de nota é o fato de o autor assinalar que a "ditadura republicana" é um regime temporal – portanto, de duração limitada – especialmente apto para regimes de transição, para épocas de passagem de uma forma de Estado a outra. Em linguagem comtiana, seria a da passagem do "regime metafísico" ao "regime positivo", na linha evolutiva proposta pelo autor.

Neste livro, sustenta Comte que a ditadura é particularmente necessária em momentos de transição de um regime político a outro, de uma fase da história à outra, devendo o Poder estar concentrado em uma só mão, ou seja, a ditadura seria monocrática, sendo o Executivo o Poder soberano. Não poderia ele estar submetido ao Legislativo, por ser, na acepção comtiana, um poder faccioso, voltado para a satisfação fragmentada dos interesses políticos particulares e não universais. Caberia, porém, à Assembleia um poder orçamentário assaz importante, porquanto lhe caberia aprovar o orçamento e, no limite, não aceitá-lo. Fora, porém, desta sua função não exerceria uma outra especificamente política.

Considerando a ditadura republicana, empírica neste sentido, como a mais apropriada para uma fase de transição, isto significa que ela teria uma validade temporal determinada, cessando assim que as condições desta transição fossem preenchidas, ganhando então a forma de uma "ditadura sistemática". E, no dizer de Comte, isto ocorreria quando a opinião pública tivesse sido completamente formada pela doutrina positivista, guia de

---

[237] Rosa, Othelo. *Júlio de Castilhos*. Porto Alegre, Globo, 1928, p. 248-9.

ambos na administração consciente da sociedade. A ditadura seria, portanto, exercida por um governante esclarecido na doutrina positivista, no conhecimento científico, devendo ele permitir à sociedade o máximo de liberdades para o advento deste conhecimento pleno. A ditadura seria perfeitamente conciliável com as liberdades, sobretudo de pensamento, religiosa, científica e pública, através de jornais e publicações. Tal ambiente só se tornaria possível quando uma sociedade fosse regida pela ordem para que o progresso das liberdades pudesse ocorrer.

Júlio de Castilhos, a partir desta formulação, a adapta segundo as necessidades de seu momento histórico, no caso, o da transição da Monarquia para a República, tendo em vista os problemas e as adversidades vividas por essa última em sua implementação definitiva. No dizer de Othelo Rosa, o governante gaúcho fez uma criativa adaptação desta doutrina às condições históricas, às tradições e às gentes rio-grandenses. Não se trataria, então, de um produto exótico importado, mas de uma concepção com estreita afinidade com a história gaúcha em particular, e com a do Brasil em geral. Para Júlio de Castilhos[238], o problema residiria na importação do parlamentarismo à maneira inglesa, que teria produzido resultados nefastos no país. O problema consistiria na "perturbadora divisão do Legislativo e do Executivo", cujos resultados evidenciariam a sua imprestabilidade enquanto sistema de governo. Nele, a autoridade não conseguia impor-se, criando um estado de insegurança, intranquilidade e irresponsabilidade.

A especificidade dos gaúchos, dada pelas planícies do Sul, abertas a investidas das nações platinas, com tropas bem armadas, fez com que esses desenvolvessem formas de solidariedade que são muito diferentes das do Centro e Sudeste do país, ancoradas nos clãs que disputavam entre si e cujos inimigos eram indígenas e quilombolas mal armados, que não possuíam

---

[238] Ibid., p. 250.

condições de enfrentá-los. No Sul, a situação era totalmente outra, pois os bandeirantes e caudilhos enfrentaram um forte inimigo comum que podia destruir totalmente suas propriedades e aniquilar suas vidas. Aqui, o perigo era real e obrigava os seus habitantes a se auto-organizarem, contando para isto com o Poder público, não visto como um rival ou adversário, mas como um parceiro. "O Estado, o poder político, se torna, por isso, uma necessidade orgânica e instintiva: se não o organizasse a metrópole, os gaúchos o organizariam, numa solidariedade forçada"[239].

Na esteira de Oliveira Vianna, Love[240] assinala o caráter específico da escravidão no Rio Grande do Sul, onde, à diferença do que ocorria no resto do país, destacava-se uma relação patrão-peão, típica dos países platinos, e não senhor-escravo, típica da grande lavoura brasileira. Ademais, os republicanos gaúchos eram francamente abolicionistas, seguindo aqui a doutrina comtiana da igualdade e da fraternidade universais. Note-se que Getúlio e os getulistas serão formados precisamente nesta tradição histórica, em que o autoritarismo vem a ser identificado à necessidade mesma de existência do Estado. A questão democrática, por assim dizer, é secundária em relação à questão estatal.

O sufrágio universal é, por sua vez, associado aos jogos parlamentares, ambos identificados a formas sofísticas de exercício da política, que perde o seu sentido mais nobre de educação e formação. Para Comte, tal instituto seria um falso direito político, na medida em que vicia a "razão popular", que se desvia de seu foco principal e mais nobre de um estudo propriamente sério. Cairiam, neste sentido, na armadilha dos "conluios parlamentares" e dos "sofismas constitucionais"[241]. O que consi-

---

[239] Vianna, *Populações* II, p. 373.
[240] Love, Joseph L. *O regionalismo gaúcho e as origens da Revolução de 1930*. São Paulo, Editora Perspectiva, 1975, p. 11.
[241] *Discurso sobre o espírito positivo*, p. 128.

deramos hoje como uma espécie de direito político de validade universal é, para Comte, um mero instrumento dos jogos parlamentaristas de poder, sua validade sendo, portanto, restrita e particular, não indo além deste regime político. Note-se que o desprezo para com o sufrágio universal, presente tanto em Júlio de Castilhos quanto em Borges de Medeiros, tem como ponto de referência a doutrina comtiana. Logo, para eles, fraudar eleições seria algo ideologicamente justificável, pois a fraude teria um objetivo mais nobre, o da perenidade dos líderes positivistas, destinados ao esclarecimento de seus cidadãos.

Eis por que não se pode confundir a ditadura com a tirania e o despotismo, pois isto equivaleria a deturpar o seu próprio significado. A acepção corrente de ditadura não se aplicaria à acepção comtiana, que visa a uma forma de autoridade estatal voltada para a ordem, o progresso e o avanço do conhecimento e das liberdades. "É uma forma de governo que, como qualquer outra, pode, e tem, assegurado e mantido as liberdades públicas, o progresso e a felicidade, o regime da lei e da justiça"[242]. Acrescenta ainda Rosa que, historicamente, ditaduras surgem em situações de anormalidade, que seriam, em outros contextos, desnecessárias, uma vez os perigos ultrapassados. Não deixam de ser interessantes os exemplos oferecidos por ele de Napoleão e Cromwell, "senhores da guerra", que impuseram o seu domínio em situações de guerra civil, voltando-se, assim, para aniquilar a anarquia e a desordem reinantes[243].

Surge, aí, a adaptação castilhista de perpetuação no Poder dos governantes virtuosos e embasados no conhecimento científico. Não poderiam ser substituídos segundo as formas corriqueiras dos governos representativos, baseados na rotatividade política. O termo ditadura é aqui levado a sério. Elaboraram a ideia de uma partido republicano, o Partido Republicano Rio-

---

[242] Rosa, p. 251.
[243] Ibid., p. 252.

Grandense, PRR, que seria hegemônico na arte de governar, seguindo as orientações de Júlio de Castilhos e, depois, de Borges de Medeiros. O primeiro, quando deixa o governo em 1898, não perde com isto o Poder, pois continua comandando o partido e transmitindo ordens tanto para o governador indicado por ele, Borges de Medeiros, quanto para os poderes locais, municipais. E isto o fez até a sua morte em 1903. Borges de Medeiros, por sua vez, quando deixou o governo por um breve período, manteve o mesmo esquema de seu antecessor. Quando reassumiu, guardou para si tanto o poder governamental quanto o partidário.

Conseguiram, assim, dentre outros feitos, comandar e fraudar as eleições municipais, que lhes davam sistematicamente a vitória em índices de fazer corar qualquer democracia. Abaixo deles, encontrava-se toda a burocracia partidária, constituída de quatro grandes subchefes regionais, que eram os delegados de polícia, abaixo dos quais, por sua vez, encontravam-se os chefes locais. Os chefes e subchefes, ao contrário do que acontecia em outras regiões do país, não eram coronéis em sentido próprio, às vezes nem estancieiros eram, pois o seu poder provinha de sua nomeação pelo presidente do partido. A hierarquia era completa e muito bem controlada, baseada na lealdade incondicional aos líderes partidários e ao seu comandante máximo. Qualquer desvio desta regra era severamente punido, por mais importante que fosse o transgressor[244].

A justificativa de tais práticas políticas residia no próprio ideal do governo castilhista, que, seguindo a concepção comtiana, colocava-se como um governo baseado no conhecimento e nas "leis científicas", o que significava dizer que, do ponto de vista ético, seria ele constituído por pessoas virtuosas, caracterizadas pela retidão moral. A moralidade na condução dos negócios públicos era uma condição mesma desta nova forma de governo, a partir da qual poderiam os governantes exercer um

---

[244] Love, p. 84-6.

tipo de tutela sobre a sociedade, identificada com o livre jogo dos interesses materiais e egoístas. Ou seja, a instância estatal seria o lugar da virtude, enquanto os vícios estariam situados no domínio da economia. Observe-se que os castilhistas eram conhecidos por sua probidade administrativa, na observância de padrões morais de conduta, não tendo se enriquecido no exercício do Poder. Tanto Júlio de Castilhos e Borges de Medeiros, quanto Pinheiro Machado e Getúlio Vargas não utilizaram nem desviaram recursos públicos em proveito próprio. Logo, os liberais, para eles, enquanto defensores da sociedade, da economia de mercado e das instituições representativas seriam pessoas que não compartilhavam da mesma concepção de moralidade pública.

Em consequência, conforme a política econômica por eles apregoada, caberia ao Estado encarregar-se dos serviços públicos, na medida em que não deveriam ficar nas mãos da iniciativa privada, voltada para a realização dos interesses particulares. Eis por que Borges de Medeiros fará todo um programa de "socialização dos serviços públicos", contando, para isto, com o apoio da União[245]. Agia consoante a concepção positivista de que o Estado deveria intervir nas relações econômicas, inclusive assumindo a criação de empresas públicas. Será, posteriormente, mediante a ampliação da significação de "serviço público", que Getúlio Vargas criará Volta Redonda e a Petrobras, Leonel Brizola estatizará a Companhia Estadual de Energia Elétrica e, inclusive, o general Geisel executará todo um programa de criação de empresas estatais. Exemplos não faltariam.

Note-se que Júlio de Castilhos era eminentemente um propagandista, um publicista, um combatente de ideias que procurava a persuasão e o convencimento, utilizando-se das páginas de um jornal, de tipo doutrinário, *A Federação*, para a consecução de seus objetivos. Fazia um jornalismo de opinião através de um

---

[245] Ibid., p. 117.

instrumento que era essencialmente seu, embora fosse órgão de seu Partido Republicano. Fiel à tradição positivista, procurava, pela formação da opinião pública, a evolução das mentalidades, principalmente a gaúcha. Sua finalidade consistia, precisamente, na instalação da República por via evolutiva e não através da revolução e da violência, embora tenha isto precisamente acontecido na Revolução Federalista. Para tal, utilizou uma fórmula do Congresso do partido em 1884: "Ação evolutiva e não revolucionária"[246].

Contudo, o que caracterizava a sua retórica, o seu trabalho de propagandista, era sua convicção de que seguia a verdade, que lhe teria sido dada pelo caráter científico que ele atribuía ao positivismo, aos ensinamentos de Augusto Comte. A sua retórica seria cientificamente fundada, pois os seus argumentos não seriam meros argumentos persuasivos, porém os que têm ao seu lado as leis científicas da evolução da história e das sociedades. "A República não era para ele uma teoria sedutora, uma forma sonora: era uma ideia grande e profunda, e era uma verdade demonstrada"[247]. Ou ainda, a sua eloquência, "era sóbria e medida, nascendo mais do esplendor da verdade do que da sonoridade da palavra"[248].

Em artigos publicados no jornal *Evolução*, em São Paulo, em 1879, Júlio de Castilhos, então com 19 anos, deixara clara a sua adesão a Augusto Comte, cuja percepção teria um "olhar de águia", sendo o "imortal criador da sociologia"[249]. De posse deste conhecimento "científico", políticos e governantes não estariam mais desprovidos de conhecimento para bem governarem os seus povos e administrarem os seus Estados com princípios demonstráveis. "As sociedades obedecem ao influ-

---

[246] Rosa, p. 79.
[247] Ibid., p. 31.
[248] Ibid., p. 46.
[249] Ibid., p. 33.

xo de leis tão exatas, precisas e invariáveis como as que regem os movimentos transformadores do mundo físico"[250]. Logo, a anarquia social seria derivada do fato de os governantes agirem às escuras por desconhecerem estas leis da sociedade e da história. Uma vez tendo se apropriado deste conhecimento, estariam em condições de harmonização com o desenrolar histórico dos acontecimentos, agindo em consonância com essas leis dadas. A República, neste sentido, seria um ato político em consonância com a história, enquanto a Monarquia seria um fato em dissonância com as leis que regem o seu curso.

Chama particularmente atenção o fato de Othelo Rosa utilizar, referindo-se a Júlio de Castilhos, o significante "fé", "fé" nele mesmo, em suas ideias, na República, nas leis científicas das sociedades, na obra de Auguste Comte e assim por diante. Haveria uma estruturação religiosa tanto de seu pensamento quanto de sua forma de atuação, algo que, inclusive, se fará presente no modo de atuação de seu partido, uma vez que aparecerá também como o partido da verdade e da ciência. A sua convicção no advento da República era científico-religiosa, convicto que estava do seu surgimento iminente. Isto faz com que o biógrafo chegue a descrever o biografado como um "iluminado, com impressionante tom profético em suas sentenças"[251]. Note-se, porém, que os positivistas gaúchos, ao redigirem a Constituição estadual e conquistarem o Poder, seguiram uma acepção da separação dos Poderes espiritual e temporal distinta da apregoada pelo Apostolado, não reconhecendo a sua direção espiritual.

Observe-se que "iluminado" não teria somente a acepção de um homem das luzes, no sentido francês do "*Siècle des Lumières*" ou do alemão da *Auklärung*, mas também, e sobretudo, o sentido religioso daquele que foi tomado por uma verdade de

---

[250] Ibid., p. 32.
[251] Ibid., p. 45.

tipo revelada. Seria o iluminado religioso, o romântico em busca da realização do absoluto, no caso, da perfeição social. Aliás, a biografia de Othelo Rosa é um panegírico, relatando a sua vida como um homem de virtudes imaculadas, não sendo ele propriamente um político, mas um profeta no Poder. O biógrafo termina por compartilhar com o biografado os mesmos valores de um romantismo político, de tipo religioso, tão ao gosto de Augusto Comte e dos saint-simonianos.

Em artigo intitulado "Augusto Comte", na *Federação*, em 5 de setembro de 1887, e assinado por Júlio de Castilhos e Demétrio Ribeiro, surgem expressões que serão caracterizadas por Othelo Rosa como provas de uma "solene e eloquente profissão de fé"[252]. Com efeito, o filósofo francês é tido como "fundador da religião demonstrada", logo não como fundador de uma religião ao lado das outras, mas como fundador de uma religião de outro tipo, cujo traço definidor seria o seu caráter científico. A religião revelada seria substituída pela religião demonstrada.

Na tradição gaúcha, imbuída do que os seus líderes tinham aprendido em São Paulo, onde se formaram, o positivismo é identificado à República. Em interessante depoimento de Arthur Ferreira Filho[253], a República era, para eles, um governo forte, porém exercido com virtude. As funções públicas deveriam estar reservadas aos homens probos, devendo delas estar excluídos os que não tivessem qualidade moral. Deveriam, neste sentido, destacar-se pelo conhecimento e pelas virtudes, não podendo ser despreparados intelectualmente nem desprovidos de moralidade. A autoridade estatal deveria ser "esclarecida" nesta dupla acepção, a do conhecimento e a da moralidade. Isto implica, no exercício do Poder, o critério da austeridade no tratamento da coisa pública, algo de que os governantes gaúchos deram provas quando conquistaram o Poder.

---

[252] Ibid., p. 67-8.
[253] Citado por Lins, p. 234.

Da mesma maneira, estavam imbuídos de profundas convicções sociais, cônscios, segundo a doutrina positivista, de que os "proletários" deveriam ser plenamente incorporados à vida nacional, à sociedade moderna[254]. Os que tinham saído da escravidão deveriam ser protegidos por um Estado que deveria inscrever em sua Constituição normas em defesa do trabalhador, o que foi feito na Constituição do Rio Grande do Sul, de 14 de julho de 1891. Aposentadoria por invalidez era já parte integrante daquela Carta. Faz parte da autoridade esclarecida tornar todos socialmente cidadãos. Neste sentido, haveria não uma importação arbitrária de ideias, uma mera adesão a concepções vigentes no tempo, mas uma integração desta nova doutrina às necessidades de uma nova sociedade que surgia. Em certo sentido, pode-se dizer que havia uma afinidade entre a mentalidade dos caudilhos, a tradição do clã pastoril do Estado e o exercício de um governo autoritário, assim como uma outra afinidade com novas necessidades sociais de uma sociedade apenas liberta da escravidão. Do mesmo modo, a probidade no tratamento da coisa pública contrastava com a confusão entre o público e o privado, própria dos chefes provinciais e locais.

Acrescente-se ainda que a bandeira da ordem pública fornecia aos gaúchos uma resposta à desordem reinante, em um estado vítima dos mais diferentes tipos de guerra civil, independentemente de que os próprios positivistas tenham sido também os seus instigadores. Por outro lado, eram fervorosos partidários da mais completa liberdade profissional, tendo lutado por inscrever este ponto na Constituição republicana nacional. Em outro traço liberal, defendiam a liberdade de expressão e pensamento, própria de uma doutrina que acreditava no progresso das ciências, tendo essas como pressuposto a liberdade de discutir, arguir, expressar e publicar. Em uma perspectiva igualmente moderna, algo que o Brasil e o próprio Rio Grande ainda

---

[254] Ibid., p. 238-9.

não compreenderam perfeitamente, eram estritos no controle do orçamento, devendo as despesas do Estado adequarem-se às suas receitas. Tais iniciativas de cunho positivista eram igualmente acompanhadas da defesa da ação intervencionista do Estado no campo econômico. É no governo de Borges de Medeiros, em 1916, que ocorre a municipalização dos serviços urbanos como os de água, esgotos, luz e energia elétrica ou a socialização daqueles serviços de interesse estadual[255].

A questão da ordem e a de como colocar-se diante de uma guerra civil (ou da iminência dessa) foram problemas sempre presentes para os positivistas, seja ele Júlio de Castilhos, Borges de Medeiros ou Getúlio Vargas. Como comportar-se um líder político positivista, caso de Júlio de Castilhos, participando de lutas armadas e saindo delas vencedor? Como, com efeito, um líder político de formação positivista, caso de Getúlio Vargas, poderia liderar uma revolução, na medida em que essa precipitaria o país na desordem e na anarquia? Como conciliar a defesa da ordem com a ruptura institucional por meio da violência, mesmo que essa almeje uma nova ordem? Não seriam a guerra e a revolução momentos em que a anarquia passaria a seguir sua própria lógica, avessa à da ordem pública?

O jovem Getúlio[256], quando de seus 20 anos, acadêmico, em 31 de outubro de 1903, em uma homenagem fúnebre a Júlio de Castilhos, no Teatro São Pedro, proferiu um importante discurso, que teve forte impacto em um ambiente coalhado de altas autoridades, civis e militares: "'Espírito de águia, pulso de atleta, convicção de mártir', enumerou Getúlio. 'Sigamos o exemplo desse homem que no passado foi um lutador, no presente um or-

---

[255] Ibid., p. 245.
[256] Lins assinala que toda a família Vargas, de Manuel, o pai, aos filhos Protásio, Viriato e Getúlio, era de formação positivista, tendo sido eles subscritores do subsídio do Apostolado Positivista do Brasil. Getúlio, em particular, foi castilhista desde a sua juventude, p. 255-60.

ganizador e no futuro será um símbolo de glória', falou, enquanto do camarote presidencial ouvia-o o então presidente do estado, Borges de Medeiros, sucessor de Júlio de Castilhos à frente do poder político no Rio Grande do Sul"[257]. Ou ainda: "'Júlio de Castilhos para o Rio Grande é um santo. É santo porque é puro, é puro porque é sagrado, é grande porque é sábio', discorreu ele, em uma prédica característica do positivismo. 'Ele foi o homem puro da República, o evangelizador de um povo, e o seu berço a Jerusalém dos eleitos'"[258]. E, por último: "'Senhores! Resta-me uma satisfação: é que ele [Castilhos] não semeou em terra sáfara e os belos ensinamentos que nos deixou serão continuados por aqueles que o seguiram e compreenderam', sentenciou"[259].

Nas páginas da *Federação*, em 26 de outubro de 1908, não era outro o seu sentimento e o seu arrobo de espírito: "A obra de Júlio de Castilhos não ruirá. Os republicanos guardam a serenidade e a firmeza das velhas falanges macedônicas, de encontro a cujas arrestas há de bater e recuar a turba dispersa dos adversários. Ao evocar-se o nome do Patriarca, há de erguer-se a águia sonolenta das passadas vitórias, espalmando as grandes asas radiosas ao sol das nossas lutas"[260]. A obra castilhista seria perene, assim como os seus ensinamentos, devendo ela necessariamente triunfar sobre os seus adversários, aqueles que vicejam no erro e na desorientação. Por isto mesmo, serão vencidos, empregando o futuro ditador a linguagem militar das falanges macedônicas. Júlio de Castilhos não se situaria dentre os simples mortais, pois ele "vencera o tempo, irmanando-se com ele. Os tecidos do seu organismo mineralizaram-se, diluindo-se no seio fecundo da terra *mater* [...] e se ia assim confundindo com

---

[257] Lira Neto. *Getúlio (1882-1930)*, tomo I. São Paulo, Companhia das Letras, 2015, p. 81.
[258] Ibid., p. 82.
[259] Ibid., p. 83. Cf. também Costa Franco, p. 203.
[260] Citado por Axt, Gunter. *Gênese do Estado moderno no Rio Grande do Sul 1889-1929*. Porto Alegre, Editora Paiol, 2011, p. 83.

a perfeição e a imortalidade. [...] Júlio de Castilhos é um brado de alerta para a mais alta de nossas esperanças, rejuvenescendo o coração dos velhos, alentando a alma juvenil para o eterno ideal da prosperidade e da grandeza. [...] Os defensores de suas ideias [...]não se mumificam a um passado morto, porque Júlio de Castilhos ainda é o futuro"[261]. O falecido presidente gaúcho, na retórica do jovem que segue os seus ensinamentos, ganha os contornos da imortalidade, pois seu corpo, ao mineralizar-se, foi definitivamente incorporado à República, tal como a entendiam seus correligionários e discípulos, dentre os quais o futuro presidente do Brasil, quando o futuro virá a se concretizar.

Anos depois, já deputado, confrontou-se aos dilemas deste semear, pois na terra então cultivada não deixaram de surgir novamente os problemas políticos oriundos das interpretações positivistas e das diferentes acepções que os seus partidários tiveram de dar às questões mesmas da ordem e da violência. A continuação daqueles ensinamentos teve de enfrentar-se com uma realidade refratária à aplicação de fórmulas simples, exigindo uma hermenêutica prática que se fazia simultaneamente ao desenrolar dos acontecimentos. As diferentes acepções de positivismo, dentre as quais a de um positivismo ortodoxo e não ortodoxo, vêm à tona a propósito de um discurso do então deputado federal Getúlio Vargas, em 10 de julho de 1923, quando, iniciante na Câmara dos Deputados, quebra o seu jejum oratório.

A sua polêmica instaura-se com o também deputado gaúcho, Francisco Antunes Maciel Júnior, só que situado no outro polo do espectro político, por ser um federalista. O objetivo da disputa centrava-se na guerra civil, que se desenrolava no Rio Grande do Sul, governado por Borges de Medeiros. Em um momento da polêmica, o deputado Antunes Maciel saca uma carta de apoio a ele de Teixeira Mendes, então diretor da Igreja Positivista do Brasil. Ou seja, um federalista traz em sua defesa uma

---

[261] Ibid, *A Federação*, 26 de outubro de 1908, p. 86.

carta de um positivista ortodoxo contra um governo positivista, por esse estar engajado em uma luta civil, contra os preceitos de ordem de Augusto Comte e Júlio de Castilhos. O deputado federalista chega a caracterizar Teixeira Mendes como o "principal pensador vivo do país"[262]. A questão é da maior pertinência: como podem os defensores positivistas da ordem defenderem o recurso à violência, isto é, à desordem?

No dia seguinte, Getúlio, em sua defesa, acuado por essa questão doutrinária, trouxe à baila um recorte do jornal *O Paiz*. Era a resposta que um general positivista, Agostinho Raimundo Gomes de Castro, dera a esta carta de Teixeira Mendes. Em particular, o ponto de discórdia consistia nas condições históricas de recurso à violência, na medida em que, no caso gaúcho em questão, ela poderia ser necessária para enfrentar outra violência, tendo em vista a manutenção de uma ordem que teria sido perturbada, violada. Mais especificamente, o general começa por fazer uma analogia entre a violência empregada por Borges de Medeiros e a utilizada por Floriano Peixoto, também ele obrigado ao recurso da força para combater uma outra força que contra ele se insurgia.

A manutenção da ordem pressupõe o controle da violência, mesmo por intermédio de uma outra violência. "É lícito, pois, ao senhor Borges de Medeiros, o presidente legal do estado do Rio Grande do Sul, o manter-se pela violência contra a violência, no cargo de governo que ocupa. Logo acrescenta o seu "profundo desacordo com o senhor Teixeira Mendes", não sem antes aludir à profunda concepção comtiana do homem enquanto animal constituído de egoísmo e altruísmo, não sendo nenhum anjo. O diretor da Igreja Positivista é, então, criticado por cair em um "vago misticismo", não seguindo, na verdade, os ensinamentos de Auguste Comte. Getúlio arremata: "Fazendo parte do meu discurso, esse artigo serve como contribuição para interpretar a doutrina posi-

---

[262] Lira Neto, p. 198.

tivista..."²⁶³. Note-se que a polêmica instaura-se no próprio campo positivista, segundo diversas interpretações, porém servindo como ponto de referência, de parâmetro às discussões. Só que, no caso, a verdadeira interpretação seria a do general Gomes de Castro, secundado por Getúlio, e não a de Teixeira Mendes, que teria se afastado dos ensinamentos do "mestre de Montpellier". O positivismo ortodoxo, nesta perspectiva, não seria fiel aos ensinamentos de Comte. O ortodoxo não seria ortodoxo!

Assinale-se, por último, que Getúlio Vargas irá socorrer-se de Oliveira Vianna, quando, em 1926, lera o primeiro tomo das *Populações meridionais do Brasil*²⁶⁴. Suas convicções positivistas antiliberais, antirrepresentativas e antidemocráticas foram ainda mais reforçadas. Seu autoritarismo passa a beber em duas fontes, a segunda funcionando como um reforço da primeira, só que agora mediante a análise da situação histórica, empírica, brasileira. Se antes tinha a teoria comtiana e a prática castilhista, agora possui um instrumento teórico de intervenção prática. Vélez Rodríguez²⁶⁵, por sua vez, assinala que Getúlio cita extensamente, em seus discursos, a partir de 1925, o primeiro tomo das *Populações meridionais*, cuja primeira edição data de 1920 (o segundo tomo, que trata dos gaúchos, só será publicado em 1952, após a morte do autor). Seria o pensador fluminense o responsável por lhe abrir toda a dimensão nacional do país, na medida em que o futuro presidente ainda estava preso às questões regionais gaúchas. Seria a passagem do esquema abstrato de Comte, com suas leis de evolução das sociedades e da história, para o estudo concreto do caso brasileiro, segundo suas especificidades e suas formas próprias, históricas, de progresso.

---

[263] Cf. Rodríguez, Ricardo Vélez. "O legado de Getúlio Vargas – trajetória parlamentar." In: *Reflexões sobre a Era Vargas*. Organizadores Gunter Axt, Osmar de Barros Filho, Ricardo Vaz Seelig, Sylvia Bojunga. Porto Alegre, Memorial do Ministério Público, Coleção Sujeito & Perspectiva, vol. 2, 2005, p. 26.
[264] Lira Neto, p. 237-8.
[265] Vélez Rodríguez, p. 34-5.

CONCLUSÃO
# A QUESTÃO DEMOCRÁTICA

No segundo volume de suas *Memórias*[266], abarcando a *Aliança Liberal e a Revolução de 30*, João Neves da Fontoura coloca o período como o de um embate entre forças políticas que almejavam a instalação de uma verdadeira democracia no país, entre as quais ele se incluía na Aliança Liberal, e os que faziam das instituições democráticas um mero mecanismo de fachada, voltado, na verdade, para a conservação do Poder dos grupos dominantes, com eleições fraudadas, atas falsas e assim por diante. Dentre esses, as forças agrupadas em torno do presidente Washington Luís. Em seu relato, ele centra a luta política na questão democrática, de tal maneira que essa vem a ser identificada à questão mesma de fundação do Estado. Ou seja, a Primeira República não teria vingado, dando lugar aos mais diversos tipos de insurreições e instabilidades constitucionais, por não ter podido ser fiel à ideia de República que deveria ter se instalado no país após a queda da Monarquia. O interessante consiste em que a questão de existência (ou não existência) de um verdadeiro Estado torna-se tributária da existência ou não de uma verdadeira democracia. Estas duas questões estão de tal

---

[266] Fontoura, João Neves da. *Memórias*, volume II. *A Aliança Liberal e a Revolução de 30*. Porto Alegre, Editora Globo, 1963.

maneira entrelaçadas que terminam por se constituir em uma mesma.

A revolução, que se caracteriza por ser um ato de violência, ao subverter a ordem existente, é, em sua perspectiva, um ato que visaria, em 1930, à instauração de um Estado que já se apresentaria como democrático. A ordem então subvertida daria lugar, por intermédio da violência, à instauração de uma nova ordem que deveria surgir como essencialmente democrática. Ou seja, a revolução sendo uma forma de existência histórica do estado de natureza, do não Estado, apareceria, assim, enquanto instrumento de realização da democracia, sob a forma do surgimento de um novo Estado. Romper-se-ia com o Estado para a sua reconstituição como democrático. A democracia, sob esta ótica, tornar-se-ia uma ideia orientadora da conquista do Poder e, mais do que isto, de refundação do Estado. Ela não seria uma mera qualificação do Estado, mas a sua forma própria.

Duas acepções da democracia entrariam aqui em jogo. A primeira é a de que ela se caracterizaria como um instrumento dos descontentes, dos que estariam alijados do Poder e encontrariam nela uma bandeira de luta, capaz de galvanizar o povo. Ou seja, ela seria uma bandeira política particular como qualquer outra, não tendo nenhum valor universal. O seu valor seria instrumental pois ela era utilizada pelos oposicionistas que almejariam, por seu intermédio, voltar ou conquistar o Poder. A segunda é a de que, independentemente das partes, ela seria uma forma de governo de validade universal, servindo, portanto, tanto para a situação quanto para a oposição. Sob esta ótica, poderia ser considerada um instrumento da luta revolucionária, na medida em que os detentores do Poder recusam-se a compartilhá-lo segundo regras comuns e reconhecidas por todos e, em particular, pelos contendores, sempre e quando, depois, seja tomada como valor universal.

No primeiro caso, situar-se-ia a posição de Getúlio Vargas, que não aderia à democracia enquanto valor universal, tendo-lhe apenas servido enquanto instrumento de luta e, mesmo assim, só ao final quando soube se aproveitar das condições históricas para surgir como líder revolucionário. Saliente-se que muito tergiversou e tardou antes de aderir tanto à sua candidatura presidencial quanto à Revolução propriamente dita. As lutas democráticas foram, para ele, um pretexto para conquistar o Poder nacional e, lá, uma vez instalado, terminou por se consolidar como ditador, eliminando progressivamente qualquer compromisso democrático até a instauração do Estado Novo. Um Estado constitucional seria, para ele, algo destituído de valor, fazendo concessões aqui e acolá apenas para fortalecer o seu próprio Poder.

Em outra perspectiva, poder-se-ia dizer, em linguagem hobbesiana, que ele se confrontava com a questão mesma de refundação do Estado após meses e anos de instabilidade institucional e de violência revolucionária. Pretendia ele refundar o Estado sob um governo forte e centralizado, orientado pelo seu próprio arbítrio, em uma espécie de equacionamento das forças em disputa. Dispensava aliados e aproximava-se de adversários segundo as circunstâncias, conforme o que fosse necessário para a conservação de seu poder. Agia pragmaticamente, tendo sempre como norte a questão do Estado dissociada da questão da democracia. Ciente talvez estivesse de que, se assim não agisse, o Estado, sendo refundado, recairia na situação de um não Estado, na desordem generalizada. Poder-se-ia mesmo dizer que, neste sentido, seguira a orientação positivista, castilhista, segundo a qual, antes de tudo, seria necessário instituir a ordem material, condição *sine qua non* da existência do Estado e de seu posterior aprimoramento. O lema positivista da "ordem como base" era uma máxima de sua ação política.

Note-se, a este respeito, que Borges de Medeiros, então presidente do Partido Republicano Rio-Grandense, e que tinha indicado Getúlio Vargas a candidato partidário para presidente do estado e João Neves da Fontoura para vice-presidente, hesitou em aderir à Revolução (Getúlio neste sentido o segue), precisamente porque continuava aderindo à orientação positivista/castilhista da ordem. Só em último recurso infringiria este mandamento e apenas o fez quando o que ele veio a considerar como o arbítrio do presidente Washington Luís não tinha mais limites, perseguindo opositores em Minas Gerais e na Paraíba sobretudo. Neste último estado, instigou a desordem generalizada que terminou culminando no assassinato do presidente estadual João Pessoa. E mesmo quando deu o seu beneplácito, diante da instância entre outros de João Neves da Fontoura e Osvaldo Aranha, o fez com a recomendação de que se evitasse de todos os modos a guerra civil. Consentiu com a violência revolucionária, sempre e quando fosse de curta duração e com o menor número de baixas. Talvez tivesse em mente a instauração da República, quando nenhuma gota de sangue foi vertida. Seria a reafirmação da ordem, visto que a desordem veio a se caracterizar como o modo mesmo de governar de Washington Luís. Seria a curta desordem enquanto condição de fundação da verdadeira ordem.

Em uma carta dirigida ao gen. Monteiro de Barros, em 23 de setembro de 1930, de sua fazenda de Irapuazinho, poucas semanas antes de a insurreição ser decretada, Borges de Medeiros deixou clara a sua posição: declarou-se solidário com o movimento liberal, reconheceu que a crise existente não poderia ser resolvida pelos meios legais em vigor e que só lhe restara o "recurso extraordinário de uma insurreição geral, que traduza a positiva vontade da nação, mas sem expô-la ao perigo da guerra civil"[267]. Acrescentou ainda que a "rebelião poderá quiçá triunfar sem luta sangrenta e até sem efusão de sangue"[268], contando, para isto, com o alinhamento das Forças Armadas. Observe-se a sua cautela ao aderir à insurreição de um povo em armas, na medida em que seu desfecho pode ser – em caso de equiparação

---

[267] Ibid., p. 389.
[268] Ibid., p. 389.

das forças em luta – a guerra civil, perpetuando uma situação de violência generalizada. Sua aposta consistiu na utilização, por um breve período, da violência revolucionária, com a conquista do Poder fazendo-se através de um grupo que se colocou como claramente vitorioso, sem adversário à altura. Reconheceu ele que a irrupção revolucionária, uma vez decretada, poderia ser imprevisível. Eis por que só deveria ser utilizada em último recurso e, mesmo assim, sob a máxima forma de controle possível. Conhecia ele bem, por experiência própria, a violenta história gaúcha, permeada por vários tipos de guerra civil.

No segundo caso, situar-se-ia a posição de João Neves da Fontoura. Para ele, a desordem pública instaurada pelo governo de Washington Luís devia-se à sua falta de compromisso com a democracia, à sua falta de respeito a qualquer regra eleitoral, procurando, apenas, a perpetuação de seu próprio grupo no Poder. Segundo ele, o país vivia em uma "ficção democrática, sob o rótulo de República"[269], devendo ao povo ser restituído o poder de eleger livremente os seus governantes, sem fraudes e atas falsas. Os brasileiros deveriam tomar "armas na mão para o advento da democracia e dos direitos do povo"[270]. A violência revolucionária seria um instrumento de conquista da democracia. Logo, o seu objetivo maior consistia, após a tormenta revolucionária, na reconstitucionalização do país, com novas eleições gerais. A revolução tinha rompido com a ordem constitucional vigente e essa deveria ser reconstituída por novas eleições e por uma Assembleia Constituinte.

Não bastava, para ele, que os vitoriosos somente tomassem o lugar dos derrotados. A democracia simplesmente desapareceria enquanto valor universal e a questão do Estado estaria radicalmente divorciada da questão da democracia. Eis a causa maior de seu afastamento de Getúlio Vargas no governo provi-

---

[269] Ibid., p. 283.
[270] Ibid., p. 283.

sório, não vindo a aceitar nenhuma das posições que lhe foram oferecidas, a saber, o Ministério da Justiça e o governo do Rio Grande do Sul. Fiel a seus valores, tornou-se, depois, adversário do novo presidente, aderindo à Revolução Constitucionalista de 1932. Note-se que ele cita tanto os revolucionários franceses de 1789 quanto Trotsky, cuja experiência histórica mostrara que a revolução come os seus próprios filhos, dando lugar aos oportunistas e aos mais diferentes tipos de aproveitadores. "Fora de dúvida, as revoluções nunca se contêm na órbita preestabelecida"[271]. Seria possível uma ordem preestabelecida em qualquer processo revolucionário? Não será a sua característica essencial a ausência de qualquer ordem? Não será o seu atributo essencial a desordem? Eis por que Hegel escrevera que o pior dos estados é a ausência de Estado.

Francisco Campos, em seu Prefácio ao Volume II das *Memórias* de João Neves de Fontoura, escrito em 1962, de quem havia sido muito próximo na conjuração revolucionária, adota, por sua vez, uma posição teoricamente próxima à de Getúlio, de quem veio a ser, no governo provisório, ministro da Educação. Revolucionário de primeira hora, foi secretário do Interior do presidente Antonio Carlos, de Minas Gerais, tendo sido durante a Aliança Liberal o interlocutor mineiro do gaúcho João Neves da Fontoura em seus preparativos para a candidatura presidencial de Getúlio Vargas/João Pessoa e, posteriormente, na sublevação que levou à queda do governo Washington Luís. Foi também um dos teóricos do autoritarismo brasileiro.

Para ele, a "bandeira liberal" teria sido um mero "instrumento provisório para incentivar contra a grei no poder as reações populares favoráveis à grei que pretendia instalar-se no poder"[272]. As alianças que se tecem são momentos de reconfiguração de forças em que os elementos do passado terminam

---

[271] Ibid., p. 40.
[272] Ibid., p. XIII.

recuperando presença e Poder no regime pós-revolucionário, assegurando, inclusive, a continuidade das instituições. Ressalta ele que a violência revolucionária dá lugar ao restabelecimento da continuidade, sem a qual terminaria por imperar o reino da desordem contínua. Acrescenta, ainda, que governos, antes e depois de 1930, são expressões de costumes que permanecem os mesmos, com ligeiras transformações, depois da tormenta. O que ocorreu, em sua visão, é que o "cipoal ideológico" frequentemente obscurece o que está, na verdade, acontecendo. "As causas fundamentais da estagnação social, econômica e política não tinham sido alteradas pelo movimento que fora de caráter exclusivamente superficial"[273]. Mais especificamente, os valores da liberdade estavam sendo substituídos, no mundo, pelos da segurança, isto é, pelos da ordem imposta por um governo forte, autoritário. A sua tábua de valores não se orienta pelos da democracia, mas pelos do Estado, cujos eixos são a ordem e a segurança. A questão central é a do Estado, de sua existência, e não a da democracia, tida por secundária neste processo, apesar de ter servido enquanto instrumento de luta. Ideologicamente, sua posição é a de Getúlio e não a de João Neves da Fontoura.

O alerta de Francisco Campos, diria melhor, o seu diagnóstico baseado na experiência histórica* das revoluções, é o de que sem um líder que conduza as massas que se tornaram protagonistas, o processo revolucionário pode produzir resultados precisamente opostos aos almejados. Uma vez que as contenções existentes são suprimidas, por mais injustas que pareçam, desencadeia-se um processo descontrolado. Sem líderes à altura, este processo caracterizar-se-á por turbulências sucessivas, sem norte nem rumo, ao sabor de demandas pontuais e particulares, em boa parte irrealizáveis por comprometerem o próprio fun-

---

[273] Ibid., p. XIII.
* Agradeço a Luis Rosenfield ter chamado a minha atenção sobre a importância histórica e teórica de Francisco Campos.

cionamento da economia, solapando o próprio Estado. Eis por que os processos revolucionários, quando bem-sucedidos, são os que dão lugar a um grande líder que imponha "cadência ao passo desordenado das forças"[274], encadeando-as em um sentido construtivo, capaz, neste sentido, de refundar o Estado. A refundação do Estado seria o seu objetivo e desfecho e não a democracia. Em suas palavras: "daí o aparente paradoxo de que as revoluções de inspiração liberal, libertando forças que nada tinham de liberais, acabam, quase sempre, pela implantação da ditadura"[275].

## Democracia, minorias e representação

Há um problema maior da democracia contemporânea, seria tentado a dizer de modo global, que tem repercussões particularmente importantes em nosso país. E esse problema maior diz respeito ao modo de estruturação da relação entre uma cultura que se molda pelo politicamente correto e o modo de formação de maiorias no nível representativo, na instância legislativa.

O politicamente correto, ao ter forte presença na cena cultural, tem se desenvolvido a partir do exercício do que seus porta-vozes entendem como direitos da minorias ou tão somente questões setoriais que são apresentadas como se fossem necessariamente universais. Ocorre todo um processo de divisão da sociedade que produz uma segmentação de interesses difusos, alguns corporativos, outros ideológicos, com interesses nostálgicos de uma esquerda perdida, e outros de grupos que se dizem discriminados. O resultado de todo esse processo é o discurso de que falas minoritárias, por serem minoritárias, não teriam somente o seu valor específico, como deveriam ser assumidas por toda a coletividade. E, no mais das vezes, tais reclamos não passam por qualquer decisão majoritária que se faria, enquanto

---

[274] Ibid., p. XIX.
[275] Ibid., p. XIX.

lugar próprio, na instância legislativa. Ou seja, seriam direitos ditos minoritários que não se submeteriam ao processo de formação das maiorias, como se valessem absolutamente pelo fato de serem minoritários. Ou ainda, o direito das minorias, particularmente no nível dos costumes, em suas pretensões políticas, veio a tornar-se uma espécie de dogma, como se a democracia não fosse ela mesma um governo de formação de maiorias, segundo valores e princípios por todos compartilhados. Ressalte-se que a democracia apresenta uma outra forma de laço humano, baseado na liberdade e em princípios que se postulam como de validade universal, tendo vindo a substituir outra forma de relação humana, a que se fundamentava na religião e em crenças tidas por absolutas[276]. Neste sentido, a política democrática veio a ser a expressão desses valores assentados no livre exercício da racionalidade, nos questionamentos, na dúvida, enfim, no exercício do pensamento crítico. Não pode ela ser sequestrada por valores minoritários simplesmente impostos à maioria, não devendo passar, eles mesmos, por um processo majoritário de decisão.

Observamos que, nesta esfera dos costumes, opiniões minoritárias na sociedade tentam impor-se sobre a imensa maioria da população que delas discorda[277]. Espaços midiáticos são ocupados por tais posições, de tal modo que vozes discordantes vêm a se sentir coibidas, como se não tivessem direito à manifestação. São tachadas simplesmente de conservadoras ou retrógradas, como se aí terminasse a discussão. Há, em pauta, uma recusa ao debate, à elaboração racional de argumentos, em função de posições que são tidas por dogmáticas. O politicamente correto termina assumindo, sob outras bandeiras, posições messiânicas de esquerda, só que, agora, apresentando-se

---

[276] Scruton, Roger. *The West and the Rest*. Delaware, ISIBooks, 2002, p. 1.
[277] Moreira Franco, Wellington. "Democracia e representação". *Correio Brasiliense*, 24 de novembro de 2017.

como "progressistas", como se então o debate pudesse ser considerado como encerrado.

"Um fator ignorado é a percepção de que a governança democrática na atualidade se preocupa excessivamente com as minorias, prefere nas suas políticas estes grupos, frequentemente barulhentos, à maioria silenciosa, mas que vota"[278]. Cria-se aqui uma situação paradoxal em que um governo democrático, pela pressão destes grupos muito bem organizados nas mídias e nas redes sociais, volta-se, particularmente, para o atendimento dessas minorias, relegando a maioria a uma posição subalterna, precisamente por não ser, pelo menos em um primeiro momento, tão presente nos meios de comunicação e nas redes sociais. São recursos produzidos pela maioria, por meio de impostos e contribuições, que são, então, canalizados para o atendimento dessas minorias, além de conflitos de valores e princípios, com a afirmação do politicamente correto e formas cada vez mais presentes de seu rechaço.

Tomemos alguns exemplos. O primeiro deles é o da questão do direito ao aborto. Tal questão é particularmente interessante, na medida em que os argumentos são bons dos dois lados, prescindindo aqui de qualquer conotação religiosa. Os partidários do direito ao aborto defendem a ideia de que as mulheres têm direito ao seu próprio corpo, correspondendo, neste sentido, ao princípio da liberdade de escolha. Seria a escolha solitária da mulher um direito tido por absoluto. Os adversários do direito ao aborto defendem a ideia de que a liberdade de escolha não poderia incidir sobre um outro ser. Na verdade, esse já estaria presente no ato de fecundação mesmo, visto que a união do espermatozoide com o óvulo já contém uma causa final em ação, levando, aristotelicamente falando, um ser em potência a um ser em ato. Os defensores do direito ao aborto procuram

---

[278] Ferreira Filho, Manoel Gonçalves. *Desafios à democracia. Particularmente à democracia brasileira*. São Paulo, setembro de 2017, p. 9.

contornar essa questão dando diferentes nomes a diferentes estágios da potência ao ato, como se o ser humano só se constituísse, digamos, a partir do terceiro ou quarto mês da gestação. Os seus adversários logo diriam que se trata de meros nomes afixados a etapas de um mesmo processo, que não pode ser segmentado pelo uso de diferentes denominações.

Ocorre que os defensores do direito ao aborto não querem se submeter a uma decisão majoritária, provavelmente por terem medo de perder uma eleição deste tipo. A sua estratégia é outra, a saber, formar a opinião pública de classe média de modo a poderem assim influenciar uma decisão do Supremo Tribunal Federal, que agiria à luz de uma "interpretação". Ou seja, haveria o abandono da instância democrática por excelência que seria a legislativa ou uma consulta popular, por exemplo, em proveito de convencimento de alguns ministros que pudessem lhes dar ganho de causa. Note-se que tal procedimento é antidemocrático, porque uma decisão de tal repercussão não poderia ser tomada sem uma consulta a toda a população ou a suas instâncias representativas.

Outro exemplo é o relativo à pena de morte ou à prisão perpétua. O politicamente correto parte do "princípio" de que seria "progressista" a abolição destas duas penas, como se elas fossem contrárias aos "direitos do homem". O pressuposto de tal posição seria, na verdade, uma visão romântica, de tipo rousseauísta, relativa à natureza humana, como se o ser humano fosse "bom por natureza", tendo sido pervertido pela propriedade privada, pela civilização e pelo capitalismo. O politicamente correto aqui sentir-se-ia particularmente à vontade, pois estaria conduzindo, enquanto herdeiro da esquerda, uma luta de tipo anticapitalista. O "capital", a propriedade privada e a economia de mercado continuariam sendo o inimigo a ser abatido.

Ocorre que a realidade não se deixa moldar por tais simplificações ideológicas. Ela resiste a ficções políticas. Se tomarmos os casos, cada vez mais noticiados no Brasil, de mulheres estupradas, podemos perfeitamente suscitar a questão de se esses criminosos teriam direito de voltar, uma vez presos e condenados, ao convívio social. Isto é, há seres humanos propensos ao mal, imunes a qualquer tipo de ressocialização tal como é preconizado pelos defensores dos direitos humanos e do politicamente correto. A prisão, para alguns casos, poderia ou deveria ser fator de ressocialização no que diz respeito, genericamente, a crimes menores que não tenham atentado voluntariamente à vida das pessoas. Para os casos mencionados de estupro e homicídio, por sua vez, tais indivíduos deveriam pagar com suas próprias vidas e, no caso de não aplicação da pena de morte, deveriam para sempre viver apartados da sociedade.

De modo mais geral, a questão pode ser remetida ao tratamento dado ao crime e à insegurança em nosso país. Presenciamos aqui uma completa inversão de valores. Bandidos e traficantes ostentam armas de uso militar em favelas ou fora delas pelo Brasil afora, enquanto o politicamente correto conduz toda uma campanha de desarmamento do cidadão. Ou seja, o problema consistiria em armas supostamente em poder dos cidadãos de bem, que se tornariam, por curiosa inversão, os responsáveis indiretos pela criminalidade no país. O cidadão encontra-se desarmado, não tendo mais nem o direito à legítima defesa, enquanto os bandidos ostentam armas de uso restrito militar, exibindo todo o seu poder de fogo. Policiais são assassinados, enquanto basta a morte de um criminoso para que se iniciem investigações patrocinadas pelas ditas comissões de direitos humanos.

O direito do cidadão, do homem de bem, é usurpado, enquanto os criminosos encontram defensores. Um direito básico, o da vida, que se expressa também no direito à autodefesa, é liminarmente eliminado por uma minoria ruidosa, que procura impor sua posição nos meios de comunicação e dentre aqueles que decidem a vida política nacional. Um direito constitucional é eliminado ideologicamente, como se estivéssemos em uma situação de normalidade legal. Note-se que a cobertura jornalística é frequentemente deturpada, como quando um bandido é morto em um confronto. Os defensores do politicamente correto logo o caracterizam como um "morador de favela", em uma ação previamente consertada, quando então é dada cobertura aos criminosos.

A situação chega às raias do absurdo. No Centro-Oeste do país, em 2017, um casal foi vítima de invasão de seu domicílio por bandidos armados. A mulher deu o alarme e o marido, tendo o seu quarto invadido, reagiu matando um dos assaltantes. Tinha, aliás, registro de sua arma. Estava no legítimo uso de seu direito de defesa, utilizando uma arma completamente legalizada. Não haveria aqui nada a ser dito, se não fosse a "força" do politicamente correto adentrando-se na instância estatal. Na delegacia teria havido um indiciamento seu por "homicídio"! Não me surpreenderia se, amanhã, a família do criminoso reivindicasse uma reparação qualquer, apoiada por conselhos dos direitos humanos, contra o cidadão de bem que defendeu a sua própria vida e a da sua mulher.

Observa-se uma mesma tentativa de postular, por meios jurídicos, uma determinada conduta penal e carcerária, que deveria ser admitida enquanto tal por ser dita "progressista". Seria o progresso o "direito humano" de estupradores e criminosos a continuarem repetindo os seus crimes? Tentam os ideólogos do politicamente correto rotular, novamente, os seus adversários como retrógrados, conservadores e direitistas, como se assim a questão estivesse resolvida. Enquanto isso, os criminosos voltam às ruas ou nelas continuam violando o direito maior do cidadão, o direito à própria vida e à defesa dos seus e do seu patrimônio. Na verdade, o politicamente correto, sob esta bandeira pervertida dos "direitos humanos", procura abolir o direito básico dos cidadãos à vida e ao patrimônio. Note-se, ainda, a recusa de tais ideólogos a submeter-se a um referendo ou a um plebiscito, configurando-se, claramente, em relação a uma questão que afeta a toda a sociedade, uma postura claramente antidemocrática.

Acontece que os politicamente corretos são particularmente hábeis na ocupação dos espaços midiáticos, procurando, desta maneira, influenciar formadores de opinião, políticos e juízes. Agem como se representassem a maioria, quando dela têm medo. Tentam contornar esse óbice, apresentando-se como se fossem a encarnação do "progresso". Quem fosse contra eles seria, *ipso facto*, contra o "progresso". No Brasil, atualmente, estão tentando caracterizar a reação majoritária da população brasileira às suas imposições como se estivéssemos vivendo uma onda retrógrada.

RETRÓGRADA SEGUNDO QUAL PERSPECTIVA?[279]

Coloca-se, aqui, uma questão relativa aos critérios e parâmetros a partir dos quais se poderia fazer uma tal linha demarcatória. É como se houvesse um critério absoluto de discriminação, sendo que os politicamente corretos seriam os detentores de tal critério. No mais das vezes, estamos diante dos que, durante anos e décadas a fio, defendiam os petistas, compactuando com toda a ruína produzida por eles, sempre omissos na condenação da corrupção que, então, já grassava. Como o descalabro salta hoje aos olhos, salvo para os que não querem ver, os ideologicamente míopes, sobrou a luta pelos costumes, como se, assim, pudessem ancorar em um porto seguro, capaz de lhes angariar um pouco de reconhecimento. Reconhecimento almejado, pois estão ansiosos por um tipo qualquer de bússola. Guardam, porém, a soberba dos supostamente justos.

No que diz respeito aos porta-vozes de tais opiniões, eles são em boa parte constituídos por intelectuais e artistas es-

---

[279] Rosenfield, Denis. "Onda Retrógrada". *O Estado de S. Paulo* e *O Globo*. 27 de novembro de 2017.

querdizantes, que se recusam ao confronto com a realidade. A esquerda no Poder, no Brasil e no mundo, naufragou, não deixando nenhuma saudade. Os campos de trabalhos forçados, o Gulag, e outras experiências semelhantes são o atestado de uma falência total. Venezuela, Coreia do Norte e Cuba são ainda exemplos atuais dos que nada aprenderam com a história, nem pretendem aprender. O Brasil possui ainda defensores de tais barbaridades, que seriam verdadeiros atentados aos "direitos humanos", se os seus defensores tivessem uma visão universal. Vivem, efetivamente, na ficção das ideias, em uma espécie de utopia supostamente moral, germinada e alimentada em um mundo à parte. Exemplo disto é a tradição marxista e a presença do politicamente correto nas universidades, uma instituição que se fecha em si mesma, como se pudesse viver de sua própria ideologia, em uma "realidade" apartada. No caso das universidades públicas, onde tais posturas vicejam, a questão é particularmente grave, porque são financiadas pelos contribuintes, pelos pagadores de impostos, pelos cidadãos, que sofrem suas consequências, quando esses grupos chegam ao Poder como foi o caso da experiência petista. No que diz respeito a setores dos artistas, pensam seguir a onda midiática, com o intuito dela extrair dividendos de prestígio, senão diretamente pecuniários.

Temos um fenômeno contemporâneo que se caracteriza não apenas pela pluralidade de interesses que procuram se fazer representados na cena política, mas também por afirmação de direitos minoritários. No primeiro caso, estaríamos diante de algo bem conhecido das democracias representativas, a saber, a existência de diferentes grupos de pressão organizados segundo interesses corporativos e materiais, que procuram a sua satisfação por intermédio da representação legislativa ou pelo controle de segmentos do aparelho estatal. No segundo caso, não há diretamente a satisfação de interesses na acepção mencionada, mas configurações da cena pública a partir de uma maior participação dos que se dizem ou se representam como minorias. Há, assim, o feminismo, o movimento homossexual, o racialismo, a política de cotas, os defensores do aborto e assim por diante. Normalmente, esses últimos intitulam-se a si mesmos como "progressistas" ou a encarnação mesma dos "direitos humanos".

Ora, poderíamos denominar, seguindo Hegel, essa forma de fragmentação cultural de "espírito do tempo", que dura enquanto durar a sua influência na opinião pública. Na verdade, essa é o seu foco, pois, quanto mais capturada for, maiores as chances de afirmação dessas "minorias". Refiro-me ao fato de enquanto durar a sua influência na opinião pública, na medida em que sendo um movimento de disseminação minoritária, que tenta de todas as formas impor suas posições à revelia de seus adversários rotulados de "direitistas" e "conservadores", ele termina por produzir fortes reações contrárias. Ou seja, a ação das minorias está levando a novas formas de estruturação de maiorias, caracterizadas por outros valores, conservadores ou liberais, que se insurgem contra esta nova forma de dominação ideológica ou de captura da opinião pública. É o que explica no mundo a atual onda dita de direita, que está conseguindo conquistar o governo de vários países, seja na Europa, seja nos EUA, seja na América Latina.

No que concerne à representação política, podemos ter, pois, tanto a presença de partidos que exprimem os interesses particulares no sentido habitual do termo, representados por aqueles que são grandes, quanto os novos direitos minoritários fazendo-se partidariamente presentes, e ainda as reações ao politicamente correto, cujos adeptos são normalmente representados por partidos, digamos, tradicionais. Quisera, porém, frisar que se apresenta um desafio à representação, que pode ser agudo se a cena legislativa for, por sua vez, pulverizada. Se um determinado país tiver, por exemplo, cláusula de barreira para a representação partidária, a estabilidade democrática poderá ser tanto melhor garantida, assegurando uma maior convergência em função de interesses ou direitos comuns. Se, pelo contrário, inexistir essa cláusula, conforme a situação ainda atualmente vigente no Brasil, a representação política terá dificuldades de concretizar-se. Acrescente-se, ainda, o fator da fragmentação cultural sob a forma de afirmação de direitos minoritários, pois está em questão uma outra forma de valores e princípios em contraposição a outros valores e princípios.

Ocorre na esfera da representação política um fenômeno em estreita correlação com o da fragmentação dos valores e princípios no nível dos costumes. Sociedades têm os seus valores e princípios questionados, produzindo um enfraquecimento dos partidos como se esses estivessem perdendo sua legitimidade. Considerando que esses mesmos partidos organizam-se segundo as formas dos interesses particulares e corporativos, têm eles dificuldades de representar as afirmações minoritárias. Ocorre, porém, que os partidos de esquerda, ideologicamente orientados pelas diferentes orientações provenientes do marxismo, colocaram-se enquanto herdeiros dessas novas ações minoritárias que vieram a se tornar ações afirmativas. O politicamente correto veio a ser uma espécie de *Ersatz* do fracasso do comunismo/socialismo, sem deixar, contudo, de estabelecer com a antiga concepção certas afinidades, como a luta pela relativização do direito de propriedade, o enfraquecimento das instituições democráticas representativas, em nome de uma outra democracia, o racialismo como direito do oprimido, embora restabeleça critérios raciais que estão na origem do racismo e assim por diante.

Ressalte-se que o problema não reside na justa reclamação de minorias que se sentem discriminadas, algo próprio a democracias caracterizadas pela livre expressão de opiniões e pela afirmação de novos direitos, como o sufrágio universal abrangendo as mulheres, mas em como se forma uma vontade majoritária, capaz de contemplar as mais variadas formas de interesses e de postulações minoritárias. Ou seja, como se forma uma vontade majoritária, representativa da nação.

O "espírito do tempo" caracteriza-se pela fratura dos valores, em um jogo político mesclado com os mais diferentes interesses particulares. Do ponto de vista da representação política, coloca-se precisamente a questão de como se pode construir um consenso mínimo em relação a esses valores e princípios que sirva de orientação comum, sob pena de uma sociedade embarcar em uma aventura revolucionária em que os valores e princípios enfrentar-se-iam com a violência, com a força das armas. São momentos em que a opinião pública debate-se conforme propostas irreconciliáveis entre si, dividindo famílias, grupos sociais, movimentos e partidos. Outra questão, dentro de uma sociedade que progride na ordem, para retomar um lema positivista, consiste em que a representação dos interesses e das afirmações minoritárias se processe por meio de partidos políticos dos mais diferentes tipos.

Poderia aqui, talvez, haver um chamado a um sistema proporcional de representação política como o atualmente vigente no país, na medida em que a pluralidade propiciaria um amplo leque de atendimento. Ocorre, porém, que tal pulverização partidária pode vir a inviabilizar a formação de uma vontade majoritária, obrigando um presidente, por exemplo, a compor, para aprovação de suas leis, com partidos de representatividade variável ou nenhuma. A questão dos interesses particulares e das afirmações minoritárias viria a fazer parte de uma barganha política maior, dando lugar ao fisiologismo e à corrupção. A dificuldade de formação de uma vontade majoritária teria como consequência negociações que poriam em risco valores e princípios comuns, como os da moralidade pública.

A questão pode ser, então, colocada em como constituir uma vontade majoritária no nível parlamentar, isto é, em como governar. Frise-se o "como" em uma negociação entre partidos políticos em que nenhum detém um número suficiente de votos para afirmar-se como efetivamente grande ou em que se possa formar com mais dois ou três uma aliança majoritária sólida. Se isto não ocorrer, os partidos políticos tenderão a multiplicar-se conforme interesses específicos seus, como prestígio, tempo de televisão e fundo partidário, utilizando os seus programas como meros véus, uma espécie de máscara que velaria a sua própria natureza fisiológica. Tais "programas" são expressões de uma frágil conexão social, sem real vinculação, na maior parte dos casos, com a representação de interesses particulares ou de afirmações minoritárias. Quando isso acontece, o fazem sob a forma de mera encenação.

No governo Fernando Henrique, o número de partidos era menor e os maiores partidos possuíam maior representatividade. A questão de como governar encontrou, assim, melhores condições político-partidárias. Estabeleceu-se o que se convencionou chamar de "presidencialismo de coalizão". A divisão de Poder estabeleceu-se em sua partilha entre diferentes partidos, com o Executivo em um partido, o comando do Senado em outro e a presidência da Câmara em outro ainda. As condições de governabilidade foram, assim, asseguradas, resguardando-se o direito das minorias (entendido como os de oposição) em formarem uma nova maioria em uma próxima eleição. É da natureza do regime democrático a rotatividade do Poder. Do ponto de vista das ideias, os tucanos seguiram a cartilha liberal na esfera econômica, com privatizações, independência do Banco Central e uma política fiscal séria, enquanto seguia o seu ideário social-democrata em questões de movimentos sociais, indígenas, flertando com posições de esquerda. Seguia o politicamente correto em questões ideológicas, atendendo nesta esfera às ditas minorias, porém, na esfera legislativa e de governabilidade, conseguiu levar a cabo um processo efetivo de formação de uma vontade majoritária.

No mandato petista subsequente, a minoria anterior converteu-se em maioria, enquanto a antiga maioria tucana veio a formar a nova minoria, e o PMDB tornou-se parte da maioria, assegurando, desta maneira, a governabilidade do país. Note-se que tivesse o PT, no início do governo Lula, mantido os seus valores doutrinários, o país teria, muito provavelmente, enveredado para a ruptura institucional. Seu programa partidário, de nítido viés revolucionário, seria um guia de ação incompatível com as condições de uma sociedade democrática. Contudo, sua adaptação às condições do capitalismo democrático realizou-se a duras penas, fazendo com que o novo governo tudo apostasse em uma política socialmente distributivista e progressivamente desconectada com a produção de riquezas. O desfecho foi, já no governo Dilma, a profunda recessão e o desemprego, amparados em uma política fiscal irresponsável. Da concepção de esquerda, ressalte-se, ainda, a posição que os governos petistas atribuíram ao Estado, como se esse, mediante sua intervenção na economia de mercado, pudesse ser o demiurgo de uma nova realidade.

Do ponto de vista político, a apropriação partidária do Estado levou não apenas à sua ocupação, mas o tornou refém de um processo de corrupção, não somente a serviço de seus dirigentes, mas também, e sobretudo, do projeto hegemônico partidário. Os outros partidos foram progressivamente relegados a uma posição meramente subalterna, como se não tivessem outra função, senão a de serem coadjuvantes desse projeto hegemônico. O sistema partidário foi sendo, assim, esgarçado, tendo, entre outros efeitos, o aumento no número de partidos e sua fragmentação. Nestas condições, nasce um "presidencialismo de cooptação" que toma o lugar do anterior "presidencialismo de coalizão", com o envolvimento cada vez maior de parlamentares no Mensalão e no Petrolão. A política tornou-se um mercado de compra e venda, enfraquecendo institucionalmente o país. Enquanto esse soçobrava, sendo o Estado corroído por dentro, o PT ainda utilizava o discurso do dito direito das minorias e dos excluídos como tábua de salvação. Aliás, o governo petista dizia representar os excluídos enquanto os excluía ainda mais, com o desemprego em aumento acelerado.

Eis a situação com a qual defrontou-se o governo Temer quando assumiu. Os partidos minoritários não cessavam de aumentar e os mais consolidados queriam impor seus interesses. Impossível formar uma aliança majoritária com três maiores partidos, a exemplo do que foi feito no governo tucano. A diferença entre os maiores partidos e os medianos reduziu-se sensivelmente. Torna-se mesmo difícil falar em partidos maiores, pois a diferença entre eles não era mais significativa. Neste meio-tempo, a Lava Jato e uma opinião atenta à moralidade pública aumentaram a vigilância social e moral sobre a atuação de parlamentares e ministros, em investigações que fizeram com que vários membros do novo governo fossem liminarmente afastados. Se o "presidencialismo de coalização" não podia mais ser ressuscitado, o de "cooptação" estava condenado.

Do ponto de vista político-partidário, a solução encontrada pelo presidente Temer foi inovadora. Com os instrumentos de um sistema partidário extremamente fragmentário, conseguiu obter uma maioria parlamentar, realizando um conjunto transformador de reformas. O Brasil está mudando. E está mudando dentro de um esquema institucional que, à primeira vista, seria contrário a tal processo de modernização. A novidade consiste em que o presidente chamou para si o processo de decisão, no interior de um sistema de governo presidencialista, compartilhando-o simultaneamente com os partidos políticos representados no Senado e na Câmara dos Deputados.

## Moral e política

Uma coisa é a sociedade assumir que a moralidade pública tornou-se uma bandeira, exigindo, conforme tal concepção, que os políticos ajam de acordo com os critérios de honestidade no tratamento da coisa pública, que, enquanto pública, não pode ser apropriada privadamente. Trata-se, neste sentido, da acepção mesma de República. Outra muito diferente consiste em aplicar à política os mesmos critérios que são empregados nos julgamentos de outras ações humanas, na medida em que a política é o terreno da violência, da intriga, da demagogia e do engano do outro. Trata-se de uma dimensão irrecusável da realidade tal como ela é, devendo ser tratada com seus instrumentos específicos. Nada impede, por exemplo, que um governo envolvido em questões de imoralidade pública faça reformas que são necessárias em proveito da coisa pública, do bem-estar de todos. Aron é particularmente atento a este ponto: "Pretender que coincidam moral e política ou pensar a política como uma moral leva facilmente à tranquilidade de consciência, à indignação virtuosa, a uma visão de mundo em preto e branco e à recusa de aceitar a política com sua violência, suas ambiguidades, suas relações de força, seu amoralismo, em suma"[280].

No caso do governo Temer, por exemplo, temos a velha política sendo utilizada conforme os ditames de uma agenda reformista, transformando o país. Ao assumir, o novo presidente defrontou-se com uma questão estrutural da democracia, atinente aos seus próprios fundamentos: todo presidente governa com o Parlamento que tem à mão[281]. Não é de escolha presidencial tal ou qual Câmara de Deputados ou Senado. Não é de seu arbítrio escolher a composição do Poder Legislativo, na medida em que esse provém de eleições que seguem todo um ritual próprio, de tipo institucional, que opera à revelia de qualquer presidente. É o jogo mesmo das instituições democráticas.

O presidente da República, esse ou qualquer outro, depara-se com um Poder Legislativo constituído segundo a soberania

---

[280] Aron, Raymond. *O espectador engajado*. Entrevista com Jean-Louis Missika e Dominique Wolton. Rio de Janeiro, Nova Fronteira, 1982. Prefácio dos entrevistadores, p.18.
[281] Rosenfield, Denis "As boas almas e a política". *O Estado de S. Paulo* e *O Globo*. 13 de novembro de 2017.

popular, conforme procedimentos constitucionais que passam por eleições, debates públicos, organizações partidárias e imprensa e demais meios de comunicação livres. É a liberdade que impera neste domínio. Se o povo escolhe "bons" ou "maus" deputados, comprometidos ou não com ilícitos, é problema seu essa sua escolha e não do presidente. É o povo que escolhe os seus representantes, seguindo a sua percepção, certa ou errada conforme a perspectiva, em função de ideias, programas, persuasão, convencimento e demagogia. Estamos, mesmo, no terreno da mistificação, algo próprio da política. Não nos situamos aqui na esfera da moralidade, mas da política enquanto tal.

Logo, Michel Temer viu-se obrigado a formar uma base de apoio na Câmara dos Deputados e no Senado, conforme as relações partidárias existentes. Confrontou-se à questão mesma de como governar, segundo uma situação que lhe foi dada, um fato da soberania popular. Não poderia ter inventado um novo Poder Legislativo, salvo se tivesse enveredado para uma solução autoritária, o que não fazia evidentemente parte de seus propósitos. Tratava-se de estabelecer as condições de governabilidade e, mais do que isto, de levar adiante um ambicioso programa de reformas, voltado para o bem coletivo. A noção de bem aqui envolvida é a que deriva da coisa pública, não de um conceito de moralidade oriundo de outras atividades humanas.

E para realizar esse programa, era-lhe necessário compor uma ampla base parlamentar, sem a qual qualquer projeto seria inviável, esse ou outro qualquer. É bem verdade que poderia ter sido mais cuidadoso na escolha de seu ministério, uma vez que vários de seus membros foram obrigados a deixar os seus cargos por envolvimento em ilícitos. Poderia ter agido conforme a bandeira da moralidade pública enquanto bandeira política, do que não se segue, porém, a aplicação a essa mesma esfera política dos critérios de moralidade utilizados para outras esferas. A política tem outros pressupostos, dentre os quais a amoralidade, a demagogia e a violência.

Note-se que a política foi empregada não para contemplar critérios abstratos de moralidade, com suas próprias noções de bem, mas para a realização de outra noção específica do bem, a do bem público, coletivo. Poder-se-ia falar de uma contraposição entre o bem abstrato da moralidade e o bem público da política, por mais que se busque reduzir o alcance dessa diferenciação. Reduzir, porém não anular, pois suas esferas de atuação são diferentes, assim como seus critérios e pressuposições. Nesta perspectiva, o presidente negociou um projeto de reformas, voltado para os fundamentos mesmos do Estado e da sociedade brasileira, que veicula a sua própria noção de bem coletivo e de bem-estar social. Em pouco tempo, muito foi feito, a começar pelo teto dos gastos públicos, a terceirização, a modernização da legislação trabalhista, a reforma do ensino médio, o PPI (Programa de Parcerias de Investimentos). A inflação despencou, os juros baixaram, o PIB voltou a crescer e a questão do emprego tomou um curso definitivamente ascendente.

Observe-se que tal processo foi levado a cabo sem o presidente contar com apoio da opinião pública, que se expressa, por exemplo, em seus baixos índices de popularidade. O povo clama por moralidade pública, o novo governo não se caracteriza por seguir estes critérios e, no entanto, reformas são feitas para tornar possível o bem público, menosprezado pelo governo anterior. Em um certo sentido, pode-se dizer que o novo governo pôde realizar esse conjunto de reformas, precisamente por não contar com tal apoio popular e por ter visado ao futuro do Brasil e não às próximas eleições. Mais concretamente, teria sido muito difícil realizar tal conjunto de reformas contando com a participação popular, visto que essa foi intoxicada pelos 13 anos e meio de lulopetismo. Os governos petistas empregaram o recurso retórico, a demagogia da igualdade, como se tudo fosse possível, tendo como consequência a ruína das finanças públicas e o desmoronamento dos fundamentos econômicos. No terreno próprio da política, a vontade hegemônica do petismo tomou conta do aparelho do Estado, produzindo a corrupção. O Brasil viveu o discurso social da igualdade e a mais completa imoralidade no tratamento da coisa pública. O saque do Estado foi acompanhado da demagógica "igualdade social", contra a "direita" e os "conservadores", conforme os critérios petistas de escolha retórica de seus inimigos.

Restou ao presidente a colaboração do Senado e da Câmara dos Deputados, segundo a representação partidária existente, caracterizada pela extrema pluralidade de partidos. Ele estabeleceu uma forma de governar baseada na participação parlamentar e partidária, prescindindo da opinião pública. Nenhum governo, nos últimos tempos, tinha enveredado por esse caminho. Opositores utilizaram argumentos de moralidade pública tanto pertinentes quanto impertinentes. Pertinentes, quando assinalavam o eventual comprometimento de ministros com crimes investigados pela Lava Jato. Impertinentes, quando diziam que as reformas estavam sendo feitas ao preço da liberação de emendas parlamentares. Ora, a liberação de emendas faz parte do jogo mesmo da política em nosso país, tendo sido usada por todos os governos anteriores. Ademais, no governo Dilma já tinha passado uma lei que tornou obrigatória a liberação dessas emendas, retirando-a do arbítrio presidencial. Todos os partidos tiveram e terão emendas liberadas, independentemente de serem ou não situação. Restou ao presidente controlar o seu *timing*, fazendo deste ato um instrumento normal da política, não seguindo nenhum critério de abstrata moralidade.

Temos, então, o que pode aparecer como um paradoxo. O presidente da República implementou um moderno projeto de reformas, utilizando-se dos velhos instrumentos da política, contando com baixíssima popularidade. Poder-se-ia dizer que a "imoralidade" tornou-se um instrumento de uma outra conotação ética, a do bem público. O vício prestou serviço à virtude. Ora, o que aparece como um paradoxo desaparece na medida em que os critérios da moralidade abstrata e os da política, assim como seus fundamentos e condições, não são os mesmos, seguindo outros parâmetros e pressupostos. O problema só surge quando aplicamos a uma e outra esfera de atuação humana critérios que são, por natureza, distintos.

A política é o terreno do "ser", da realidade dada, em todas as suas dimensões, incluindo a violência e tudo aquilo que desagrada ao juízo moral. Gostaríamos, certamente, de que as coisas fossem de outro modo, mais eis um dado incontornável de qualquer diagnóstico, análise e juízo. A moral é o terreno do dever-ser, de construções valorativas, em que entram em jogo critérios do que estimamos que a realidade deveria ser, sem suas fraturas e imperfeições. No mundo real, a ideia da perfeição aparece como sendo algo desejável, alguns estimariam mesmo possível, o que transparece nas utopias e nas diferentes formas de messianismo político. Utopias e messianismo político expressam um menosprezo pela realidade, como se essa pudesse ser simplesmente substituída por um movimento de tipo revolucionário que tudo destruiria do já existente. Ocorre que o mundo do dever-ser é um mundo inexistente, um mundo de ideias que só encontra sustentação em si mesmo. É grande a tentação de que tais posturas enveredem para formas religiosas de política, presentes nas diferentes concepções do teológico-político.

Neste sentido, o discurso das "boas almas" pode ter um efeito retórico para contemplar os amantes da moralidade abstrata, mas é de pouca utilidade quando confrontado às questões concretas de como governar, conforme as agruras, o cinismo e, mesmo, a violência da política. Hegel dizia que a consciência veste aqui a roupagem do que ele chamava de "bela alma", encantada com sua moralidade pura e sua beleza estética, como se pudesse viver sem se imiscuir nos assuntos do mundo, onde impera a impureza. Uma bela alma evita sujar-se com os assuntos do mundo, porém esse segue o seu curso, com a sujeira que o constitui, avesso a toda consideração moral abstrata. Se permanecer em sua abstração, na subjetividade do lamento, não produzirá maiores consequências políticas, salvo se enveredar para posturas revolucionárias do tipo teológico-político. São os políticos ou promotores, no caso brasileiro, que se julgam destinados a uma missão, como se pudessem construir um mundo totalmente novo, partindo do pressuposto de que toda classe política é "má", algo a ser destruído e substituído por algo totalmente outro. Ocorre que o totalmente outro só existe no terreno das ideias, do dever-ser. O ser resiste a tais tentativas.

Em um debate com Raymond Aron a propósito do maquiavelismo, no início da Segunda Guerra Mundial, Jacques Maritain fez judiciosa observação sobre os meios da política, enquanto distintos dos da moralidade abstrata. Ressalte-se, naquele momento, que o recurso a Maquiavel e ao maquiavelismo, é evocado enquanto instrumento de compreensão da realidade, com a violência escancarada, a mentira e a demagogia empregadas por Hitler, Mussolini e Stalin. A teoria é discutida no contexto da prática e das necessidades mesmas de combate ao totalitarismo. Não se trata de uma discussão filosófica abstrata, mas de um debate em contexto, inserido no duro mundo da guerra e de suas violências e crueldades. É então que assinala, retomando uma formulação de Raymond Aron[282], que a política, e portanto, os políticos, não podem imaginar que sejam sempre livres na escolha dos meios. "Diz-se, com razão, que a política é a arte de escolher entre grandes inconvenientes. A justiça política recusa-se ao emprego dos meios condenados pela ética política autêntica, não por uma pseudoética hipermoralista, legislando para ideias puras e ignorando a natureza humana e a realidade social"[283].

---

[282]* Aron, Raymond. *Machiavel et les tyrannies modernes.* Paris, Editions de Fallois, 1993, p. 184-94.
*Agradeço ao desembargador Thomas Flores o presente deste livro.
[283] Maritain, Jacques. "Note de J. Maritain sur la 'Querelle sur le Machiavélisme." In: Aron, Ibid., p. 406.

Os que se aventuram nos caminhos do moralismo messiânico arriscam-se a cair nas armadilhas que a realidade oferece às "belas almas". Prova disso reside, por exemplo, na resistência de promotores e juízes a abdicarem de seus privilégios, seja nas questões da Reforma da Previdência, seja nos seus supostos "direitos" a auxílio-moradia. Dois pesos e duas medidas irrompem: a moralidade seria atribuída aos outros, enquanto eles mesmos não precisariam segui-la. A "bela alma" compraz-se na pureza moral do julgamento do outro, porém, quando confrontada à sua própria realidade, sucumbe à imoralidade, senão ao cinismo da justificativa. A moralidade tanto prezada desmorona em comportamentos que a contradizem.

Perde-se, aqui, a noção de um bem-maior, o bem público, que se vê subordinado ao que esses atores "políticos" estimam como o seu bem próprio. Há uma evidente tentativa de ocultar esse último sob o véu da moralidade abstrata, como se não houvesse aqui nenhuma contradição. Acontece que a realidade é refratária a critérios que se recusam ao teste de sua aplicabilidade ou verificação. Temos, assim, uma situação em que os privilégios são defendidos pelas próprias corporações estatais, cuja função deveria ser precisamente defender e realizar o bem público. Castas estatais agem segundo critérios particulares, em tudo longínquos aos da universalidade moral. Ou seja, o estamento burocrático no Executivo, no Legislativo, no Judiciário e no Ministério Público sequestra o Estado na consecução de seus interesses particulares, embora mantenha a narrativa de que estaria obedecendo às condições da moralidade.

A palavra moralidade presta-se a diferentes usos e sentidos segundo os diferentes contextos e atores políticos. Suas diferentes significações são, mesmo, utilizadas com extrema elasticidade, tudo dependendo de propósitos políticos. O que distingue uma das outras significações seria o seu teste de universalidade, cuja tradução possível poderia ser: tal demanda serve somente para alguns ou para toda a coletividade? Outra forma sua: tal posicionamento vale apenas para os outros ou também para aqueles que o proferem e defendem? No caso em questão, temos a acepção da moralidade como moralidades administrativa e política enquanto particularmente presentes na cena pública. A sociedade luta por moralidade, assim como dizem fazer juízes e promotores. Ocorre que cada ator tem uma significação específica de moralidade que, bem examinada, talvez não resista ao teste de universalidade, de sua validade para todos os cidadãos. Será que o atendimento de demandas das corporações pode ser qualificado como moral, embora seja apresentado sob o manto da moralidade pública? Não haveria uma máscara que deveria ser desvelada? Quando juízes e promotores, representados por suas instituições de classe, defendem seus privilégios, podem eles dizer que estão tendo uma postura moral?

Um exemplo é bastante ilustrativo. Juízes e promotores, em suas várias instâncias, defendem o auxílio-moradia, superior a R$ 4.000 para cada indivíduo. Na origem, tal benefício era perfeitamente justificável, pois destinava-se a juízes, juízas, promotores e promotoras, que, para o exercício de suas funções, tinham se deslocado para outras comarcas. Necessitavam de moradia nesta sua etapa de transição. Nada havia que agredisse a moralidade, por estarem precisamente a serviço do Estado, estendendo a justiça para todos os rincões do país. Tal auxílio, por assim dizer, estaria a serviço do bem público, não se configurando como um privilégio. Ora, o que veio a ocorrer com esse benefício, sob condições particulares da realidade, sendo estendido a todos juízes e promotores, independentemente de seu lugar de moradia e de possuírem casa ou apartamento próprios, mostra uma desvirtuamento da moralidade, ou melhor, a sua captura por interesses particulares, que não resistiriam a um teste de universalidade ou de coletividade. Como se não fosse suficiente, há casos de casais de juízes e promotores que ganham duas vezes o mesmo auxílio-moradia, vivendo sob o mesmo teto. Seus defensores vieram a público dizer que se tratava de algo legal. Até pode ser. É, contudo, tal benefício moral? Pessoas cujos atos e posicionamentos revelam privilégios manifestamente imorais podem colocar-se na posição de representantes da ética? A "bela alma" sucumbe a suas contradições!

O Estado teria sido, nesta perspectiva, capturado pelo estamento burocrático, embora essa captura se apresente sob a forma da moralidade e do bem público, apesar de seus agentes não deixarem de atuar sob a forma da imoralidade no atendimento de seus interesses particulares, seus privilégios, colocando o bem próprio acima do público. No Brasil, as corporações estatais passaram a atuar não no sentido de uma burocracia à vocação universal no sentido hegeliano do termo, mas ativa na consecução de seus interesses particulares sob a forma de privilégios não usufruídos pela maioria da população. O que vale para uns não valeria para todos. A moralidade não resiste a tal teste.

Gozam de uma espécie de direito exclusivo, que só é "direito" em uma acepção muito peculiar, pois carente de qualquer universalidade, direito ao qual os cidadãos comuns não têm nenhum acesso. "Direitos exclusivos" só impropriamente deveriam ser ditos direitos. Cria-se, assim, uma situação completamente anômala, pois o Estado, que deveria estar a serviço da sociedade e dos cidadãos, coloca-se a serviço de suas corporações, como se o interesse delas coincidisse com o interesse público. De fato, embora não de direito, o Estado é capturado por suas corporações que lutam com afinco pela conservação e ampliação de seus privilégios. É como se o tesouro público devesse a elas subordinar-se, nem mais essas escondendo o seu interesse particular como um bem maior, embora façam campanhas e criem justificativas como se estivessem a serviço da comunidade. A "bela alma" perde-se nos meandros da realidade e da política.

Logo, a captura do Estado traduz-se não apenas pela injustiça, ao tornar desiguais os membros das corporações em relação ao resto dos cidadãos, tornando uma quimera o conceito de igualdade de oportunidades e de direitos que o Estado deveria representar, mas também produz graves consequências do ponto de vista do equilíbrio fiscal. Privilégios têm custos não somente do ponto de vista moral e político, mas também econômico. É o Estado aprisionado, que passa a agir em dissonância com a sociedade que deveria servir e representar. E são esses interesses corporativos, estamentais, que se insurgem com tanta força contra a Reforma da Previdência, encenando a defesa dos interesses coletivos, quando, na verdade, estão a defender seus interesses próprios. O "bem" das corporações coloca-se acima do bem público. Os que usufruem dos maiores benefícios, os que têm para si uma fatia desproporcional dos recursos públicos, são os que se apresentam como defensores do mesmo interesse público e da moralidade. É o teatro da imoralidade[284].

No funcionamento interno da sociedade, ocorre um problema correlato, quando as demandas de seus grupos organizados primam sobre os grupos desorganizados, sob a forma de sindicatos que se contrapõem a trabalhadores e desempregados que não possuem o mesmo nível de organização. As autoridades tendem a atender aos interesses dos primeiros grupos, visto que esses articulam-se através de várias formas de pressão como greves, matérias jornalísticas, sendo muitas vezes poderosos do ponto de vista financeiro. Exercem forte pressão sobre parlamentares que passam a responder aos seus interesses. São esses particulares focados e eficazes, enquanto as demandas desorganizadas dependem de uma opinião pública genérica, que é muito menos eficaz em transmitir e concretizar tais demandas. Embora as noções de justiça e igualdade sejam mais bem posicionadas nos grupos desorganizados, por seu maior peso numérico, por condições sociais duras e por serem uma amostra negativa de tudo aquilo que o Estado de bem-estar social diz

---

[284] Rosenfield, Denis. "Teatro da imoralidade". *O Estado de S. Paulo* e *O Globo*. 5 de fevereiro de 2018.

representar, elas não encontram os canais de transmissão e de comunicação adequados. Representações parlamentares, por exemplo, agem muito mais em função dos grupos organizados do que dos desorganizados, tendo recursos e condições eleitorais oferecidos pelos primeiros. Os desorganizados, desguarnecidos e desprotegidos tornam-se mais propensos a aceitarem propostas demagógicas e a agirem contrariamente aos seus próprios interesses, sobretudo quando seguem orientações dos grupos organizados e das corporações incrustadas no Estado. A igualdade dos indivíduos perante o Estado torna-se uma ficção, uma ficção democrática que vela o modo mesmo de operação da sociedade e do Estado.

## Democracia e Bem-Estar Social

No pós-guerra, os países europeus entraram em uma era de prosperidade, com desemprego muito baixo e crescimento econômico, quando muitas pessoas, pela primeira vez em suas vidas, tiveram acesso a refrigeradores, máquinas de lavar, calefação e primeiro carro[285]. A democracia veio a identificar-se ao Estado de bem-estar social, não sendo compreendida somente como um sistema de governo ao lado de outros possíveis. Neste sentido, a democracia ganhou uma conotação propriamente social, identificando-se a uma forma de realização do Estado. Na perspectiva do bem-estar, logo do bem, adquiriu uma dimensão moral, própria do valor que veio a representar. A igualdade política veio também a ser confundida com a redução da desigualdade, que teve lugar durante aqueles anos.

Além dessa significação propriamente moral e social, a democracia veio a afirmar-se como um não à violência da guerra.

---

[285]* Coggan, Philip. *The Last Vote*. The Threats to Western Democracy. London, Penguin Books, 2014, p. 77. E também Judt. Ibid.

* Agradeço a Roberto Brant a indicação deste livro de Philip Coggan.

Violência que tinha se apresentado sob a forma do terror nazista, da miséria, do deslocamento de populações, do genocídio, da crueldade da guerra, com seu séquito de mutilados, viúvas e órfãos. Sob esta ótica, a democracia veio a ser compreendida como uma alternativa à violência política e à guerra, como se, então, o Velho Continente tivesse enfim encontrado o caminho de sua pacificação. Países que tinham guerreado entre si durante séculos, como a França e a Alemanha, partiram para a construção de um novo mundo econômico, social e político, com os antigos inimigos irmanados em um projeto de pacificação e desenvolvimento mútuo, com as bases sendo lançadas do que veio a ser, hoje, a União Europeia. Trata-se de um feito histórico, com esses outrora inimigos abraçados em um mesmo projeto de reconstrução, tendo como pilar de seus respectivos países a democracia, que surge, desta maneira, como um valor que ganha dimensão universal.

A nova democracia apresentou-se como um regime que pretendia dizer adeus à violência, à guerra e ao totalitarismo. O que ela é em si própria, para além dessa sua determinação negativa, é o que será, ao longo de décadas posteriores, tema de longos debates. A dita soberania popular será um assunto, entre outros, desses embates, envolvendo a questão mesma da representatividade e da organização política em cada um dos Estados envolvidos. Não é a questão dos *Founding Fathers*, do governo do povo pelo povo e para o povo, que norteia, na saída da guerra, a discussão sobre a democracia. Há algo mais urgente como a refundação dos Estados europeus, que recém emergiram deste sangrento conflito, vislumbrando, mesmo, a possibilidade de um Estado supranacional, a União Europeia, que selaria um contrato definitivo, baseado na paz e na cooperação, entre os Estados inimigos de até então.

Façamos aqui uma analogia com o Brasil, para melhor explicitarmos a questão democrática entre nós. Após o regime militar, a democracia surge como um melhor sistema de governo, em oposição ao autoritário que, naquele momento, estava em seu estertor. Ela surge como uma espécie de resposta histórica ao regime militar que, apesar de seus inegáveis êxitos econômicos, tinha perdido a sustentação social. A opinião pública manifestava-se majoritariamente pelo exercício de liberdades, legalmente reconhecido, sobretudo enquanto liberdade de escolha política através de eleições. A sociedade clamava por participação política, algo que não estava dentro do escopo de um regime autoritário, ancorado, precisamente, em uma separação da autoridade, dos decisores políticos, em relação ao resto dos cidadãos. Esses podiam dedicar-se livremente a outras formas de escolha, como a pessoal, a religiosa, a econômica, sempre e quando não entrassem na seara da autoridade estatal, da decisão política propriamente dita. Note-se, porém, que esse processo de transição nasceu da negociação entre os adversários de até então, com os próprios militares sendo partícipes deste processo e, inclusive, os seus garantidores. São esses militares, o PFL e o MDB que se engajam nessa empreitada que erige a democracia do Estado como valor politicamente superior a outros, um valor de pretensão universal nesta acepção.

Pode-se, portanto, dizer que a democracia foi se afirmando historicamente graças a uma transição, baseada na negociação, no respeito a instituições embrionárias e na não aceitação da violência. Ela desenha-se na forma mesma de saída do Estado autoritário, aparecendo, como no caso europeu, oriunda de um não, uma determinação negativa em relação ao autoritarismo vigente, com a recusa à repressão, aos casos de tortura e ao monopólio do Poder exercido por um pequeno grupo. Exige-se a democratização da autoridade estatal. O que era a democracia em si mesma não se constituía na questão central, tanto que, quando o PT começa a conquistar o Poder a nível municipal, ele já se coloca contra a democracia representativa, via uma nova apropriação partidária, burocrática, encarnada na dita democracia participativa. Se uma acepção da democracia veio a prevalecer foi precisamente a da escolha política, a de processos eleitorais, voltados para a escolha dos que deveriam governar, em função de suas propostas e de sua história. De fato, uma opção entre elites que se digladiavam na seara política, independentemente da questão de si, de fato e de jure, e que representavam o povo e de se esse estaria no exercício mesmo do Poder.

O Estado sofre uma espécie de refundação não violenta, com todos os mais importantes atores políticos, dos militares aos civis e aos seus partidos, concordando que assim deveria ser, imbuídos que estavam de que a democracia representativa era um objetivo comum. Uma nova Constituição foi elaborada por meio democrático através de uma Assembleia Nacional Constituinte, que assentou as bases do novo regime. A democracia foi um instrumento de luta da sociedade reclamando pela participação política e, também, o modo mesmo de reorganização do Estado, estabelecendo os fundamentos não só de equacionamento das disputas políticas, mas também de uma sociedade mais justa, via o estabelecimento de direitos sociais. Conforme o seu similar europeu, a democracia no país veio associada ao Estado de bem-estar social como se o método de escolha dos dirigentes viesse a ser o garantidor de um Estado que ofereceria "justiça" e "igualdade" aos seus cidadãos. A democracia é concebida como forma de organização política do Estado de bem-estar social. Eis a razão de então surgir constitucionalmente a profusão de direitos sociais e, também, corporativos, com privilégios que, com o passar dos anos, irão se consolidar ainda mais. A democracia ganha ao mesmo tempo um viés social e corporativo como se ela fosse identificada com disposições constitucionais que estruturariam o novo Estado.

Os deveres do cidadão não entraram em pauta, assim como as formas de produção de riqueza baseadas em uma economia de mercado, na desburocratização e na flexibilização da legislação trabalhista. É como se o Estado tudo pudesse prover, independentemente do crescimento econômico e da efetiva contribuição dos governados em relação ao seu próprio destino. Ou seja, os cidadãos passaram a aceitar a posição de agentes passivos do processo político e social, esperando de um dom do Estado o que deveria ser o resultado de seu próprio trabalho. O Estado provedor é, sob essa ótica, aquele que enfraquece a cidadania, pois em nome do direito evacua a questão do dever. Pode ele, então, funcionar conforme uma lógica própria, voltada para a concessão de privilégios a seus estamentos burocráticos no Executivo, no Legislativo, no Judiciário e no Ministério Público. A lógica do Estado provedor é a do enfraquecimento da cidadania, embora procure legitimar-se na máscara política do atendimento aos direitos.

Contudo, nem o Estado de bem-estar social consegue realizar-se pela atrofia do aparelho estatal e pela manutenção dos seus privilégios, nem pode a democracia afirmar-se por uma classe política divorciada da sociedade. Essa passa a não mais se reconhecer em seus representantes e esses passam a funcionar conforme uma lógica própria, a da realização de seus interesses particulares. A autoridade estatal, por sua vez, tende a enfraquecer-se, deixando progressivamente de atender ao interesse público na medida em que os interesses particulares e corporativos capturam o Estado, atuando de costas para os cidadãos e para a sociedade. Em tal contexto, não deveria surpreender que a democracia passe a não mais ser valorizada, como se pudesse ser substituída por um regime de maior exercício da autoridade, baseado, por sua vez, no atendimento de demandas sociais e na quebra dos privilégios e interesses corporativos. Ou ainda, a democracia, ao deixar de ser identificada ao Estado de bem-estar social, perde o seu valor próprio, deixa de ter uma significação universal. Seria, apenas, um sistema de governo entre outros, que pode ou não ser o mais apropriado, dependendo de ambientes históricos mutantes.

Uma constante das democracias ocidentais do pós-guerra foi o inter-relacionamento entre as instituições fundadas na liberdade e um Estado de bem-estar social voltado para satisfazer as necessidades básicas dos cidadãos. Neste sentido, os imperativos da liberdade e os da igualdade e justiça social caminhavam juntos, sendo acompanhados, na perspectiva dos cidadãos, pela expectativa – ou melhor pela crença – de que essas condições materiais seriam progressivas, em uma espécie de crença iluminista em uma evolução contínua sem rupturas. Firmou-se, por assim dizer, uma fé ingênua no caráter social das instituições democráticas, algo que contrastava fortemente com os regimes comunistas de então que não entregaram nem liberdade, nem a justiça prometida. A comparação dava ganho de causa de uma forma estrondosa para a democracia capitalista, a ponto de os partidos comunistas europeus terem se esvaziado, alterando-se para sobreviver, e alguns, inclusive, pereceram.

Ocorre que as políticas distributivistas, próprias do Estado de bem-estar social, estão ancoradas em condições econômicas que as propiciem e viabilizem, caracterizadas basicamente pelo direito de propriedade, pela economia de mercado e pelo respeito aos contratos, concretizados no que veio a ser denominado de Estado democrático de direito. Tais políticas, portanto, pressupunham um estado da economia em perpétuo progresso, como se esse, por sua vez, não tivesse também limitações, exposto que estava, porém, às contingências da história e às vicissitudes da ação humana. Enquanto os destinatários do Estado de bem-estar Social não apenas lutam para defender os seus ganhos como procuram ampliá-los e implementá-los, a economia desses mesmos países está exposta à competição internacional, a restrições orçamentárias e fiscais, não podendo os governantes fazer tudo. As condições econômicas muitas vezes deterioram-se, são submetidas a crises cíclicas, os recursos públicos minguam, enquanto as demandas sociais não dão tréguas.

Em contextos eleitorais, próprios dos Estados democráticos, os partidos em disputa dizem todos defender os ganhos sociais, porém pouco falam do modo de preservá-los e estendê-los, sucumbindo à indefinição e ao caráter não realista de suas propostas. Prometem o que não são capazes de entregar, aumentando a distância entre a representação política e a sociedade. Uma vez tendo conquistado o Poder, são obrigados a fazer o contrário do que prometiam, confrontados que estavam com a realidade. A ação política encontra aqui uma margem de manobra reduzida, sobretudo em virtude das condições econômicas que seguem uma lógica própria. "Os eleitores não podem votar eles mesmos a prosperidade instantânea"[286].

Nos países latino-americanos que tiveram recentemente a experiência da esquerda no Poder, o caso brasileiro sendo também ilustrativo, as políticas distributivistas, de nítido viés político-eleitoral, foram implementadas a despeito das condições econômicas e, nos casos mais extremos como o da experiência bolivariana da Venezuela, vieram a atentar contra os fundamentos mesmos do Estado democrático de direito, mediante as violações ao direito de propriedade, a abolição das regras de uma economia de mercado e o desrespeito total aos contratos. O resultado salta à vista, com a ditadura, a eliminação das liberdades e a bancarrota total do país tanto do ponto de vista econômico quanto social e político. Tanto a liberdade quanto a igualdade foram sacrificadas.

A experiência petista no Brasil não chegou a este extremo, tendo sido abortada antes graças ao processo constitucional de impeachment da ex-presidente Dilma. Contudo, a queda brutal do PIB, a inflação fora do controle e o desemprego galopante vieram a contradizer as políticas distributivistas que os antigos dirigentes apregoavam. O Brasil mergulhou em uma profunda crise, que exigiu políticas restritivas do ponto de vista fiscal, monetário e orçamentário. Limites foram colocados à irresponsabilidade fiscal e orçamentária que então vigorava. A casa teve de ser posta em ordem, embora tal política possa ter sido dita como de direita. Um governo de esquerda responsável e não populista ou revolu-

---

[286] Coggan, p. 105.

cionário não teria feito diferentemente. Ocorre, porém, que a esquerda deposta do Poder veio a organizar-se com uma defesa de suas supostas políticas distributivistas, e como se houvesse, via o impeachment da ex-presidente Dilma e o julgamento do ex-presidente Lula, um atentado à democracia em curso.

É bem verdade que restrições orçamentárias e fiscais são malvistas pelos cidadãos, pelas limitações que oferecem. Estão voltadas para o médio e o longo prazo, quando as demandas sociais poderão ser, então, melhor atendidas. A democracia, face à crise econômica, perde seu poder de capturar a adesão dos cidadãos, pelos sacrifícios que termina exigindo, visto que políticas restritivas são impopulares, tendo como consequência a baixa aprovação dos governantes. Esses são forçados a um difícil trabalho de convencimento, tanto mais difícil quanto maiores forem as suas dificuldades de comunicação. O Estado de bem-estar social só pode vigorar se as condições econômicas assim o permitirem, exigindo, neste sentido, políticas públicas de criação de riquezas para que essas possam viabilizar a distribuição social. Economias fracas só poderão ter como efeito políticas sociais igualmente fracas. A ruína econômica só poderá criar o desastre social. Acontece, porém, que a esquerda de cunho populista faz de conta que a realidade econômica é somente um dado a mais, que não deveria ser objeto de consideração especial. Ou seja, bastaria uma vontade política para tudo mudar econômica e socialmente. A demagogia toma o lugar do discurso político responsável, adotando-se uma conduta partidária que termina por se traduzir pela abolição das próprias condições de uma economia de mercado, produtora de riqueza.

João Neves da Fontoura utiliza uma feliz expressão para caracterizar a intervenção do Estado na área econômica, na do mercado: são os malefícios de "fabricar riqueza à custa de mágicas estatais"[287]. Ou ainda essa outra fórmula sua: criar

---

[287] Fontoura, João Neves da, op. cit., II, p. 227.

"paraísos artificiais à custa de mágicas monetárias"[288]. Haveria um limite à retórica política, porque, quando ela adentra as relações de mercado em busca de soluções mágicas, termina produzindo perturbações tanto econômicas quanto políticas, que a médio prazo cobrarão o seu preço. O problema remete a uma questão maior, a da ausência da verdade no discurso político, na medida em que esse estaria voltado essencialmente, senão exclusivamente, ao convencimento do outro, sem nenhum compromisso com a verdade propriamente dita. Ou seja, o limite da retórica política seria a verdade sobre as condições econômicas de um país.

Acontece, porém, que a retórica política tem invadido o domínio econômico, procurando, dessa maneira, aumentar o poder do Estado. Políticas populistas são uma expressão deste tipo de postura, produzindo como resultado uma desorganização ainda maior da sociedade. A verdade sobre os processos econômicos torna-se objeto de dúvida, como se soluções mágicas pudessem ser alcançadas mediante a invasão das relações de mercado pela retórica. A questão consiste em que a economia torna-se política no sentido retórico do termo, sendo objeto, então, de disputas partidárias e ideológicas. Ciente da necessidade de se manter esta distinção, Hegel introduziu a diferença, de essência, entre a "sociedade civil-burguesa" e o "Estado", não cabendo a esse imiscuir-se no movimento daquela, com particular realce às relações de uma economia de mercado, denominada por ele de "sistema de carecimentos", submetido a leis próprias, subtraídas à intervenção estatal salvo em caso de guerras e calamidades. Se o Estado fizesse isto, renunciaria à sua função de universalidade, tornando-se um mero agente particular. Ou seja, a economia deveria subtrair-se da retórica política e da intervenção estatal[289].

---

[288] Ibid., p. 402.
[289] Rosenfield, Denis. *Política e liberdade em Hegel*. São Paulo, Brasiliense, 1984.

Reintroduz-se, desta maneira, a questão da verdade na esfera ampla da política, visto que as sociedades modernas são objetos de muito complexos processos econômicos, submetidos a regras e leis próprias que, se abaladas, podem produzir as mais graves perturbações sociais e econômicas, vindo a afetar profundamente o Estado e o seu modo mesmo de funcionamento. A democracia, nesta perspectiva, não pode ser exclusivamente refém de processos eleitorais, caracterizados pelas retóricas dos partidos políticos, como se esses não tivessem nenhum comprometimento com a verdade e a exequibilidade de suas propostas. Vender o reino de Deus na terra pode ser eleitoralmente benéfico para os portadores deste discurso, embora tal proposta careça de qualquer viabilidade. Nesta esfera restrita, a sua eficácia dependeria apenas de sua capacidade de convencimento, independentemente de qualquer credibilidade ou de compromisso com a verdade. Políticas sociais distributivistas possuem grande apelo eleitoral. Quanto mais amplas forem, maior o seu potencial de captação de eleitores. Contudo, o seu atendimento, se não obedecer a restrições orçamentárias e seguir a produção de riquezas correspondente, terminará por produzir o efeito oposto: o esgotamento das riquezas, o crescimento do Estado e a redução das condições sociais a médio e longo prazo. Se esta política for extremada, pode ter como desfecho a miséria generalizada.

Logo, um Estado democrático, para perpetuar-se, necessita enfrentar condições de crise e de limitações das demandas e direitos que foram considerados como sociais. Sociedades são organismos dinâmicos que estão submetidos às vicissitudes da vida. Não se pode abandonar seu lado distributivista, nem tampouco seu lado produtor de riqueza. Embora, em sua definição, a democracia seja um sistema de governo, ela veio a ser entendida, a partir da Segunda Guerra Mundial, como um Estado de bem-estar social, capaz de unir a liberdade política à justiça social. Isto se traduz, conforme o momento, em políticas mais austeras ou flexíveis do ponto de vista fiscal, monetário e orçamentário, assim como de maior ou menor atendimento das demandas sociais.

Aqui, contudo, reside o perigo, pois os atores políticos, em uma disputa acirrada pelo Poder, podem tender, como ocorre no Brasil e em países latino-americanos, a postular suas divergências políticas sob a forma de uma luta à morte entre direita e esquerda. Isto ocorre tanto no desprezo moral pelo lucro, como se esse fosse um vício a ser extirpado, quanto em invasões de propriedades privadas, que são, na verdade, processos que visam a suprimir as condições de criação de riquezas, tendo como consequência o enfraquecimento da democracia e a própria perda de capacidade de atendimento às demandas sociais. Políticas de restrições orçamentárias e fiscais, que têm como objetivo colocar ordem na casa, para empregar uma linguagem popular, são expostas à desordem pública, cujos agentes visam à conquista do Poder, que seria, por sua vez, assentada em pressupostos não democráticos como o "socialismo do século XXI", tão admirado pela esquerda nacional. Críticas políticas, para se manterem nos marcos democráticos, não podem solapar os fundamentos econômicos que embasam o próprio Estado de bem-estar social.

## Desafios

Um elemento contemporâneo de avaliação das democracias consiste em pesquisas de opinião que mostram a discrepância entre os pressupostos teóricos da democracia e o modo mesmo mediante o qual votam, pensam e sentem os cidadãos. Esses, na maior parte dos casos, elegem os seus representantes pelas razões as mais prosaicas, tendo essas pouco a ver com uma consideração valorativa dos princípios mesmos da democracia[290].

---

[290] Cf. Ache, Christopher H. & Bartels Larry, M. *Democracy for Realists*. Princeton and Oxford, Princeton University Press. 2017.

Uma coisa seriam os ideais democráticos de um povo soberano, em que os representantes agiriam de acordo com os seus representados em função de concepções por ambos compartilhadas; uma outra seria a realidade democrática completamente afastada destes mesmos ideais supostamente compartilhados, segundo a qual um voto em uma eleição, por mais importante que seja, obedece a valores bem mais comezinhos, como os dos interesses particulares mais imediatos, e a critérios de identificação provenientes de orientações religiosas, ideológicas, grupais e outros. Em todo caso, apresentar-se-ia um completo distanciamento entre o conceito de democracia em sua "perfeição" política e moral e o voto cidadão, que segue outros valores. O ideal moral da democracia seria solapado por uma prática cidadã que não se reconhece nesta mesma concepção, se é que chega a ter dela uma consciência mais precisa. Do ponto de vista dos princípios e valores, os estudos de teoria da democracia deveriam ser completados, senão corrigidos, pelos resultados de pesquisas de opinião, que inauguraram, há algumas décadas, um novo campo de conhecimento. Poder-se-ia ainda ressaltar que qualquer teoria da democracia deveria confrontar-se ao modo mesmo de conquista e funcionamento do Poder, que só remotamente segue os critérios morais de uma suposta – e boa, do ponto de vista moral – soberania popular.

Já bem antes do aparecimento das pesquisas de opinião, Benjamin Constant[291], em seu célebre opúsculo sobre as diferenças entre a democracia ateniense, dita direta, e a democracia moderna, dita representativa, mostrava que os cidadãos modernos delegam o exercício do Poder para ocupar-se de seus afazeres privados e particulares. A política não seria o seu interesse primordial, devendo eles ocupar-se de seus outros afazeres, tidos por mais relevantes. Redesenha-se, assim, o próprio conceito

---

[291] Constant, Benjamin. "A liberdade dos antigos comparada à dos modernos". *Revista de Filosofia Política,* nº 2, Porto Alegre, L &PM Editores, 1985.

de política, na medida em que essa vem a ser entendida como instância representativa que tornou viável a separação da sociedade em relação ao Estado. Somente em caso de falha ou de anulação da instância representativa, reapareceria a participação política enquanto intervenção primordial do cidadão, visto que o seu resultado teria se traduzido pela negação ou por obstáculos à realização destes mesmos interesses privados e particulares[292]. Por exemplo, a política levando a uma situação de guerra ou produzindo a bancarrota nacional. Abre-se aqui evidentemente caminho para que os representantes passem a agir também autonomamente, perseguindo os seus próprios interesses particulares, na esfera de uma política que se torna refém desses. Em todo caso, segundo essa formulação, à esfera política caberia a função de garantir a segurança dos interesses particulares e de suas formas de organização coletiva, como as esferas atuais da saúde e educação, que são assumidas em vários países enquanto funções do Estado. Isto significa igualmente que a participação política não seria um ideal cidadão, que corresponderia a uma forma ideal de soberania popular, a do cidadão consciente dos assuntos da pólis, tendo esses um papel central em sua vida.

Pesquisas de opinião em contextos eleitorais mostram que os eleitores escolhem seus representantes pelas mais distintas razões, dentre as quais a sua honestidade, o seu conhecimento segundo as imagens veiculadas na imprensa, nos meios de comunicação e nas redes sociais, sendo essas mesmas imagens verdadeiras ou não, a sua orientação ideológica, a sua afinidade conforme múltiplos critérios de identificação, os seus valores religiosos e assim por diante. Escolhem também conforme aqueles problemas que mais os afetam em sua vida cotidiana, como a insegurança que grassa na maior parte das cidades brasileiras, saúde pública precária em postos de saúde e hospitais, educa-

---

[292] Scruton, op. cit., p. 17.

ção pública de baixa qualidade, transporte público ineficiente e assim por diante. Critérios ideológicos, como os provenientes da distinção entre esquerda e direita, perdem progressivamente espaço, de modo que os partidos políticos devem apresentar propostas que atinjam os cidadãos em suas preocupações particulares mais imediatas e urgentes.

Considerando que pesquisas de opinião são retratos de momentos, as percepções eleitorais são igualmente mutantes. Neste sentido, a democracia tende a ser estimada, valorizada e apreciada se atender a essa esfera múltipla de interesses e percepções; se dessa afastar-se, perderá sua importância e passará a ser menosprezada. Ela não vigoraria por se apresentar enquanto valor universal, mas como efetivo processo de escolha de elites que disputam o Poder, conforme percebem uma ou outra como mais capaz de resguardar os seus afazeres privados e particulares. A apatia política seria, então, um componente estrutural da democracia moderna, representativa. Seria a mera realidade e não a expressão de um ideal democrático-moral. Apegar-se a esse significaria um afastamento de sua realidade efetiva. A prática democrática estaria, assim, afastada de seu conceito.

Pesquisas também mostram que os cidadãos fazem escolhas erradas na consecução de seus interesses particulares, na medida em que seguem orientações programáticas que dizem atender aos seus mesmos interesses quando os contraiam a médio e longo prazo. Políticas distributivistas têm imenso apoio popular pelos resultados que produzem a curto prazo, mas, ao desprezarem e atentarem contra os processos produtores de riqueza, terminam a longo prazo por inviabilizar a satisfação dos interesses particulares em questão e, mesmo, todo e qualquer compromisso político anteriormente proposto. O populismo reinante na América Latina é um exemplo entre outros, assim como suas formas mais esquerdizantes de realização. Nesses casos, a percepção imediata, a que orienta o voto, está desconectada do conhecimento da realidade, de suas condições e de seus efeitos a médio e longo prazo. Percepção e conhecimento não andam de mãos juntas nos caminhos – e descaminhos – da democracia. Um outro exemplo, europeu e brasileiro, baseado na teoria do Estado de bem-estar social, mostra bem a dissociação entre postulações distributivistas, consideradas *de per se* como justas, adotando a forma jurídica e política de "direitos", e a dura realidade de Estados que já não mais conseguem suportar a sua carga. Isto deve-se a populações mais longevas, produto de novas condições alimentares, de saúde e sanitárias, a privilégios concedidos a uma elite, à estagnação econômica que veio a ser produzida, à acomodação dos cidadãos que não mais se preocupam em empreender, delegando ao Estado a satisfação de seus interesses mais imediatos.

Quando se pensa na democracia, frequentemente não a colocamos apenas como um sistema de governo ao lado de outro, mas lhe atribuímos um valor, como sendo, dentre os regimes, o menos pior, ou o melhor, conforme a perspectiva adotada. Sub-repticiamente, ativa-se uma operação de pensamento postulando-a como se fosse o fruto de um longo processo histórico de constante aprimoramento, e como se, através dela, concluir-se-ia uma espécie de finalidade histórica. Ou seja, a abordagem da democracia enquanto fenômeno político inserir-se-ia em uma filosofia da história, obedecendo de certa maneira a uma teleologia. Passa-se a estimar a democracia como um valor absoluto, universal, inscrito em um processo histórico de tipo teleológico-valorativo. E quando digo teleológico-valorativo quero significar que ela não estaria inscrita em uma finalidade histórica de tipo natural, que se faria, apesar das nuances, como um processo que necessita do nível histórico, mas como uma espécie de ideia a orientar a história, à maneira kantiana de uma ideia reguladora, transcendente.

Assim considerada, a democracia passaria a funcionar não somente como um sistema político de governo, um entre outros, mas como uma ideia moral que ultrapassaria qualquer outra, graças à sua superioridade, à sua universalidade. Teríamos um processo de dupla vertente, uma sinalizando para uma filosofia moral da história, outra tornando essa mesma realização da vontade moral, tributária de uma ação política de cunho moral. Deste modo, uma escolha político-eleitoral, por exemplo, não seria uma mera escolha política, arbitrária e contingente como tantas outras, mas uma opção moralmente orientada pela ideia de um sistema de governo especial, que se destacaria de outros na história.

Tornando a democracia tributária da ação moral e não somente política, podemos situá-la enquanto resultado da atividade humana em determinados contextos históricos, sempre mutáveis, que, ao longo deste percurso, terminaram por lhe atribuir significados distintos. Muito pouco tem em comum a noção da democracia ateniense com nossas contemporâneas e enormes democracias ocidentais. O nome permanece, o seu significado, porém, alterou-se profundamente. Assim fazendo, posicionamos a democracia enquanto tributária da contingência mesma da ação histórica em seus diferentes contextos, sempre submetidos à mutabilidade. A ação humana pressupõe a contingência de seus resultados, dos projetos políticos em disputa, da consciência humana do que é melhor para uma sociedade em um determinado momento de sua história e assim por diante. Não se pode atribuir a uma ideia moral a inevitabilidade de seu resultado histórico.

Se tanto prezamos a democracia em nome de sua superioridade moral, daí não se segue, todavia, que ela possa necessariamente realizar-se historicamente, dependente que está da – ou vinculada essencialmente à – contingência da ação e da história humanas. Se a democracia não é o resultado inevitável da história humana, ela está desde sempre inscrita na arbitrariedade das ações humanas, dos diferentes processos de escolha no nível político, conforme costumes, tradições, cultura e educação.

Ou seja, a democracia, vista como simplesmente um sistema de governo entre outros, estaria submetida à vida, natural, humana e histórica, conforme processos de nascimento, amadurecimento e morte. Também ela teria um ciclo de vida, por mais que pretendamos eternizá-la. O desejo humano de eternidade não pode ser identificado à finitude da condição humana e de suas instituições políticas e institucionais. Permaneceria a opção política própria de qualquer processo de escolha, submetido ao arbítrio e à contingência.

Quando recorre-se à doutrina da soberania popular, termina-se por atribuir a essa entidade denominada "povo" uma espécie de legitimidade divina, como se dele emanasse tudo o que é de bom e definitivo na humanidade, como se nele se incorporasse a boa natureza humana que, aí, teria a sua expressão moral. Seria essa nova entidade tomando o lugar de uma outra, a do direito divino dos reis, concretizando no monarca um valor absoluto. Tudo o que dele derivasse seria bom, pois religiosamente fundado. *Mutatis mutandis*, tudo o que derivaria de seu substituto histórico, o "povo", seria também a encarnação do "absoluto", só que, agora, supostamente justificado pela "racionalidade democrática" e não mais por uma "postulação religiosa".

Isto fez com que a nova ideia da democracia enquanto expressão da vontade popular viesse a significar uma ideia de superioridade religiosa, apesar de apresentada sob a forma de uma superioridade moral que poderia prescindir do teológico-político. Tudo o que procedesse dessa vontade teria, por sua vez, uma superioridade não somente moral, mas também política, como se dela nascesse simultaneamente uma ideia de ilimitação, como a que se fez presente nas várias formas de democracia totalitária, à maneira dos regimes comunistas e assemelhados. Isto significa dizer que a democracia, entendida em seu sentido representativo, é o regime das leis, das limitações e da ordem por ele imposto, de tal maneira que todo ato governamental arbitrário, de desrespeito a essas mesmas leis, torna-se objeto de controle e de repúdio. Raymond Aron chega a dizer que a "ideia de soberania popular não é uma ideia essencial [à democracia], visto que ela pode conduzir tanto ao despotismo quanto à liberdade"[293].

Para que se criem as condições de realização terrena da ideia de perfeição, de que tudo estaria ao mero alcance da vontade política, é necessário que a utopia ganhe a certeza dos que nela acreditam, que se torne um objeto de fé. Mas um objeto prático de fé, capaz de ser realizado praticamente. A ideia de perfeição, enquanto confinada no terreno religioso, podia tanto ser objeto de crença em um outro mundo, quanto de tratamento filosófico segundo o qual a razão pergunta-se pelo seu estatuto teórico, por sua origem e validade. O problema muda de figura no momento em que ela se torna um projeto, uma ideia que passa a orientar as ações humanas. De ideia teórica ela torna-se ideia prática, como se sua execução dependesse apenas da vontade humana. A utopia tornar-se-ia factível.

Para que essa passagem possa, porém, se confirmar sua condição preliminar consiste na elaboração de uma concepção de caráter mundano, que preencha essas condições. É quando começam a ser elaboradas as teorias de uma ordem natural que seria preexistente à desigualdade e à degradação atual. A ação humana, segundo essa visão, consistiria em reestabelecer uma sociedade que foi injustamente suprimida, mas que é passível de realização no futuro, sob a forma de um regresso político. Entram aí em consideração, como vimos, ideias como as de Rousseau, segundo o qual a introdução da propriedade privada seria a responsável por todos os males da humanidade, fonte inesgotável de injustiça. Bastaria suprimi-la para a sociedade voltar aos trilhos da verdadeira relação humana. Mesmo em países como o Brasil, encontra-se presente essa ideia de um Estado redentor, capaz de fornecer aos homens

---

[293] Aron, op. cit., p. 179.

não apenas o seu bem-estar material, mas também a sua felicidade. E isto mediante uma relativização do direito de propriedade, baseado em uma mesma aversão ao mercado e ao lucro. O Estado tornar-se-ia o depositário de todas as demandas e esperanças, como se dele dependesse a satisfação de todas as carências e exigências sociais.

Não importa, conforme tal perspectiva, que, em países que funcionam estavelmente segundo os princípios da democracia representativa, sobretudo na Europa após a Segunda Guerra Mundial, e nos EUA antes disto, esse sistema de governo tenha se afastado de seus pressupostos morais em função de razões muito mais prosaicas, oriundas de processos de decisão política sob a forma de eleições. Aparentemente, a democracia estaria funcionando à maneira da "boa" decisão, obediente a princípios que seriam reconhecidos por todos, quando, na prática, a escolha cidadã far-se-ia por razões mais bem utilitárias, conforme as percepções de cada um do que é melhor para si, de suas expectativas, realizadas ou frustradas, de suas identificações religiosas e ideológicas, de partidos que apresentam ou não projetos de governo, configurando na verdade uma ordem arbitrária de escolha, em tudo afastada dos valores morais que a estariam embasando.

Não deveria tampouco produzir nenhuma surpresa que pesquisas de opinião, em escala planetária, exponham percepções de cidadãos inconformados com a democracia ou atribuindo-lhe pouco ou nenhum valor. Na verdade, muitas vezes, pede-se ao Estado o que esse não pode dar, senão provisoriamente mediante líderes e partidos demagógicos, como se esses fossem a expressão de uma democracia "popular". Atribui-se à democracia o que seria ou deveria ser uma função do Estado ou da sociedade, segundo o contexto histórico. A soberania do povo surge enquanto forma de expressão do bem, não de um bem qualquer, próprio, por exemplo, da relatividade cultural, mas de um bem absoluto, de tipo religioso, dando forma à sua ausência de limites. Tudo feito em nome do povo não deveria, nesta perspectiva, ter qualquer limitação, nem aquela legal e constitucional, própria das democracias representativas. A moral "popular" adquire, assim, um componente religioso, forma laica do teológico-político.

Este livro foi impresso pela Edigráfica.